AKRES
Publishing

Grundwissen Antike

Rudolph Kremer

Gauklerkunst und Götterzeichen

Eine Einführung zur Wahrsagung im alten Rom

Rudolph Kremer:
Gauklerkunst und Götterzeichen. Eine Einführung zur Wahrsagung im alten Rom

ISBN: 978-3-910347-21-2
ISBN E-Book (ePDF): 978-3-910347-22-9
ISBN E-Book (EPUB): 978-3-910347-23-6

1. Auflage 10/2023

Umschlagabbildung: Sibylle von Erythrai, Deckengemälde von Michelangelo in der Sixtinischen Kapelle, Foto: Immanuel Giel, Wikipedia Commons
Schrifttypen: Linux Libertine by SIL Open Font License 1.1, Fira Sans by SIL Open Font License 1.1

Herstellung und Verlag: AKRES Publishing e. K.
Remscheider Straße 45, D-42369 Wuppertal
Tel.: 0049 (0)202 5198830, Telefax: 0049 (0)202 2447651
E-Mail: info@akres-publishing.com

Besuchen Sie uns im Internet: www.akres-publishing.com

Bibliografische Information der Deutschen Nationalbibliothek:
Die Deutsche Nationalbibliothek verzeichnet diese Publikation in der Deutschen Nationalbibliografie; detaillierte bibliografische Angaben sind im Internet über http://dnb.ddb.de abrufbar.

Fratris manibus mei.
Dem Andenken meines Bruders.

Quae est autem gens aut quae civitas, quae non aut extispicum aut monstra aut fulgora interpretantium aut augurum aut astrologorum aut sortium (ea enim fere artis sunt) aut somniorum aut vaticinationum (haec enim duo naturalia putantur) praedictione moveatur?

Welches Volk oder welchen Staat jedoch gibt es, der nicht durch eine Vorhersagung der Eingeweideschauer oder der Wunder- und Blitzedeuter oder der Auguren und Astrologen (denn diese Arten gehören zur Kunst) oder der Träume oder der Weissagungen (denn diese zwei Arten gelten als die natürlichen) bewegt wird?

(Cicero, De Divinatione 1,6,12, nach William A. Falconer. Übersetzung nach Raphael Kühner)

Inhalt

I. Einführung

I.1. Geschichtliche Ausgangslage

Zu allen Zeiten strebten Menschen danach, im komplizierten und komplexen Weltgetriebe und im persönlichen Dasein eine höhere Ordnung und einen Sinn zu erkennen. Besonders in kritischen Lebenslagen suchen viele Menschen Halt in Heil versprechenden Glaubensvorstellungen, oder sie wenden sich in ihrer Unsicherheit an die Astrologie oder an ähnliche Lehren, die eine Erkenntnis und Verfügungsgewalt über höhere Mächte in Aussicht stellen. In einer multikulturellen, pluralistischen Gesellschaft, in der traditionelle Werte und in der Vergangenheit moralisch taktgebende Institutionen für viele Menschen obsolet geworden sind und die Emanzipation des Individuums an oberster Stelle steht, während andere Bevölkerungsteile ein verstärktes konservatives oder reaktionäres Bewusstsein entwickeln, wirbeln Weltbilder durcheinander, prallen Ideale aufeinander und schießen Orientierungs- und Heilsangebote aus dem Boden wie Wildkraut. Besonders in gesellschaftlichen Krisensituationen suchen viele nach einer höheren Ordnung, auch im Forschen nach der so unsicheren und ungewissen Zukunft. Die Frage, ob es technisch überhaupt möglich sei, die Zukunft vorherzusagen, steht dabei hinter dem akuten Wunsch nach einer trostvollen und ermutigenden Prognose zurück. Allein die mediale Flut der täglichen Kurzhoroskope füllt – und spricht – Bände.

Wer das oben beschriebene gesellschaftliche Szenario auf das heutige Abendland bezieht, hat dafür sicherlich gute Gründe. Tatsächlich aber beschreibt diese Darstellung das Römische Reich vor 2000 Jahren:

Im ersten Jahrhundert v. C. leben die Römer in einer politischen und gesellschaftlichen Umbruchszeit: Nachdem das Imperium 146 v. C. im Dritten Punischen Krieg seinen letzten Großmachtkonkurrenten Karthago vernichtend geschlagen hat, ist es auf dem Höhepunkt seiner Macht angelangt. Dieser politische Zenit markiert zugleich den Beginn eines gesellschaftlichen Niedergangs: Da ernstzunehmende Gefahren von außen fehlen, schwindet der innere Zusammenhalt des Reiches. Die römische Oberschicht schwelgt in Dekadenz und Korruption. Durch die Kriegserfolge und den Zugewinn an Ländereien und Sklaven werden die reichen Grundbesitzer immer wohlhabender, die römischen Bauern, von Kriegsdiensten erschöpft und durch eine blühende Latifundienwirtschaft überflüssig geworden, werden arbeitslos. Die Landbevölkerung flieht in die Stadt. Dort bildet sich eine neue, prekäre Gesellschaftsschicht, die Proletarier, die Kinderreichen, die außer diesem Reichtum nichts vorzuweisen haben. Eine Umverteilung der Ländereien wird gefordert – erfolglos. Im Senat und auf den Straßen kämpfen Popularen gegen Optimaten – diejenigen, die sich bessere, gerechtere Verhältnisse wünschen, gegen diejenigen, die mehr als genug haben und mit dem Status quo zufrieden sind; Marius kämpft gegen Sulla, Caesar gegen Pompeius, Octavian gegen Marc-Anton. Dabei werden die Feinde der jeweils obenauf liegenden Gruppierung blutig verfolgt.

Kurz gesagt: Das erste Jahrhundert v. C. ist von grausamen Bürgerkriegen zerrüttet, die traditionellen Werte gelten nicht mehr, das Gemeinschaftsgefühl der römischen Gesellschaft löst sich auf, die alte Republik fällt auseinander – plötzlich ist man als römischer Bürger nicht mehr wie selbstverständlich in ein schützendes staatliches Kollektiv und einen gemeinsamen religiösen Kult eingebunden, sondern man ist in neue, partikularistische und individualistische Geistesströmungen geworfen, sieht sich gezwungen, das eigene Dasein neu zu definieren, fragt verzweifelt, was die Zukunft wohl für die eigene Familie bereithält ... Viele römische Bürger wenden sich mehr als zuvor der Wahrsagerei zu. Vor allem neue, der orientalischen Magie verbundene Formen der Weissagung, die seit der östlichen Ausweitung des Imperiums verstärkt nach Rom eindringen, werden begierig aufgenommen und erprobt.

Der kaum noch erwartete positive Schicksalswandel für Rom kommt überraschend 27 v. C. mit Augustus, dem hochgelobten Friedenskaiser; nachdem er als Octavian in den Bürgerkriegen nachhaltig gewütet und seine Konkurrenten gnadenlos ausgeschaltet hat, durchlebt er eine rasche Metamorphose und beschert dem von einem kriegszerrütteten Jahrhundert gebeutelten Rom ein neues Goldenes Zeitalter. Bis 14 n. C. herrscht er wie ein gütiger Gott und das Volk lebt in Frieden und Wohlgefallen. Der *princeps inter pares*, der erste unter Gleichen, wie er sich selbst gern nennt, gibt dem Senat, zumindest formal, seine Macht zurück, auch sonst stärkt er die Strukturen der alten Republik. Diese Epoche gilt als die römische Zeitenwende. Faktisch ist sie eine Übergangszeit von der freien Republik zur kaiserzeitlichen Republik, denn bereits Augustus nennt sich, nach seinem vergöttlichten Großonkel Caesar, Kaiser – ein Ehrentitel, den all seine Nachfolger weiterführen. In seiner Regierungszeit ist Augustus bemüht, die alte Religion wieder zu stärken. Neue Tempel werden errichtet, damit der in Kriegszeiten vernachlässigte Kult erneuert werden kann. Die ordnungsgemäße, d. h. traditionelle Verehrung der Götter soll den Zustand der neuen „alten" Republik stabilisieren.

In diesem Rahmen wird das Profil der römischen Religion gezielt ausgeschärft; das ist nicht nur darum nötig, weil die korrekte Ausführung des religiösen Kultes in den Bürgerkriegszeiten beinahe ganz in Vergessenheit geraten ist, sondern auch deshalb, weil sich viele Bürger in dem ruhelosen und unsicheren Jahrhundert von den traditionellen Riten abgewendet und Halt, Orientierung oder Trost in neuen Ritualen, Kulten und fremden Religionen gesucht haben. Ein Großteil dieser Alternativausrichtung erstreckt sich auf das weite Feld der Wahrsagung. Nun ist anzunehmen, dass der Friedensherrscher bemüht ist, entsprechende Praktiken nach Möglichkeit zu schwächen oder gar auszumerzen, um die Bürgerschaft mit dem Band der traditionellen Religion zusammenzuhalten. Die Betonung des Urrömischen in der augusteischen Restaurationspolitik lässt diesen Schluss zu. Aber die neuen, nicht-römischen

Formen der Wahrsagung lassen sich aus zwei Gründen nicht einfach beseitigen: Erstens ist das menschliche Bedürfnis nach wahrsagerischen Erkundigungen selbst in Friedenszeiten schwerlich auszuschalten, zumal die neuen Praktiken der Zukunftserforschung sich durch die Krise nachhaltig in Rom haben einrichten können. Zweitens enthält die römische Religion selbst einen beträchtlichen Anteil an Wahrsagung.

Aus unserer heutigen religiösen Sicht erstaunt das. Das Verhältnis der drei monotheistischen Religionen zur Wahrsagung ist bekanntermaßen schlecht. Das Alte Testament z. B. fordert die Gläubigen dazu auf, an wahrsagenden Menschen das Todesurteil zu vollstrecken. Dahinter steht einerseits der Gedanke, dass Wahrsagerei eine Kommunikation mit der Geisterwelt beinhaltet und der Mensch sich in diesem Rahmen mit niederen und gefährlichen Geistern einlassen könnte, was der Gott des Alten Testaments nicht duldet; andererseits soll der Gläubige davon absehen, eine Zukunft zu erforschen, die er demütig aus Gottes Hand empfangen soll. Hier liegt also das typische Muster einer Religion vor, der an einer gewissen Kontrolle ihrer Anhänger gelegen ist. Und so dürfte auch im offiziellen Götterkult der Römer, einem vortrefflichen gesellschaftlichen Bindemittel, eine allzu große Offenheit für wahrsagerische Praktiken eigentlich verwundern. Was also hat die Wahrsagerei in der römischen Religion zu suchen?

Tatsächlich hat die Divination, wie die kultische Wahrsagung im alten Rom genannt wird, nur wenig mit der Erforschung eines Schicksalsplans oder der Zukunft zu tun. Es geht ausschließlich um die Erkundung des göttlichen Willens oder der göttlichen Stimmung. Dadurch unterscheidet sich die religiöse Wahrsagung inhaltlich von allen anderen, nicht-religiösen wahrsagerischen Formen in Rom. Zur Zeitenwende scheint aus Regierungskreisen eine entsprechende begriffliche Unterscheidung der wahrsagenden Künste gefördert zu werden: Als Divination gilt demnach jede Weissagung, die auch im Rahmen des traditionellen römischen Kultes stattfindet – die Bezeichnung erinnert an das Adjektiv *divus* oder *divinus*, das auf die göttlichen, den Himmel betreffenden Dinge verweist, und ist damit positiv konnotiert. Als Mantik gilt jede nicht-religiöse, superstitiöse Form der Weissagung – der Begriff entstammt dem Griechischen, was einerseits auf die Herkunft vieler mantischer Formen verweist, andererseits mit dem griechischen Wort für „Wahnsinn", *mania*, in Verbindung gebracht werden kann und somit negativ konnotiert ist.

Die in religionspraktischen Angelegenheiten eher nüchternen, trockenen, beamtenhaften Römer haben grundsätzlich ihre Vorbehalte gegen die lebendigen, unkontrollierten, emotional gefärbten Riten und Kulte des Ostens. In der Tat werden solche Praktiken auch oft als „Aberglaube", also „falscher Glaube", lateinisch *superstitio*, bezeichnet – ein Begriff, der für Interpretationen weit mehr hergibt als die deutsche Übersetzung, die lediglich eine negative und leere Worthülse darstellt: In dem Präfix *super- (über)* scheint das Urteil anzuklingen, der in Ritualhandlungen emotionale Mensch *über*-treibe und gehe *über* die Grenzen der formal korrekten Religion hinaus. *Superstitio* könnte demnach etwas bezeichnen, das die notwendigen religiösen Vorgaben inhaltlich und formal über-steigt – in der Sache also eigentlich über-flüssig ist; z. B. fremdländische mantische Riten, die Rom im Goldenen Zeitalter des Augustus nicht braucht – die aber im Jahrhundert der allgemeinen Zerrüttung dennoch Einzug in Rom gehalten haben und faktisch gekommen sind, um zu bleiben.

Es geht also bei allen folgenden Betrachtungen um eine Unterscheidung zwischen traditioneller, römischer, öffentlicher Divination einerseits und superstitiöser, neuartiger, privater Mantik andererseits – wobei die Grenzen manchmal fließend sind. Tatsächlich ist in der antiken Literatur auch keine konsequente klare Begriffsunterscheidung festzustellen, doch tendenziell wird diese ideologische Trennung von mantischen und divinatorischen Praktiken immer wieder angedeutet. Im vorliegenden Buch sollen die Begriffe zur vereinfachenden Gegenüberstellung beider Seiten entsprechend polarisierend verwendet werden.

Um die Konturen der divinatorischen und mantischen Praktiken herauszuarbeiten, ist nach einer generellen Erläuterung der römischen

Religionsauffassung (I.2.) näher zu betrachten, worin die religiöse Wahrsagung konkret besteht. Dabei soll diese klar abgehoben werden von den zahlreichen wahrsagerischen Formen, die zur Zeitenwende in Rom grassieren und über den religiösen Kult hinausgehen (II). Thematische Überschneidungen der einzelnen Bereiche sind aufgrund der komplexen Vernetzung wahrsagerischer Formen unvermeidlich.

I.2. Wahrsagung und Religion

Betrachtet man antike Ansichten von Rom, fällt auf, wie stark das Stadtbild von sakralen Bauten geprägt ist. Das Forum Romanum, Roms politisches und kulturelles Herz, das sich zwischen die Stadthügel Kapitol, Palatin und Esquilin schmiegt, beherbergt außer der Curia, dem Versammlungsort des Senats, und den Rostra, dem Rednerpodium, wahre Prachttempel für Saturn, Janus und Vesta. Ebenso menschlichen, nach ihrem Tod zu Göttern erhobenen Herrschern sind auf dem Forum Tempel errichtet worden, den Kaisern Vespasian und Titus ebenso wie dem als Diktator ermordeten Divus Iulius, dem geheiligten Caesar. Oft hat auch die weltliche Architektur die Form heiliger Bauwerke angenommen, so z. B. der Septimius-Severus-Bogen, der die politischen und militärischen Erfolge des Kaiserhauses preist. Im Großen und Ganzen muss für den Betrachter des antiken Rom der Eindruck entstehen, eine Stadt zu sehen, die für die Götter erbaut worden ist. Tatsächlich sind Politik und Religion im Stadtbild sowie im realen Alltag Roms nicht voneinander zu trennen. So hat der direkt hinter den Rednertribünen gelegene Tempel des Saturn neben seiner sakralen Funktion die Aufgabe, den römischen Staatsschatz, die Gesetzestafeln und fixierte Senatsbeschlüsse aufzubewahren. Die Grundlage der Rechtsprechung und der politischen Legislativgewalt wird also religiös ummantelt.

Seit jeher stützen die römischen Entscheidungsträger ihre Macht auf eine religiöse Tradition, die in Form eines offiziellen staatlichen Kultes mit größter Ernsthaftigkeit ausgeführt und vor den Augen der Öffentlichkeit zelebriert wird. Die Mitglieder der Priesterschaften tragen via Amtsausführung zur Aufrechterhaltung der politischen Ordnung bei. Priester (*sacerdotes*) und Staatsbeamte (*magistratus*) stehen daher auf einer sozialen Ebene.

Mit Stolz führen die Römer den politischen Erfolg und die globale Bedeutung ihres Imperiums auf ihr unvergleichliches, vorbildhaftes Verhältnis zu den Gottheiten zurück, die *pax deorum*, den Friedensschluss mit den Göttern, ja, Rom hält sich für die auserwählte Nation, die der ganzen Welt ihren Frieden, die *pax Romana*, bringen soll. Daher haben die römischen Eroberungsfeldzüge nichts mit machtgieriger Unterwerfung fremder Völker zu tun, sondern sind gänzlich Ausdruck einer göttlichen Mission, der weltweiten Friedensstiftung. Wenn die Römer ein Volk unterwerfen, dann reden sie nicht grundlos von *pacare – befrieden*.

Aufgrund dieser hehren Absichten glauben die Römer, auch die Günstlinge der fremden, in Rom noch unbekannten Gottheiten zu sein, sodass es im Krieg ein probates Kampfmittel ist, die Götter der Gegner auf die eigene Seite zu ziehen: Durch *evocatio – gezieltes Herausrufen* einer fremden Gottheit aus einer belagerten Stadt wird versucht, die Schutzmacht der Feinde für Rom zu gewinnen. Dieser Einstellung entsprechend ist das römische Pantheon – die griechische Bezeichnung steht für einen Sammelort aller Götter oder der gesamten Göttlichkeit – ein bis heute hervorragend erhaltener Rundtempel für sämtliche bekannten Gottheiten. Um diesem Zweck auch wirklich gerecht zu werden, hält das Gebäude stets einen Platz für bisher noch unbekannte göttliche Wesenheiten frei.

Als Liebling und Beauftragter der Götter darf das römische Volk natürlich nicht nachlässig in der kultischen Pflichtausübung sein. Daher sind Krieg, Politik und Religion in Rom in gleichem Maße von Disziplin und Pflichtbewusstsein bestimmt. Da wundert es nicht, dass die offiziellen religiösen Gebräuche Roms exakt festgelegt sind und eine pedantisch genaue Umsetzung erfordern. Die Römer sind also religiös konservativ im eigentlichen Wortsinne: Sie sind bemüht, die althergebrachten Rituale perfekt zu konservieren und aufrechtzuerhalten. Ciceros begriffliche Herleitung der Religion vom Verb *relegere – immer wieder lesen* verweist auf diese typisch römische Religiosität, die darin besteht, die traditionellen Vorgaben immer wieder zu „lesen", also auf sorgfältigste Weise zu beachten, damit der Friede mit den Göttern garantiert ist. Eine andere Lesart des Religionsbegriffs, die mit dem Verb *religari – sich (an die Götter) binden*, zusammenhängt, schwingt hier mit. Im Grunde ist das offizielle Verhältnis zwischen den Römern und ihren Göttern eine Geschäftsbeziehung, deren Wesen sich in der Formel *Do, ut des – Ich gebe, damit du gibst* treffend zusammenfassen lässt: Der Einzelne wie der Staat entrichtet der Gottheit sein Gebet, das praktisch immer mit einer Opferhandlung verbunden ist, und kann dadurch im Gegenzug erwarten, von der höheren Macht begünstigt zu werden. Als Opfer können, je nach Wunsch und Geldbeutel, Lebensmittel wie Wein, Milch, Honig und Früchte oder Herdentiere verschiedener Größe dienen, z. B. Schwein, Schaf, Rind.

Aber es genügt den Römern nicht, den Göttern Opfer darzubringen und einfach darauf zu hoffen, dass ihre Bitten erhört werden – im Grunde wollen die Römer, wie alles andere, auch das Göttliche kontrollieren: So geht jedes Opfer mit einer pflichtbewussten Überprüfung der göttlichen Stimmung bzw. Geneigtheit gegenüber Opfer und Gebet einher, die dem Bittenden transparent machen soll, ob die Gottheit seine Gabe annimmt und die gewünschte Gegenleistung zu erwarten ist oder ob es weiterer, neuer Opfer bedarf, um die intendierte göttliche Zustimmung zu erlangen. Der römische Beter ist den Göttern also nicht hilflos ausgeliefert – er fleht nicht zu ihnen, sondern handelt mit Sinn und Verstand, indem er der Gottheit opfert, ihre Antwort liest und gegebenenfalls erneut agiert, um die höhere Macht doch noch umzustimmen. Der Römer versucht also, den Erfolg bei den überirdischen Geschäftspartnern fest in der Hand zu haben. Der Kult ermächtigt ihn dazu. Diese pragmatische Religionsauffassung verweist darauf, dass die Römer sich auch in religiöser Hinsicht als Macher verstehen. So deutlich wie in keiner anderen Religion tritt hier die tiefere Intention der Gläubigen zutage, den Gottesdienst zum göttlichen Dienst an den eigenen Interessen werden zu lassen. Das hierzu dienende Kontrollorgan ist die Divination. Sie ermöglicht die Stimmung der Gottheit zu erfassen, ihren Willen zu erkennen, eine Weisung zu vernehmen – um ihr jeweils adäquat zu entsprechen. Dieses Prinzip des kontrollierten Gebetsopfers gilt für die öffentliche, im Großen zelebrierte Staatsreligion ebenso wie für den privaten, im Kleinen vollzogenen Götterkult.

Auch unabhängig von Gebeten und Opfern spielt die Divination eine grundlegende Rolle im römischen Leben, denn die Götter können den Menschen ihren Willen im Prinzip immer und überall mitteilen; die Kunst der Divination besteht darin, diese göttlichen Hinweise zu erkennen und zu verstehen.

Die religiöse Wahrsagung erstreckt sich im römischen Kult auf zwei wesentliche Bereiche: Der erste beruht auf dem Glauben an göttliche Zeichen als Selbstmitteilungen der Gottheiten und wird im Folgenden als induktive, also von Zeichen hergeleitete, Divination bezeichnet, da den Menschen in der sinnlich wahrnehmbaren Welt konkrete Hinweise gegeben werden, von denen ausgehend sie die Botschaft der Götter entschlüsseln können. Hierbei gibt es eine natürliche, spontane göttliche Selbstoffenbarung und eine kunstgemäße, gezielt herbeigeführte Stellungnahme der Götter. Zum letzteren Bereich gehört z. B. die Eingeweideschau. Der durch den religiösen Divinationsbetrieb eingeübte Zeichenglaube treibt im Volk wilde Blüten und artet in Krisenzeiten leicht zu einer Zeichenhysterie aus, die private, nicht religiös legitimierte Zeichendeuter aus dem Boden sprießen lässt (II.1.). Das Losorakel ist ein Accessoire einiger Tempel, erfreut sich allerdings ebenfalls im privaten Rahmen, losgelöst von der Religion, einer immensen Beliebtheit beim römischen Volk, wird in dieser Funktion allerdings nur bedingt ernstgenommen (II.2.).

Der zweite große Bereich der religiösen Weissagung ist das Schriftorakel in Gestalt der Sibyllinischen Bücher. Als Urheberin dieser Aufzeichnungen gilt eine sagenhafte Frau, die in der römischen Königszeit geweissagt haben soll. Im ersten Jahrhundert kursieren allerdings einige konkurrierende Schriftorakel in Rom, die gern vom Staat kassiert werden. (II.3.). Die Sibylle ist der Prototyp des menschlichen Göttermediums. Hierbei fungiert eine medial veranlagte Person als Sprachrohr der Gottheit, weshalb von intuitiver Divination gesprochen wird. Im 1. Jahrhundert v. C. treten einige solcher Propheten in Erscheinung, worüber das Imperium nicht erfreut ist (II.4.).

Weitgehend akzeptiert werden die an festen kultischen Orten installierten Propheten. Es gibt zahlreiche antike Orakelheiligtümer auf griechischem und römischem Territorium. Etliche von ihnen genießen in Rom kein hohes Ansehen und werden als Hort des Aberglaubens verlacht, einzelne allerdings erfahren über Jahrhunderte einen regen Zulauf von höchsten politischen Amtsträgern, auch in offiziellen Angelegenheiten; beispielhaft sei hier das berühmte Orakel von Delphi genannt (II.5.). Das Totenorakel ist ein beliebtes literarisches Motiv und steht z. T. mit den griechisch-römischen Orakelstätten in Verbindung, erscheint als Element echter römischer Religiosität jedoch undenkbar. Nichtsdestoweniger werden die Toten im Privaten fleißig befragt; die alten Kultstätten spielen dabei nicht notwendig eine Rolle (II.6.). Das Traumorakel ist als traditionelle Wahrsagungsform an alte Kultstätten gebunden, kann durch private, selbsternannte Traumdeuter und deren vermeintliches Expertenwissen jedoch auch gänzlich ohne kultischen Bezug durchgeführt werden, und sei es nur in einem Ladenzelt hinter dem Circus (II.7.). Die Astrologie, die Lehre von den Sternen und ihrem Einfluss auf das Leben der Menschen, gilt einerseits als anerkannte Wissenschaft; Mitglieder der höchsten Gesellschaft halten sich ihre Hausastrologen. Andererseits gibt es auch auf diesem Gebiet billige Winkelastrologen, denen vorgeworfen wird, dem leichtgläubigen Pöbel nur das Geld aus der Tasche zu ziehen (II.8.).

Von den grundlegenden offiziellen Divinationsformen lassen sich eine Reihe mantischer Praktiken im privaten Bereich ableiten, die sich von dem religiösen Anspruch der Divination, ausschließlich die göttliche Stimmung zu ergründen, weit entfernt haben. Es geht dabei um die Erforschung der persönlichen Zukunft, um die Klärung von privaten Schicksalsfragen, kurz: Der Mensch mit seinen subjektiven Einzelinteressen steht im Mittelpunkt, nicht mehr der göttliche Wille. Diese im Volk verbreitete Wahrsagung ähnelt in ihren Ausprägungen größtenteils dem, was auch heute unter Wahrsagerei zu verstehen ist. Bei einer näheren Betrachtung der oben genannten Gebiete werden diese Parallelen zur Gegenwart deutlich zutage treten.

Verschiedene Formen der Mantik nehmen gesellschaftlich einen so breiten Raum im alten Rom ein, dass sie von den Vertretern der offiziellen Religion und ihrer Divination mitunter geächtet werden. Auf der anderen Seite gehört ein großer Teil der mantischen Praktiken zum traditionellen Volksglauben, der, bei formal korrekter Einhaltung offiziell anerkannter religiöser Divination im Privaten, ganz selbstverständlich nebenher gepflegt wird. Außerdem gibt es Formen der Wahrsagung, die von Angehörigen der politischen Führungsschicht, je nach geschichtlicher Situation und persönlichem Bedarf, mal als Teil der Religion, mal als Ausdruck eines törichten Aberglaubens gesehen werden. Hierzu zählen beispielsweise die klassischen griechisch-römischen Orakelstätten oder fremdländische Wahrsagekulte, die in historischen Ausnahmesituationen aber auch in die offizielle römische Religion aufgenommen werden können. Bei der römischen Sichtweise auf die Wahrsagung spielt neben dem politisch-religiösen Kalkül auch die Stimme der Aufklärung eine Rolle, die keine Erfindung der Neuzeit ist, sondern durch die griechische Philosophie bereits in Rom gegenwärtig ist und z. B. vom alten Cicero vertreten wird. Die folgenden Betrachtungen wollen jede römische Wahrsageformen stets im Spannungsfeld dieser unterschiedlichen Ansichten und Betrachtungsmöglichkeiten beleuchten.

II. Formen der Wahrsagung

II.1. Zeichenorakel

Die erste, wohl unmittelbarste Art der Divination beruht auf der Vorstellung, dass sich göttliche Wesen der Welt durch Zeichen mitteilen. Dieser Glaube setzt voraus, dass die Menschen grundsätzlich in der Lage sind, derartige Signale zu erkennen; außerdem müssen sie stets mit der Erscheinung solcher Zeichen rechnen. Da allein das exakte Achtgeben auf mögliche Selbstmitteilungen der Götter die Befriedigung der göttlichen Bedürfnisse ermöglicht, wird die Zeichenbeachtung faktisch zu einer Grundverpflichtung des römischen Bürgers. Denn Zeichen erfordern kultische oder rituelle Reaktionen der Menschen. In Krisenzeiten kann aus der Zeichenwahrnehmung geradezu eine Hysterie entstehen (II.1.1.).

Zeichen können von den Menschen aber auch gezielt herbeigerufen werden. Dazu bedarf es eines Personals, das die Zeichen authentifiziert bzw. korrekt heraufbeschwören und in jedem Fall richtig verstehen und behandeln kann. Daher spricht Cicero im Bereich des Zeichenglaubens von der sogenannten kunstmäßigen Divination, die nur vermittels bestimmter Beschaffungstechniken und Deutungskünste funktioniert (II.1.2.).

Der spätantike Geschichtsautor Rufus Festus (4. Jh.) weiß in seiner Retrospektive auf die römische Republik fünf verschiedene Zeichenarten zu unterscheiden: 1.) Blitz und Donner (*de caelo – vom Himmel*), 2.) als besonders bedeutungsschwer die Erscheinung von Monstern, Blutregen oder anderen außergewöhnlichen Phänomenen (*ex diris – von den schrecklichen [Dingen];* der Begriff *dirus – schrecklich* steht volksetymologisch vielleicht auch mit der Götterwut, *deorum irae*, in Verbindung), 3.) das Verhalten von Vierfüßern (*ex quadrupedibus*), 4.) von Vögeln (*ex avibus*) und 5.), im Speziellen, von Hühnern (*ex tripudiis*). Was sich dahinter jeweils konkret verbirgt, soll im Folgenden ergründet werden.

II.1.1. Unerwartete Zeichen

Laut Livius ist bereits König Numa Pompilius um 700 v. C. um die systematische Beobachtung und Ausdeutung himmlischer Zeichen besorgt. Der Pontifex Numa Marcius wird beauftragt, Hinweise auf göttlichen Zorn zu sammeln und zu kategorisieren. Seit den Anfängen der Republik hält der römische Oberpriester alle außergewöhnlichen Erscheinungen chronologisch auf einer weißen Tafel fest, die vor seinem Amtssitz ausgestellt wird. Jährlich werden diese göttlichen Zeichen in den *commentarii pontificum*, den priesterlichen Annalen, protokolliert und auf diesem Wege an die Nachwelt überliefert. Wenn die ältesten Historiker von Götterzeichen reden, nehmen sie auf diese Aufzeichnungen Bezug. Wie wichtig den Römern eine genaue Beachtung und Archivierung der göttlichen Selbstmitteilungen sind, wird auch an einer Äußerung des griechischen Historikers Polybius (208–122 v. C.) deutlich: Vor dem Hintergrund seiner aufgeklärt-kritischen Grundhaltung verzichtet er in seinen historischen Darstellungen generell darauf, sich eingehend mit Götterzeichen zu befassen, da er nicht so recht an diese glauben will; er betont jedoch mit gewisser Anerkennung, dass nach der Schlacht bei Cannae alle Gebäude, heilige und profane, voller Wunderzeichen gewesen seien und infolgedessen ein großes Opfern und Beten bei den Römern eingesetzt habe, da diese es gut verstünden, die Götter zu versöhnen. Die ungebeten und unerwartet erteilten Götterzeichen (*oblativa*), die sich an den Staat richten und von diesem anerkannt werden, heißen offiziell Prodigien (göttliche Fingerzeige). In der früheren Forschung wurde dieser Begriff ausschließlich auf die Staatsprodigien bezogen; tatsächlich kann aber davon ausgegangen werden, dass die Römer eine solche konsequente und strikte begriffliche Trennung nicht vornehmen. Auch der einfache Bürger dürfte in Bezug auf private Götterzeichen wohl von Prodigien sprechen.

II.1.1.1. Herkunft des Zeichenglaubens

Woher kommt die sensible römische Wahrnehmung vermeintlicher Götterzeichen? Wahrscheinlich sind ihre Wurzeln in einer urtümlichen bäuerlichen Lebensweise zu suchen: Die Ereignisse in der belebten und unbelebten Natur werden als Anzeichen bzw. Vorzeichen zu erwartender Veränderungen, beispielsweise der Wetterlage, mit peinlicher Genauigkeit beobachtet und ausgewertet. Dieser typisch römische Sinn für Details, der mit einem stark – oder fein – ausgeprägten Sinn für eine lebensnotwendige Beachtung der Umwelt zusammenhängt, dürfte, in Verbindung mit dem religiösen Empfinden des Numinosen, die Grundlage aller divinatorischen Praktiken sein. Tatsächlich haben einige Erkenntnisse der Prodigienobservanz den Charakter von Bauernregeln: Donner am Fest der Volcanalia (23. August) weist z. B. darauf hin, dass die Feigen vom Baum fallen. Hängt die Spinne ihre Netze höher, ist mit eintretendem Hochwasser zu rechnen.

Für einen konservativen Römer sind Gottheiten nur durch ihre Selbstoffenbarung in Zeichen erfahrbar, jegliche mythologische Information über Götter ist religiös bedeutungslos und schlechterdings verkehrt. Daher rührt auch eine traditionell allgemein skeptische Sicht auf Götterbilder, so verbreitet diese zur Zeitenwende auch sind. Die eindrucksvollen Darstellungen eines männlich-potenten Zeus-Jupiter etwa gemahnen natürlich an die griechischen Mythen, in denen Göttervater und Konsorten nur allzu menschlich inszeniert werden – mit starken negativen Attributen. Der Blitzeschleuderer ist für seine amourösen Abenteuer in der Menschenwelt bekannt; alle Götter haben ihre speziellen Launen. Mit solchen unterhaltsamen und pikanten Göttergeschichten der „Griechlein“, wie die Römer ihre mit Hassliebe bedachten kulturellen Vorbilder gern herablassend nennen, will die römische Religion nicht in Verbindung gebracht werden. Vor solchen Göttern hat man in Rom keinen Respekt. Mit ihren unkontrollierten Leidenschaften wollen die olympischen Gottheiten auch nicht so recht zu dem ordentlichen, kontrollierten und etwas trockenen, nüchternen Beamtenkult der Römer passen. In der römischen Religion sind die Gottheiten ausschließlich durch eine genaue Beobachtung und Ausdeutung ihrer Zeichen zu erfahren.

II.1.1.2. Zeichenarten

Zu den Götterzeichen gehören verschiedene Erscheinungen, die aus heutiger Sicht in folgende Kategorien eingeteilt werden könnten: 1.) Meteorologische Phänomene wie starke Unwetter oder ungewöhnliche Arten von Regen. 2.) Tellurische Ereignisse wie Erdbeben, Erdrutsche oder ein Hervorbrechen blutiger Quellen. 3.) Biologische Auffälligkeiten wie menschliche oder tierische Geburtsdeformationen, die Geburt von Lebewesen mit unklaren Geschlechtsmerkmalen, wilde Tiere an ungewöhnlichen Orten oder bestimmte tierische Verhaltensweisen. 4.) Siderische Phänomene, also besondere Himmelserscheinungen wie Kometen, Sonnen- und Mondfinsternisse, Nebensonnen, aber auch gänzlich unerklärliche Himmelslichter. 5.) Paranormale Phänomene wie blutende Statuen, brennende Seen, die Sichtung von Gespenstern oder das Hören körperloser Stimmen. Dies ist eine Zeichenklasse, die in der Regel als besonders dringlich und bedrohlich aufgefasst wird. 6.) Schließlich können sogar alltägliche Ereignisse als göttliche Mitteilungen interpretiert werden; hierzu gehören schlichte Missgeschicke wie das Stolpern über eine Türschwelle, das Heraushören einer vermeintlichen Botschaft aus dem Stimmengewirr einer Menschenmenge oder einfach nur das unkontrollierte Zucken eines Körperteils.

Kurz gesagt: Götterzeichen finden sich in der unbelebten (*ostenta* oder *portenta*) und in der belebten Natur (*miracula oder monstra* – hier liegen die Ursprünge von Mirakel und Monstrum); in Bezug auf akustische Phänomene, aber auch generell für Zeichen ist von *omina* die Rede. Die nicht stringente Verwendung dieser Begriffe im römischen Alltag verunmöglicht einerseits eine klare Systematik, zeugt jedoch andererseits von der Lebendigkeit und Vielschichtigkeit des römischen Zeichenglaubens. Gelegentlich liest man auch von *prodigiosa* – zeichenartigen Erscheinungen: So wird eine Hündin bezeichnet, die nur ein Junges oder nur gleichgeschlechtliche Nachkommen hat; auch der Riesenwuchs eines gewissen Naevius fällt in diese Kategorie. Hierbei ist man offenbar nicht sicher, ob es sich wirklich um Zeichen oder nur um bedeutungslose Launen der Natur handelt. Nichtsdestoweniger ist der römische Bürger im Alltag gewohnt, ständig von göttlichen Zeichen umgeben zu sein und darauf zu achten, welche Botschaften seine Umwelt, oder genauer gesagt, irgendein höheres Wesen für ihn bereithält. Theoretisch kann jeder Bürger auch Zeuge eines Prodigiums sein, dessen Beachtung zur Aufrechterhaltung der öffentlichen Ordnung von Bedeutung ist. Es wird also zwischen Zeichen mit privater und solchen mit öffentlicher Bedeutung unterschieden.

II.1.1.3. Private und öffentliche Zeichen

Die Unterscheidung zwischen Götterzeichen, die den Einzelnen adressieren (*privata prodigia*), und Prodigien, die sich an den Staat richten (*publica prodigia*) und den Behörden gemeldet werden müssen, orientiert sich grundsätzlich an der Trennung von Staatsland (*ager publicus*) und Privatland (*ager privatus*) als Orten der Zeichenerteilung. Allerdings erscheint den Meldern vermeintlicher Staatsprodigien diese Trennung nicht immer klar nachvollziehbar. Im Jahre 169 v. C. z. B. erkennt der Senat zwei gemeldete Götterzeichen nicht an, weil sie sich auf privatem Grund und Boden ereignet haben: Im Regenbecken (*impluvium*) eines gewissen T. Marcius Figulus sei eine Palme gewachsen und im Haus eines Lucius Atreius habe eine private Lanzensammlung für zwei Stunden in Flammen gestanden. Im Jahre 167 v. C. sei drei Tage und zwei Nächte lang vom Herd eines M. Valerius Blut getropft; auch dieses im Privaten stattfindende Ereignis hat für die Öffentlichkeit keine Bedeutung, so das Urteil der Zeichenexperten. Ebenfalls bedeutungslos für die römische Bevölkerung sind Zeichen, die einen Ausländer ereilen.

Ereignen sich jedoch Prodigien am Himmel, sieht sich der Staat in der Verantwortung zu reagieren: Belegt sind z. B. Feuerkugeln, Himmelsrisse und Schiffe, die sich am Himmel mit großem Getöse bekämpfen, ebenso wie Sonnen- oder Mondfinsternisse, die Sichtung von zwei Nebensonnen oder nächtliche Sonnen – im Jahr 42 v. C. stehen die Römer aufgrund einer solchen Erscheinung mitten in der Nacht zur Arbeit auf. In Picenum ist von seltsamen Himmelslichtern die Rede, welche die Kleidung mehrerer Leute in Brand gesetzt haben und in Verbindung mit einem dreitägigen Steinregen zu einem neuntägigen Sühnefest führen. Aber auch weiterer oft über Tage niedergehender ungewöhnlicher Regen in Form von Blut, Milch, Scherben, Eisen, Fleisch, Öl, Erde oder Kot wird sehr ernstgenommen. Ebenso Erdbeben und Seuchen erfordern sofortige Staatshandlungen. Der Kult des Heilgottes Aesculap, dessen schlangenumwundener Stab noch heutige Apothekenschilder ziert, wird im Jahr 293 v. C. als Sühneritual gegen eine Pest nach Rom importiert. Auch die Erschlagung eines Stieres samt fünf Kühen durch einen Blitz wird als Staatsprodigium gewertet. Als besonders schlimmes Zeichen gilt es, wenn ein Maultier ein Junges zur Welt bringt – normalerweise gebären Maultiere nicht. Ein solches Prodigium kündigt in Rom den zweiten Bürgerkrieg an. Im ersten Buch seines Antikriegs-Epos *Pharsalia* schildert Lukan, wie vor dem Ausbruch des Bürgerkrieges zwischen Caesar und Pompeius die alten Feinde Marius und Sulla als Untote aus der Unterwelt zurückkehren, um das neue bevorstehende Unglück symbolhaft anzukündigen.

Als häufige Staatsprodigien sind Geburtsdeformationen bei Tieren und Menschen verzeichnet, also die Erscheinung sogenannter Monstren. Hierzu gehören z. B. ein fünfbeiniges Fohlen, das im Jahr 137 v. C. auf dem Esquilin geboren wird, ein vierbeiniges Hühnchen, ein fünfbeiniges und zweiköpfiges Lamm, ein Lamm mit Schweinskopf, ferner Ferkel mit Kindergesichtern oder Händen und Kinderfüßen und Lämmer mit Pferdehufen, von denen eines einen Mädchenkopf hat. Phlegon von Tralleis berichtet davon, dass im Jahr 49 n. C. die Frau eines Prätors einen Affen geboren habe, im Jahr 65 n. C. sei ein Kind mit Schakalkopf zur Welt gekommen. Babys mit unklarer geschlechtlicher Ausprägung gelten ebenso als negatives Prodigium wie Jugendliche, die unerwartet ihr Geschlecht verändern; als besonders schlimm gilt auch, wenn einer Jungfrau plötzlich ein Bart wächst.

Dort, wo Rom im Ausland unterwegs ist, können dem Liebling der Götter natürlich ebenfalls Prodigien zuteilwerden: Im Jahr 218 v. C. erscheinen dem Heer des Scipio im Insubrerland ein Wolf und ein Bienenschwarm. In der Stadt oder in einem römischen Lager gilt ein Bienenschwarm ebenso wie ein einzelnes wildes Tier, z. B. ein Wolf, als ernstes Staatsprodigium. Interessanterweise deutet Plinius der Ältere den Bienenschwarm, der Drusus vor dem Kampf von Arbalo im Jahr 11 v. C. begegnet, gegen die herkömmliche Interpretation als ein positives Zeichen, das den Sieg des Drusus ankündigt. Allgemein gefürchtet ist die *avis incendaria*, der „Brandvogel", ein Tier, das durch sein Erscheinen ein Feuer ankündigt.

Zusammenfassend ist festzustellen: Findet ein Prodigium im öffentlichen Bereich statt, zu dem auch der Himmel gehört, ist grundsätzlich ein Staatsprodigium denkbar; betrifft es ein privates Haus, spielt es für die Politik keine Rolle. Allerdings kommt es da unter Umständen auch wieder auf den Bewohner des Hauses an, etwa darauf, ob dieser vielleicht ein hohes öffentliches Amt bekleidet. Im Zweifelsfalle wird ein mahnendes Zeichen zur Sicherheit dann doch lieber als Staatsprodigium anerkannt, bevor man sich eines sakralrechtlichen Versäumnisses schuldig macht.

II.1.1.4. Private Götterzeichen und ihre Behandlung

Im Kleinen können Götterzeichen für einen selbst oder für das Wohl der eigenen Familie eine Rolle spielen. So, wie der Oberpriester im Staatskult Opfer für Jupiter darbringt, so führt der Vater der Familie diese Aufgabe für den persönlichen Schutzgenius des Hauses aus. So, wie Jupiter ein Zeichen senden kann, das für die Aufrechterhaltung der staatlichen Ordnung von Bedeutung ist, kann der Schutzgott einer Familie einem seiner Schutzbefohlenen ebenfalls ein warnendes Zeichen zuspielen. Dadurch können ganz alltägliche visuelle und auditive Erscheinungen und Begebenheiten zu göttlichen Zeichen und Warnungen für das private Leben avancieren: z. B. eine Schlange, die vom Hausdach fällt, die sich am Morgen auf der Schwelle des Hauses vorfindet oder sich um einen Türriegel wickelt, eine Pflanze, die an einer ungewöhnlichen Stelle wächst, ein Niesen, ein Tier, das einem zu Beginn des Tages über den Weg läuft – alle möglichen alltäglichen Vorkommnisse wie diese erlangen leicht eine überhöhte Bedeutung, indem sie als himmlische Warnzeichen aufgefasst werden. Mit den Füßen voran geboren zu werden gilt als ein glückliches Zeichen, ebenso die Geburt durch einen Kaiserschnitt. Auch der heutige „Aberglaube" kennt zahlreiche solcher vermeintlichen Omen, die teilweise in einer Kontinuitätslinie mit dem Denken der alten Römer stehen: Läuft dem Reisenden von rechts nach links ein Wolf über den Weg, ist es ein gutes Zeichen – zumindest, sofern er etwas in der Schnauze trägt. Generell ist der umherschweifende Wolf ein Symboltier für den Wanderer und damit tendenziell ein gutes Omen für Reisende. Hierzulande gilt die von rechts den Weg kreuzende Katze als positives Zeichen.

Es werden verschiedene Strategien entwickelt, um mit den unerwarteten göttlichen Hinweisen im Alltag korrekt umzugehen, sprich, um sie so nutzen zu können, dass die Gefahr, vor der sie warnen, nicht eintritt. Neben einer Gebets- und Opferhandlung für eine bestimmte Gottheit können diese Strategien darin bestehen, ein Zeichen bewusst nicht anzunehmen oder es durch eine geschickte Umdeutung zu neutralisieren, im besten Falle sogar ein negatives Prodigium in ein positives zu verwandeln. Ein berühmtes Beispiel hierfür ist Caesar: Als er vom Schiff steigt, um zum ersten Mal den afrikanischen Kontinent zu betreten, stolpert er – an sich kein gutes Zeichen. Aber geistesgegenwärtig verwandelt Caesar dieses Symbol der Niederlage in eine machtvolle Geste der Inbesitznahme, indem er beim Fallen den afrikanischen Boden umarmt und die machtvollen Worte ausspricht: *Afrika, ich fasse dich.* Auf diese Weise bringt Caesar die Umstehenden nicht nur davon ab, ein negatives Omen in seiner Landung zu sehen, sondern beschwört auch noch seinen Ruf als erfolgreicher Feldherr. Um eine Überstrahlung seines eigenen in Afrika angestrebten Ruhmes durch die vergangenen Großtaten der Scipionen zu verhindern, ernennt er ein Mitglied dieser Familie, das durch Schimpf und Schande berüchtigt ist, zu seinem Lagergefährten. Auf diese Weise glaubt er wohl die Wirkkraft des anderen Familiennamens in seinem Sinne bannen zu können; der gute Name der Scipionen wird durch ein schlechtes Exemplar dieser Familie neutralisiert.

Der gewöhnliche Alltag ist ständig von Zeichen erfüllt: Wenn der Sklave einem das Essen reicht und man in diesem Moment niest, soll man sofort mit dem Essen beginnen. Wenn ein Junge rücksichtslos zwischen zwei Männern hindurch läuft, kann dies als negatives Zeichen aufgefasst werden. Man neutralisiert es, indem man sich den Knaben schnappt und ihn verprügelt. Wenn es blitzt, antwortet man darauf mit einem Pfiff, sodass bei Gewittern manche Orte von allgemeinem Pfeifen erfüllt sind. Dahinter steht offenbar die Vorstellung, durchs Pfeifen dem Einschlag von Blitzen wehren zu können. Augustus, der eine tiefgehende Angst vor Gewittern hat, pflegt ein Seehundfell als Glücksbringer gegen Unwetter mit sich zu führen. Sein Nachfolger Tiberius setzt sich beim Aufziehen dunkler Wolken einen Lorbeerkranz auf den Kopf, weil Lorbeerblätter angeblich von Blitzen gemieden werden.

Im Falle eines positiven Omens ist der Römer schnell darin, dieses Zeichen bewusst anzunehmen: Als der Konsul Lucius Paulus gerade mit dem Krieg gegen König Perseus beauftragt worden ist, trifft er sein Töchterchen Tertia zu Hause traurig an. Auf die Frage, was sie bedrücke, antwortet sie, dass ihr Hündchen Persa gestorben sei. Lucius Paulus nimmt seine Tochter in den Arm und äußert die bedeutungsvollen Worte: *Accipio omen – Ich nehme das Omen an.* Die Klangähnlichkeit bzw. Verwandtschaft der Namen Perseus und Persa wird von dem Konsul in einer bewussten Aneignung zu einem positiven Vorzeichen ermächtigt: Der Tod des Hündchens kündigt die Niederlage des Perseus an.

II.1.1.5. Öffentliche Götterzeichen und ihre Behandlung

Es gehört zur Pflicht eines gewissenhaften römischen Bürgers, ein vermeintliches Zeichen, das möglicherweise von politischer Bedeutsamkeit ist, an einen Prätor oder Konsul, also an einen der höchsten Staatsbeamten zu melden (1. Schritt: *nuntiatio*). Dieser wiederum hat das gemeldete Zeichen dem Senat vorzutragen (2. Schritt: *relatio*), der dann mit Hilfe eines Expertengremiums, der Auguren, über die Gültigkeit des Zeichens entscheidet und es als göttlichen Hinweis für den Staat annimmt – oder verwirft (3. Schritt: *succeptio*). Es ist also möglich, dass das gemeldete Zeichen entweder als nichtig oder als ausschließlich private Personen betreffend eingestuft wird. Letzteres geht den Staat dann nichts an. Eine fälschliche Zeichenmeldung ist übrigens strafbar – jedoch immer nur für den einfachen Bürger, der das Zeichen angeblich gesehen hat; der das Zeichen weiterleitende Beamte wird auch bei groben Betrugsversuchen des Erstmelders nicht bestraft. Auf diese Weise ist der Missbrauch der Prodigienmeldung durch das Volk ausgeschlossen. Wenn ein Augur persönlich ein Zeichen an den Senat weitergibt, muss dieser in jedem Fall von einem verbindlichen Prodigium ausgehen. Doch die Behandlung der gemeldeten Götterzeichen erfolgt nicht immer prompt: Zu Beginn jedes Amtsjahres werden dem Senat die im vergangenen Jahr gesammelten, noch ungesühnten Vorzeichen zur Prüfung vorgelegt, auch die Zeugen der Zeichen werden vorgeführt. Dann wird eine Generalsühnung vollzogen. Die Statthalter informieren den Senat durch offizielle Schreiben über die in ihrem Verwaltungsbereich gemeldeten Zeichen.

Nur die Bestätigung eines Prodigiums durch kultische Experten aus der etruskischen Kultur verleiht dem Zeichen vor dem Senat verbindliche Geltung. Die Etrusker sind auf italischem Boden die Vorgänger der Römer; nach der Ausbreitung Roms ist von der etruskischen Hochkultur nicht mehr viel zu rekonstruieren, man geht jedoch davon aus, dass die Römer schlicht einen Großteil der etruskischen Kultur übernommen und als römisch umetikettiert haben. Im Bereich der Zeichendeutung machen die Römer keinen Hehl daraus, dass sie sich auf Experten etruskischer Herkunft stützen. Bei einem positiven Urteil, also einer Verifizierung des Götterzeichens, wird das Kollegium der *quindecimviri*, der Fünfzehnmänner, dann mit weiteren Maßnahmen beauftragt. Denn ein himmlisches Zeichen verlangt eine adäquate Reaktion, eine Sühnehandlung. Das Kollegium der Fünfzehnmänner konsultiert die Sibyllinischen Bücher, ein geheimnisvolles und geheim gehaltenes, schriftlich fixiertes Orakel, mit dessen Hilfe ein geeignetes Sühneritual gesucht wird, das wiederum von den Senatoren genehmigt werden muss. Solche Sühnemaßnahmen können die Abhaltung bestimmter Feiern oder Rituale oder die Einführung eines neuen Kultes sein. Den Götterstatuen können auch besondere Geschenke dargebracht werden. So veranlassen zahlreiche Prodigien im Zweiten Punischen Krieg die Senatoren, dem Jupiter einen 50 Pfund schweren goldenen Donnerkeil zu fertigen und der Juno mehrere Silbergaben zu verehren.

Die massierte Meldung von Erdbeben und anderen Naturkatastrophen während und nach dem Zweiten Punischen Krieg hat eine so große Anzahl bzw. Andauer von zur Entsühnung festgelegten Feiertagen zur Folge, dass es das gesamte öffentliche und politische Leben lahmzulegen droht. Für einen passenderen Umgang mit einer derartigen Häufung von Prodigien konsultiert der Senat die Sibyllinischen Bücher und stößt auf eine praktische nur dreitägige Pauschalsühnung. Treten monströse Prodigien wie z. B. ein zweigeschlechtliches Kind oder ein jugendlicher Geschlechtswandler auf, so gilt dies als besonders schlimmes Zeichen und hat in der Regel eine ebenso rasche wie drastische Sühnemaßnahme zur Folge: Missgestaltete Geburten werden getötet, oft ertränkt; Geschlechtswandler werden auf einer einsamen Insel ausgesetzt. Dem Wasser scheint hier eine Art reinigender, entsühnender Wirkung zugeschrieben zu werden. Das Feuer spielt in einem anderen grausamen, aber wohl einmaligen Sühneritus eine Rolle: Als ein Prodigium und die Sibyllinen einen Angriff Roms durch Gallier und Griechen ankündigen, werden ein Paar Griechen und ein Paar Gallier öffentlich auf dem Scheiterhaufen hingerichtet. Der gefürchtete Angriff wird dadurch abgewehrt. Hinter dieser Zeichenbehandlung steckt die Vorstellung des Sympathiezaubers: Die Personenkreise, die den Römern Angst machen, werden durch die Vernichtung von vier Stellvertretern gebannt. Im Feld ist natürlich auch eine spontane Reaktion der Soldaten auf vermeintliche negative Prodigien möglich: So begegnet das Heer vor der Schlacht von Pydna einer Mondfinsternis mit dem Lärmen der Waffen.

Im Falle kaiserlicher Handlungen, die den Unmut der Götter provozieren, können die Grenzen zwischen privaten, nur für einzelne Personen erteilten Götterzeichen – eben den jeweiligen Kaisern – und öffentlichen Prodigien, die Veränderungen im staatlichen Rahmen ankündigen, auch verschwimmen. So wird über den verhassten Kaiser Caligula erzählt, er habe sich in seinem Größenwahn als gleichberechtigten Partner Jupiters gesehen und den Befehl gegeben, die Zeus-Statue von Olympia demontieren und nach Rom schaffen zu lassen, um sie dort zu installieren und ihr seinen eigenen Kopf aufzusetzen. Als die Arbeiter in Olympia daran gehen wollen, den Befehl umzusetzen, schallt ihnen von der Zeus-Statue ein göttliches Gelächter entgegen, sodass die Leute eingeschüchtert von ihrem Auftrag ablassen. Dieses Lachen wird als ein Zeichen gedeutet, das den Untergang des hochmütigen Kaisers ankündigt.

II.1.1.6. Politischer Zeichenmissbrauch

Der offiziell vorgeschriebene Umgang mit vermeintlichen Prodigien von staatstragender Bedeutung impliziert, dass die exklusive Deutungshoheit für Staatsprodigien beim Senat liegt. Die Art, wie die führenden Politiker mit den Götterzeichen umgehen, lässt vermuten, dass es in der Auswertung gemeldeter Zeichen einen gewissen Ermessungsspielraum gibt, der von der jeweiligen gesellschaftlichen Lage und den politischen Interessen bestimmt wird. So mutmaßen einige Forscher, der Senat verzichte in Zeiten besonderer Gefahr gegebenenfalls darauf, Zeichen anzuerkennen, um weitere Unruhe oder Panik in der Bevölkerung zu vermeiden. Die Annalen belegen z. T. eine starke senatorische Willkür im Umgang mit potenziellen Prodigien: Im Jahr 398 v. C. kommt es zu der aberwitzigen politischen Situation, dass Rom diverse Zeichen gemeldet werden, während es mit einer Belagerung der etruskischen Stadt Veji beschäftigt ist, also im Krieg mit den Etruskern steht. Da die Belagerten den Römern normalerweise die Grundlagen ihrer divinatorischen Praxis zur Verfügung stellen – alle offiziell von Rom beauftragten Zeichendeuter sind ja etruskischer Herkunft –, fehlt es den Römern nun an Deutungsexperten – also vernachlässigen die Römer die vermeintlichen Zeichen einfach und fahren mit der Eroberung Vejis fort. Steht folglich politische Kontrolle über religiösem Glauben?

Nicht zu bestreiten ist, dass in der Krisenzeit der zerbrechenden Republik die Meldung von Zeichen zunehmend als ein billiges politisches Manipulationsmittel missbraucht wird: Ein tatsächlich oder auch nur angeblich gesehener Blitz vermag beispielsweise eine ganze politische Versammlung lahmzulegen. Der Begriff *de caelo servare – vom Himmel her retten* bedeutet somit konkret, einen Beschluss der Volksversammlung zu verhindern. Cicero wittert in der Entstehung dieser Regelung politisches Kalkül, da ein Blitz auf der linken Seite nur in Wahlversammlungen als Hindernis aufgefasst werde, zu anderen Anlässen, bei der gezielten Himmelsbeobachtung, aber durchaus als positives Zeichen verstanden werde. Im Jahre 150 v. C. wird ein Gesetz beschlossen, das einem derartigen Missbrauch von Blitzmeldungen wehren soll; im Jahre 58 wird dieses jedoch durch einen Politiker, interessanterweise einen Volkstribun, wieder aufgehoben. Die Schriftsteller Plutarch und Livius versteigen sich im Hinblick auf die allgemeinen divinatorischen Praktiken sogar zu der These, die römische Religion der späten Republik könne letztlich als ein einziger organisierter Betrug gewertet werden, durch den die politische Elite das Volk gezielt unter Kontrolle halten und die eigene Machtposition sichern wolle.

Doch weder der Missbrauch noch die in Führungskreisen insgeheim vorhandenen Zweifel an den Göttern können der allgemeinen Beachtung und Auswertung von Prodigien schaden, da diese als unverbrüchlicher Bestandteil der Religion und als Fundament des römischen Staates offiziell hochgehalten werden. Und die Außenwirkung, welche die staatlichen Reaktionen auf gemeldete Zeichen auf das Volk haben, ist sicher nicht zu unterschätzen, zumal der Zeichenglaube seit Jahrhunderten im römischen Bewusstsein verankert ist.

II.1.1.7. Zeichen in Kriegen und Krisen

Besonders in Kriegs- und Krisensituationen werden viele außergewöhnliche Dinge gesehen. So soll im Jahr 74 v. C. laut Plutarch ein flammendes silberfarbenes Objekt in Form einer Amphore zwischen die Armeen der Römer und des Königs Mithridates VI gefallen sein – möglicherweise ein Komet, aus römischer Sicht ein klares Prodigium. Der Historiker Livius berichtet von zahlreichen seltsamen Himmelserscheinungen während des Zweiten Punischen Krieges (218–202 v. C.), in dem der Karthager Hannibal mit seinem Heer und 37 Kriegselefanten die Alpen überquert und den Römern empfindliche Niederlagen beibringt, bis er sprichwörtlich vor den Toren Roms steht.

In dieser politischen Ausnahmesituation ereignen sich laut Livius viele himmlische Zeichen: Im Winter des Jahres 218 v. C. erscheint zwischen den Wolken ein tosendes Spektakel von leuchtenden, einander bekriegenden Schiffen. Im Jahr 217 v. C. fangen verschiedene Gegenstände der Soldaten Feuer, bestimmte Krieger werden von Blitzen erschlagen, die Sonnenscheibe zieht sich zusammen. Bei Arpi erblicken die Menschen fliegende Rundschilde am Himmel, Sonne und Mond scheinen sich zu bekriegen. In Falerii tut sich ein Riss am Himmelsfirmament auf, hinter dem ein helles Licht erscheint. Bei Capena gehen am Tag zwei Monde auf. Bei Capua brennt der Himmel und der Mond fällt unter starkem Regen zu Boden. Zwischen dem Zweiten und dem Dritten Punischen Krieg, im Jahr 173 v. C., erscheint bei Lanuvium eine große Schiffsflotte am Himmel. Außerdem sind am Tag zwei Sonnen und drei Monde zu sehen, in der Nacht scheinen eine Sonne und zwei Himmelsfackeln, der Himmel lärmt und teilt sich und spuckt fliegende Kugeln aus.

Die Quelle dieser von Livius überlieferten Wunderzeichen sind die Annalen, die offiziellen, vom Pontifex Maximus, dem römischen Oberpriester, herausgegebenen Jahreschroniken des Römischen Reiches, die an sich eine hohe Glaubwürdigkeit besitzen, da alle Inhalte, die in diese amtliche Verlautbarung aufgenommen werden, zuvor gewissenhaft geprüft werden. Da der römische Wissensstand eine allzu naive Missdeutung ungewöhnlicher Wolkenformationen ebenso ausschließt wie eine falsche Interpretation von Nebensonnen, einem physikalischen Phänomen, bei dem eine verdoppelte oder verdreifachte Abbildung der Sonne am Himmel zu sehen ist und das von den Römern bereits wissenschaftlich erfasst worden ist, wie andere Texte bezeugen, können diese Erscheinungen aus heutiger Sicht in eine Beziehung zum sogenannten UFO-Phänomen bzw. UAP (Unidentified Aerial Phenomenon) gesetzt werden. Aus altrömischer Sicht liegt schlicht ein göttliches Prodigium vor. Der Historiker Flavius Josephus (ca. 38–100) berichtet, dass im Jahr vor dem großen Jüdischen Krieg gegen die römischen Besatzer, der sich von 66–70 erstreckt, am Himmel von Judäa fliegende Streitwagen gesichtet werden – was viele

Augenzeugen bekunden und als Vorzeichen für bevorstehende Unglücksfälle deuten.

Aber nicht nur am Himmel, sondern auch auf der Erde treten Prodigien vermehrt in Krisen- oder Kriegssituationen auf; gerade dann spielen die göttlichen Warnungen ja eine besondere Rolle. So kann es passieren, dass Soldaten erleben, wie ihre Speere Feuer fangen oder ihre Schilde Blut ausschwitzen. Auch den Zivilisten widerfahren unheimliche Zeichen, wenn z. B. Blutströme vom Himmel regnen oder blutige Kornähren geerntet werden. Im Zweiten Punischen Krieg steht der Trasimenische See in Flammen und prophezeit damit eine vernichtende Niederlage der Römer gegen Hannibals Armee. Oft sind körperlose göttliche Stimmen zu vernehmen. Vor der Eroberung Roms durch den Gallier Brennus im vierten Jahrhundert v. C. weist eine Stimme aus dem Hain der Vesta darauf hin, dass die Stadtmauer und die Tore Roms renoviert werden müssten, da die Feinde sonst leichtes Spiel hätten. Niemand hört auf diese Warnung. So ist der anschließende Erfolg des Galliersturms leicht zu erklären. Als drei Raben auf einer Tafel im Dioskurentempel die Namen der zwei Konsuln aushacken, wird dies als Vorzeichen für das Ende der Demokratie gesehen. Nächtliche Hunderotten, die vor dem Haus des Oberpriesters heulen, unterstützen diese Deutung. Und tatsächlich beginnt ja mit der Herrschaft des Octavian-Augustus eine neue Zeit; die alte demokratische Republik ist Geschichte.

II.1.1.8. Zeichenhysterie und Zeichenkritik

In der senatorischen Monopolisierung der Zeichendeutungskompetenz zeichnet sich bereits so etwas wie ein religiöser Rahmen ab, außerhalb dessen Götterzeichen aus offizieller römischer Sicht schnell in den Bereich des „Aberglaubens“, also einer falschen Vorstellung geraten können. Natürlich gehört eine empfindliche Grundhaltung des Bürgers gegenüber möglichen göttlichen *oblativa* zur Basis des zeichenpolitischen Systems. Aber der menschlichen Natur entsprechend mutiert der staatlich erwünschte Zeichenglaube, besonders in Krisenzeiten, zu einem hysterischen Massenphänomen, das sich in erster Linie auf ganz persönliche Alltagsängste bezieht. Der Punkt, an dem überall nur noch Zeichen der Götter gesehen werden, markiert den Übergang von einer gutbürgerlichen Religiosität zu einer superstitiösen Furcht. Während des Zweiten Punischen Krieges, in dem Hannibal als personifizierter Schrecken über Italien herfällt, werden allein für das Jahr 217 v. C. 57 Erdbeben in Rom gemeldet – das mag belegen, dass in Zeiten besonderer Anspannung auch die kleinsten tektonischen Bewegungen, denen sonst vielleicht nicht allzu viel Bedeutung beigemessen wird, als wichtige Prodigien aufgefasst werden. Die für diese Götterzeichen vorgesehenen Sühnemaßnahmen drohen den gesamten Staatsbetrieb lahmzulegen.

Bei der Wahrnehmung von Prodigien können die Grenzen zwischen göttlicher Warnung vor drohendem Unheil und bereits eingetretenen katastrophalen Ereignissen auch verschwimmen: So mag die desolate Lage der Republik im ersten Jahrhundert v. C. mit ihren Bürgerkriegen und Auflösungserscheinungen letztlich als ein einziges großes Zeichen verstanden werden, in dem sich der Unwille, der Zorn der Götter über Rom artikuliert. Der „Sündenfall" der Republik nimmt auf dem Höhepunkt ihrer Macht seinen Lauf: Mit zunehmender Dekadenz der römischen Oberschicht verfallen die Sitten und der religiöse Kult wird vernachlässigt. Wo Bruderblut vergossen wird, können die Götter sich nur abwenden. Nachdem die politisch Verantwortlichen aus Unfähigkeit oder Uneinsichtigkeit aufgehört haben, nach dem Willen der Götter zu fragen, sind viele Bürger nicht nur von den jeweils Herrschenden enttäuscht, sondern auch in ihrem Grundvertrauen zu den offiziellen Divinationsriten erschüttert. Die Angst um das Wohl der eigenen Familie und um das eigene Leben lässt die Einzelnen nun überall Mitteilungen der Götter erkennen. So wird spätestens in den chaotischen Jahrzehnten des ersten Jahrhunderts v. C. aus der ordentlichen und pflichtgemäßen Zeichenobservanz des *religiosus* eine regelrechte Zeichenhysterie der Menschen. In diesem Rahmen erhält auch der Begriff *superstitio*, der ursprünglich einmal den pflichtbewussten und peniblen Umgang mit religiösen Vorgaben bezeichnet hat, eine nachhaltig negative Bedeutung: In der Vorsilbe *super- – über (etwas hinaus)* klingt eine übertriebene Angst vor den Göttern und ihren Zeichen ebenso an wie eine Übertretung der Grenzen divinatorischer Normen, innerhalb derer sich die römische Bürgergemeinschaft traditionell bewegt.

Bei der Ermittlung staatlicher Götterzeichen wird, wie oben beschrieben, ein erheblicher Aufwand vonseiten des Senats betrieben, um Falschinterpretationen auszuschließen. Diese offiziellen Prodigien werden aber von einer Vielzahl privater, religiös nicht verifizierter Zeichenwahrnehmungen im Alltag überragt, die sich auf das Leben einzelner Bürger beziehen und mitunter einen skurrilen Charakter besitzen. Für die Ausdeutung solcher Zeichen werden zu allem Überfluss meist zwielichtige Interpreten für erschwingliche Geldsummen zu Rate gezogen. Besonders in den unsicheren Zeiten der Bürgerkriege, in denen sich der Privatmensch nicht mehr in das schützende Gemeinwohl eingebunden fühlt, ist ein allgemeiner Anstieg solcher superstitiösen Zeichenwahrnehmungen im Volk verständlich. Kein Wunder, dass hohe politische Verantwortungsträger wie Octavian selbst vor solchen Anwandlungen nicht gefeit sind. Augustus wird von den Geschichtsschreibern als ausgesprochen superstitiös dargestellt.

Die Friedenszeit des Augustus bringt es zwar mit sich, dass Vorzeichen grundsätzlich an Bedeutung verlieren – denn welchen Grund sollten die Götter in einer ordnungsgemäßen Welt haben, ihren Unmut kundzutun? Die Zeichenhysterie wird aber nur für ein paar Jahrzehnte verdrängt. Nach der Regierungszeit des Augustus erlebt der alte Zeichenglaube eine neue Blüte; Plinius der Ältere trägt in seiner Naturgeschichte fleißig Prodigien aller Art zusammen, auch wenn er bei weitem nicht an alles glaubt, was er da katalogisiert.

Schon zur Zeitenwende sehen kritische Stimmen in solchen vermeintlichen Götterzeichen nichts als Hirngespinste eines überreizten menschlichen Nervenkostüms, kurz, als Symptome einer krankhaften

Angst. Der kritische Livius rechnet mit optischen bzw. akustischen Illusionen; Gold annagende Mäuse im Jupitertempel bei Cumae, ein an sich ganz natürliches Ereignis, für ein göttliches Unheilzeichen zu halten, kommentiert er als blanken Aberglauben. Er äußert, dass zu seiner Zeit die Prodigien eigentlich nicht mehr richtig ernst genommen werden. Damit spricht er wohl in erster Linie von den Gebildeten und der politisch-religiösen Führungsschicht, weniger vom einfachen Volk.

Der alte Cicero disqualifiziert eine Reihe von Prodigien, indem er sie entweder als natürliche Erscheinungen erklärt oder als Illusionen entlarvt. Das Phänomen des Blutregens, das auch in der heutigen Zeit weltweit auftritt, wird von ihm, ebenso wie blutige Flussläufe, durch eine physikalische oder chemische Verbindung von Wasser und Erde erklärt. Von einer Schlange, die sich in einem Privathaus um einen Türriegel gewickelt habe, scherzt er zu Recht, dass es sich dann um ein Wunderzeichen handelte, wenn der Riegel sich um die Schlange gewickelt hätte. Diese Haltung entspricht seiner persönlichen philosophischen Einstellung, der akademischen Skepsis. Als Redner jedoch benutzt er die göttlichen Zeichen gern, um die rhetorische Wirkung seiner Argumentation, die einen starken und unreflektierten Zeichenglauben des Volkes voraussetzt, zu unterstützen. So verwendet er beispielsweise Blitze, die 65 v. C. auf dem Kapitol einschlugen und dort Schäden verursachten, als Argumente für den göttlichen Unwillen gegenüber der Verschwörung Catilinas und seiner Anhänger und als Hinweis auf dringenden politischen Handlungsbedarf. Die aufklärerisch-rationale Argumentation zur Entlarvung vermeintlicher, falscher Götterzeichen könnte bei Cicero auch ein politisches Mittel sein, das seinen Beitrag zu einer wirksamen Eindämmung der Zeichenhysterie des Volkes leisten soll – was dann zwei Jahrzehnte später ein vitales Interesse des Augustus ist.

II.1.1.9. Menschengemachte Vorzeichen im Alltag

Wie bereits angedeutet macht, allen kritischen Stimmen der Vernunft zum Trotz, ein ausufernder persönlicher Zeichenglaube auch vor römischen Herrschern nicht Halt: Der Friedensbringer Augustus z. B. achtet laut Sueton darauf, ob beim Antreten einer längeren Reise Morgentau gefallen ist. Das gilt nämlich als gutes Vorzeichen. Wenn er nach dem Aufstehen versehentlich den falschen Schuh anzieht, hält er dies für ein schlechtes Zeichen. Aus heutiger Sicht würde man wohl eher die morgendliche Müdigkeit dafür verantwortlich machen – im alten Rom wittert man das Zeichen einer höheren Macht, das sich einem Menschen durch dessen eigene unbewusste oder unbedachte Handlung mitteilt. Der Einzelne vermag also auch zum höchsteigenen Zeichenmedium der Götter zu werden. Der Übergang zur Vorstellung von selbstwirksamen Zeichen ist hier fließend: Die überängstliche, auf eventuelle Götterzeichen achtgebende Beobachtung des eigenen Verhaltens im alltäglichen Leben verbindet sich mit dem magischen Selbstbewusstsein, durch bewusste Handlungen nicht nur negative Omen vermeiden, sondern vielmehr auch positive herbeiführen zu können. Daher rührt z. B. die heute noch geläufige Geste des Daumenhaltens bzw. Daumendrückens in angespannten Situationen, in denen etwas schiefgehen könnte, wenn man die Sache nicht fest in der Hand hält. Laut Horaz verhilft diese Geste dem Theaterautor zum Applaus. Eine weitere Anekdote über Caesar suggeriert, dass der Imperator um eine aktive Besorgung positiver Zeichen bemüht ist: Als er bei Munda befiehlt, zur Errichtung eines Lagers einen Wald zu roden, lässt er eine einzelne Palme stehen – um dadurch ein positives Omen für den Sieg zu beschaffen. Man bemerke: Er wartet hier nicht auf ein Götterzeichen, sondern erschafft sich dieses selbst! Natürlich siegt Caesar.

Auch der Glaube an die magische Macht des ausgesprochenen Wortes lässt die Römer vor allzu leichtfertigen Eigenproduktionen potenziell wirksamer Negativomen auf der Hut sein. So ist man bei einem netten Gastmahlgeplänkel beispielsweise darum bemüht, ein negativ belastetes Wort wie „Großbrand“ unbedacht auszusprechen. Passiert es doch einmal, ist man bedacht, Wasser unter den Tisch zu gießen – eine symbolische Löschhandlung soll die Wirkmacht des ausgesprochenen Wortes brechen. Diese Handlung erscheint dem heutigen Leser weniger befremdlich, wenn man sie mit auch heute noch bekannten apotropäischen, also Unheil abwehrenden volkstümlichen Bräuchen vergleicht, z. B. verstreutes Salz über die linke Schulter zu werfen oder nach einer positiven Äußerung auf Holz zu klopfen, um bestehendes Glück zu erhalten. Von den Toten reden die Römer nur positiv – deshalb nennt man sie auch *manes*, die Guten, um sie nicht zu verärgern und keine feindlichen, bedrohlichen Energien heraufzubeschwören. Hierher rührt die Sitte, die Namen besonders gefürchteter Personen oder übermenschlicher Entitäten besser gar nicht auszusprechen oder sie beschönigend zu umschreiben. Diese Tradition kennt sogar noch das Christentum, wenn es z. B. vom Teufel, dem gefürchteten Widersacher Gottes, als dem Gottseibeiuns redet. Ein von Apuleius geschilderter Leichenwächter, der nach verrichtetem Dienst der trauernden Familie mitteilt, für weitere Dienste gern zur Verfügung zu stehen, wird von den Angehörigen zu Recht aus dem Haus geprügelt, da er nicht nur taktlos und unsensibel mit den Trauernden umgeht, sondern durch seine Worte auch noch die Angst vor weiterem Übel schürt, da die Äußerung des Wächters als ein Omen ausgelegt werden könnte, dem die Familie allein durch eine deutliche Ablehnung und Abstrafung in Form von Prügeln und Schimpfkanonaden, also wirkmächtigen Antiworten, entgegensteuern kann.

Die Furcht des Römers vor den eigenen Worten schlägt sich sogar im sprachlichen Umgang mit Verben des Fürchtens nieder: Wenn der Römer äußert, er fürchte, *dass* etwas geschehe, dann benutzt er zur Einleitung des Nebensatzes nicht das übliche Wort *dass* (*ut*), sondern dessen Verneinung, also *dass nicht* (*ne*); er fürchtet sprachlich also, dass das, was er fürchtet, nicht geschehe, obwohl er natürlich das

Gegenteil meint. Hinter dieser eigentümlichen Sprachkonstruktion verbergen sich schlicht der Wunsch, das Gefürchtete möge nicht eintreten, und das Bedürfnis, diesem Wunsch sprachlich Ausdruck zu verleihen; die Regel, dass nach Verben, die Angst oder Furcht ausdrücken, stets eine Verneinung folgt, ist für die Römer selbstverständlich, während sie für deutsche Übersetzer als sprachliche Besonderheit zu erlernen ist, die auf die Zielsprache nicht übertragen werden kann.

Im römischen Alltag ist man allgemein um positive Omen bemüht: Bei Sühnungsritualen z. B. werden als Opfertier-Führer Männer mit Glück bringenden Namen wie Felix oder Faustus ausgewählt. Wenn man ein Haus betritt, tut man dies mit dem rechten Fuß, weil die linke Seite kein Glück bringe. Frauen ist in vielen Ortschaften gesetzlich untersagt, mit einer Spindel, dem Symbol der schicksalspinnenden Parzen, auf die Straße zu gehen – die Parzen spinnen und durchtrennen die Lebensfäden der Menschen. Man ist in Rom also allseits bestrebt, ungünstige Omen zu vermeiden und günstige Vorzeichen zu fördern. Ein selbstproduziertes Omen, das aufgrund seiner erfolgreichen Wirkung noch in der heutigen abendländischen „Kultur“ rege Verwendung findet, auch wenn die meisten von seiner ursprünglichen Bedeutung nichts ahnen, ist der ausgestreckte Mittelfinger – ein Zeichen der Schmähung und Beleidigung bzw. Ausdruck von Ärger und Aggression. Tatsächlich stammt diese Geste aus dem alten Rom, und der sogenannte „Stinkefinger“ ist eigentlich ein Symbol für das *fascinum*, das erigierte männliche Geschlechtsteil. Die Darstellung des *fascinum* hat in Rom eine apotropäische, abschreckende Wirkung und soll den bösen Blick von einem Menschen fernhalten. Ursprünglich kann der ausgestreckte Mittelfinger also als Schutz- und Abwehrgeste gegen Bedrohungen verstanden werden. Wer dieses Omen erblickt, ist „fasziniert“ und kann sich nicht mehr gegen denjenigen wenden, der es produziert.

II.1.1.10. Wunderzeichen als politische Propaganda

Als Caesar nach seiner Amtszeit als gallischer Provinzverwalter sein Heer nicht ordnungsgemäß entlässt, sondern, entgegen den politischen Gepflogenheiten, mit voller Heereskraft nach Rom zurückkehrt, indem er den Befehl zur Überschreitung der Grenzlinie, des Flusses Rubikon, erteilt, was faktisch eine Kriegserklärung gegenüber dem Senat bedeutet, trifft er diese schicksalsträchtige Entscheidung laut Sueton nicht ganz eigenmächtig, sondern er wird durch eine eigentümliche Erscheinung zu seinem Handeln ermutigt: Ein ungewöhnlich großer und hübscher Mensch sitzt am Fluss und bläst auf einer Hirtenflöte. Die Soldaten sind fasziniert von seinem Spiel und versammeln sich um ihn. Da schnappt der Jüngling nach einer Tuba, und auf dem erbeuteten Instrument gleichsam zum Angriff blasend läuft er in den Fluss. Dieses merkwürdige Vorkommnis deutet Caesar als ein göttliches Zeichen, das ihn in seinem Vorwärtsmarsch bekräftigen soll. Jedenfalls versteht er so sein entschlossenes Vorgehen durch den volkstümlichen Zeichenglauben geschickt zu untermauern.

Auch Augustus weiß sich die Macht der Zeichen zunutze zu machen, indem er auf zahlreiche positive Prodigien hinweist, die mit seiner Herrschaft verbunden sein sollen. Weshalb sollte er dies auch nicht tun, da er weiß, dass der Zeichenglaube sich ohnehin nicht aus dem Bewusstsein des Volkes tilgen lässt. Auch um eventuellen Negativzeichen, die sich gegen seine Herrschaft richten könnten, vorzubeugen, sorgt er für die Entstehung einer Autobiographie, in der eine besondere Klasse von Wunderzeichen eine wichtige Rolle spielt: Legendenhafte Omen, die große Herrscher ankündigen bzw. auszeichnen. Sie sind ein altbewährtes propagandistisches und literarisches Mittel, um die gottgleiche Bedeutung historischer Persönlichkeiten zu unterstreichen. Der Historiker Sueton überliefert einige interessante und zum großen Teil schon zu Lebzeiten des Augustus kursierende Anekdoten, die von solchen Wunderzeichen berichten. Eine Auswahl dieser Prodigien sei hier vorgestellt:

Lange vor Octavians Geburt schlägt in die Stadtmauer von Velitrae, dem Herkunftsort der Familie Octavians, der Blitz ein. Daran knüpft sich die Weissagung, ein Bürger aus dieser Stadt werde die oberste Stelle im Staat einnehmen. Weiter wird berichtet, dass Octavians Mutter Atia ihr Kind nicht auf ganz natürlichem Wege empfangen habe: Eines Nachts sucht sie den Tempel des Apollo auf und schläft darin ein. Eine Schlange kriecht zu ihr; danach ist sie schwanger und trägt als unveränderliches Kennzeichen ein Muttermal in der Form eines Drachen auf der Haut – ein sichtbares Zeichen dafür, dass Apollo Atia in der Gestalt einer Schlange begattet hat und somit der leibliche Vater des Augustus ist, was diesen zum Halbgott stilisiert. Es verwundert nicht, dass Octavian infolgedessen besondere, halbgöttliche Eigenschaften zugeschrieben werden, z. B., dass er als Kleinkind den in seinem Umfeld quakenden Fröschen befohlen habe, zu schweigen, weshalb am betreffenden Orte noch Jahrzehnte später kein Frosch gequakt habe – Augustus vermag also von Kindesbeinen an über die Natur zu gebieten. Nicht nur in dieser Hinsicht weist der römische Friedenskaiser Augustus gewisse Parallelen zu einem anderen Friedensbringer der Zeitenwende, dem christlichen „Halbgott" Jesus auf. Doch die Gesellschaft antiker Halbgötter ist groß: Das religiöse Motiv der Zeugung durch eine Schlange ist zur Zeitenwende bereits fest mit der Legende von der Geburt Alexanders des Großen verknüpft – dem historischen Vorbild Octavians. Dem großen Feldherrn Scipio wird übrigens ebenfalls eine derartige Abstammung nachgesagt. Bei Augustus' Ankunft in Capri richtet eine uralte Eiche ihre welken Äste wieder auf – ein deutliches Zeichen für Augustus' Gottgleichheit.

Ein paar Monate vor Octavians Geburt kündigt in Rom ein Prodigium die Geburt eines großen Königs an – seit der Vertreibung des siebten römischen Königs Tarquinius Superbus ist den Römern das Königtum verhasst. Angeblich können die Männer der schwangeren Frauen den Senat gerade noch davon abbringen, ein Gesetz gegen die neugeborenen Knaben zu erlassen. Atias Gatte Octavius behauptet, aus dem Schoß seiner Frau sei bei der Geburt seines Sohnes der Strahlenkranz der Sonne aufgegangen. Als Octavius in einem thrakischen Bacchushain einen Orakelpriester über die Zukunft seines Sohnes befragt, entfacht der über den Altar gegossene Wein eine gewaltige Stichflamme, die über das Dach des Tempels hinausschießt. Zufällig führte Alexander der Große an ebendieser Stelle eine Opferung durch – mit demselben Effekt. Als Kind wird Octavian abends in die Wiege gelegt und am nächsten Morgen auf der Spitze eines Turms wiedergefunden. Der Knabe wird also effektvoll erhöht. Als er ein Kleinkind ist, raubt ihm ein Adler – das Tier Jupiters – sein Brot aus der Hand, trägt es hoch in den Himmel und bringt es dem Jungen dann zurück. Beim ersten Anlegen der Männertoga löst sich der auf beiden Seiten der Toga aufgenähte Purpurstreifen und fällt Octavian vor die Füße. Die Beistehenden erschrecken sich vor dem vermeintlich bösen Omen; Octavian selbst wendet das Vorzeichen jedoch ins Positive, indem er sagt, er werde über den Stand, für den dieser Streifen symbolisch steht, herrschen – so, wie es ja dann auch eintritt. Octavians Großonkel Caesar beobachtet in seinem Kriegslager bei Munda, wie aus einer Palme, die er als gutes Omen installiert hat, innerhalb weniger Tage ein Trieb wächst, der den Mutterstamm überragt. Dieses Zeichen veranlasst ihn, in dem über alles hinauswachsenden Trieb den Enkel seiner Schwester, Octavian, zu sehen und diesen zu seinem Nachfolger zu ernennen. Als Octavian nach der Ermordung Caesars nach Rom zurückkehrt, ist die Sonne von einem Regenbogenkranz umringt. Vor Philippi spricht ein Thessalier bei Octavian vor – Thessalien gilt als Heimatort paranormaler Erscheinungen jeder Art. Der Mann behauptet, der vergöttlichte Caesar sei ihm über den Weg gelaufen und habe ihn beauftragt, Octavian auszurichten, dass dieser die nächste Schlacht gewinnen werde. Der göttliche Großonkel erscheint also indirekt seinem nicht weniger göttlichen Neffen, um dessen Größe zu bestätigen.

Als Octavian vor der Seeschlacht von Actium am Meeresufer spazieren geht, springt ein Fisch aus dem Wasser und bleibt vor seinen Füßen liegen – ein Hinweis auf den bevorstehenden Sieg über Marc-Anton und Cleopatra. Auf dem Weg in die Schlacht begegnet Octavian einem Eseltreiber namens Eutychus (Glückskind) mit seinem Tier namens Nikon (Sieg). Nach der gewonnenen Schlacht lässt Octavian beide in einem Standbild verewigen.

Die Ausgänge sämtlicher Konflikte oder Kriege werden Octavian durch Götterzeichen vorausgesagt. So deutet ein Adler, der sich auf seinem Zelt niederlässt und zwei Raben zerhackt, einen Streit zwischen den Amtskollegen des Triumvirats an und kündigt auch gleich den Ausgang der Auseinandersetzung an: Der göttliche Adler steht für Octavian, die Raben für seine Bündnispartner und späteren Gegner Marc-Anton und Lepidus. Schließlich wird auch Augustus' Tod und Vergöttlichung durch Zeichen angekündigt: Als er auf dem Marsfeld ein Opfer darbringt, umfliegt ihn mehrmals ein Adler, der sich dann auf einen Tempel setzt, direkt über dem A des Namens Agrippa. Der Adler als Vogel Jupiters steht für die höchste göttliche Macht; das A verweist auf Augustus. Mit diesem Zeichen wird, eine reiche Phantasie des Auslegers und ein bemerkenswertes Selbstbewusstsein des Prinzipats vorausgesetzt, die Entrückung des höchsten Menschen an die allerhöchste Stelle, den himmlischen Thron, angedeutet. Hierzu passend schlägt auf einem Standbild des Augustus ein Blitz den ersten Buchstaben seines Ehrennamens Caesar weg. Das C steht für 100 Tage, das übriggebliebene Wort *aesar* ist eine etruskische Bezeichnung für Gott – es verbleiben also noch 100 Tage, bis Augustus unter die Götter erhoben wird. Damit wird die religiöse Selbstbiographie, die Augustus angeregt hat, ganz im Sinne des Erfinders auserzählt.

Es ist nur folgerichtig, dass Augustus nach seiner Machtergreifung im Jahre 29 v. C. auch einige offiziell protokollierte Prodigien nachträglich so redigieren lässt, dass sie tatsächlich auf seine Regentschaft hindeuten. Ein Jurist namens C. Ateius Capitos fungiert dabei wahrscheinlich als seine rechte Hand. Im Zeitraum von 44 v. C., dem Jahr des Todes Caesars, bis 42 v. C., dem Jahr, in welchem laut den Historikern Julius Obsequens, Cassius Dio und Appian die altbewährte, regelmäßige Prodigienauflistung abbricht, kündigen mehrere positive Zeichen auffallend klar und deutlich die Friedensherrschaft des Augustus an. So ist für das Jahr 42 v. C. folgendes Prodigium verzeichnet: Über dem Feld, auf dem die Schlacht von Mutina stattfindet, erstrahlen drei Sonnen, die sich dann zu einem einzigen Lichtball vereinigen. Das ist nach augusteischer Lesart ein Hinweis auf das Triumvirat, das nach der Schlacht bei Mutina von Octavian, Marc-Anton und Lepidus gebildet wird und aus dem letztlich nur ein großer Sieger hervorgeht: Octavian.

II.1.2. Angeforderte Zeichen

Im kultischen Alltag werden göttliche Zeichen auch gezielt durch Menschen herbeigeführt bzw. von den Göttern angefordert (*impetrativa*). Jeder römische Beamte ist verpflichtet, vor einer Unternehmung mit Hilfe der Divination höchstpersönlich die Zustimmung der Gottheit und damit zugleich die Erfolgsaussicht des Geplanten zu erfragen. Die Ernennung von Beamten, jede außerordentliche politische Versammlung, jegliche militärischen Aktionen erfolgen nur nach einer ordnungsgemäß durchgeführten Divination. Nach diesem öffentlichen Vorbild führt auch im Privaten jedes römische Familienoberhaupt zu besonderen feierlichen Anlässen, z. B. Hochzeiten, entsprechende divinatorische Riten durch. In der Regel sorgt der Verantwortliche für die Divination dafür, dass ihm ein professioneller Zeichendeuter zur Seite steht.

Die erste offizielle Divinationsform zur Erfragung der göttlichen Geneigtheit ist die Vogelschau, das *auspicium* oder *augurium*; die Begriffe werden meist synonym verwendet, können sakralrechtlich jedoch insofern unterschieden werden, als das Augurium neben einer Befragung zugleich ein Gebet zu den Gottheiten enthalten kann, das Auspicium hingegen lediglich der Einholung der göttlichen Zustimmung dient. Die zweite übliche Divinationsform ist die Eingeweideschau, die *haruspicina.* Auguren und Haruspizen werden auch mit der Fulguration, der Deutung von Blitzen, in Verbindung gebracht. Eine weitere ursprüngliche Schnittmenge der zwei Ritualformen ist die Vogelkunde.

Beide Divinationsarten sind komplexe Wissenschaften mit festen Ritualen, für deren glaubwürdige Umsetzung Experten unabdingbar sind. Und beide haben Ursprünge in der etruskischen Religion, deren aus römischer Sicht verwertbare Teile, im Zuge der kulturimperialistischen Ausdehnung des Imperiums, in Roms Religion integriert wurden. Unter Roms siebtem und letztem König Tarquinius Superbus sollen bereits etruskische Haruspizen als Unterstützung in der Zeichendeutung zu Rate gezogen worden sein. Valerius Maximus berichtet, dass zehn römische Jünglinge adliger Herkunft auf Senatsbeschluss in etruskische Gemeinden entsandt wurden, um dort die heilige Lehre der Divination zu erlernen. Dennoch scheint man in der Folgegeschichte auf echte etruskische Expertisen ungern verzichtet zu haben. Eine gewisse Konkurrenzsituation zwischen Auguren und Haruspizen ist nicht von der Hand zu weisen, zumal die Haruspicina in Rom immer mehr erstarkt.

Doch woher haben die Etrusker dieses auch für die Römer so kostbare Spezialwissen? Die Legende besagt, dass der etruskische Landwirt Tarchon beim Pflügen seines Ackers eine paranormale Begegnung hatte: Aus einer frisch gezogenen Furche schlüpfte ein zwergenhaftes Wesen, ein Kind mit einem Greisenkopf namens Tages, das den König zu sprechen verlangte; diesem diktierte es dann die *Etrusca disciplina*, die etruskische Lehre. Das Wesen war also ein religiöser Lehrer. Tarchon wurde zum Priester des neuen Kultes ernannt. Dieser ist in drei Büchern niedergelegt: In den *libri fulgurales* geht es um die Deutung der Blitze, in den *libri haruspicini* um das Lesen der Eingeweide, in den *libri rituales* um verschiedene Rituale.

II.1.2.1. Die Vogelschau (Das Auspicium/Augurium)

Das Auspicium, von lat. *avis – Vogel* und *aspicere – erblicken*, bezeichnet die sogenannte Vogelschau, die durchgeführt wird, weil die Vögel, die naturgemäß näher am Himmel sind als der Mensch, als Boten der Götter gelten. Der *auspex* ist der Vogelschauer.

Die römische Beobachtung des Vogelfluges wird bis auf Romulus und Remus zurückgeführt, was den urrömischen Charakter dieser Divinationsform unterstreichen soll. Der Sage nach erblickt zunächst Remus, der sich auf dem Aventin positioniert hat, sechs Geier und erhebt damit den Anspruch, der Stadt seinen Namen zu geben. Dann sieht Romulus jedoch zwölf Geier und argumentiert, die Menge der Vögel spreche dafür, dass er Namensgeber der neuen Stadt werden solle. An diesem einfachen Beispiel wird deutlich, wie diskutabel das Ergebnis eines Auspiciums sein kann. Doch eine Doppelspitze in der Herrschaft ist ausgeschlossen. Romulus setzt sich durch – als sein Bruder Remus ihn wegen der geringen Höhe der neuen Stadtmauer verspottet, erschlägt er diesen. Es ist wohl kein Zufall, dass auch Octavian-Augustus in seinem ersten Konsulat zwölf Geier sichtet.

Das Amt des Auspicium verschmilzt inhaltlich und namentlich mit dem des Augurium. Das Augurium steht in einer inhaltlichen Verbindung zum Verb *augere – vergrößern, vermehren*; ursprünglich dürften die Auguren Experten für das Wachstum der Ernte gewesen sein und entsprechende Riten zelebriert haben, an den Vinalia z. B. für das Gedeihen der Weinreben. Der noch heute gebräuchliche Begriff der Inauguration, z. B. bei der Amtseinführung von Präsidenten, leitet sich begrifflich vom römischen Augurenpriester und seinem Dienst ab, den er in Rom anlässlich priesterlicher und staatsamtlicher Ernennungen durchgeführt hat. Es handelt sich um eine zeremonielle Einholung guter Vorzeichen für das zu übernehmende Amt oder für irgendeine geplante politische bzw. private Aktion und soll damit die Zustimmung der Götter sichern. Auch bei der Gründung neuer Stadtteile oder Orte werden Auguren hinzugezogen. Die Auguren sorgen also für die Inauguration, eine Art Segnung, von Menschen und Orten. Mit der offiziellen Einholung eines positiven göttlichen Zeichens gelten ein neuer Amtsträger oder ein geplantes Projekt praktisch als gesegnet.

Die Anzahl der Auguren, der Sage nach von König Numa Pompilius auf drei festgelegt, wurde seit der Anfangszeit Roms kontinuierlich erhöht, von vier zu neun bis auf sechzehn unter Caesar und beliebig vielen unter Augustus. Der allgemeine Bedarf an Auguren ist so groß, dass es drei offizielle Augurenkollegien, also Vereine in Rom gibt: Die *auguri publici* (die öffentlichen Auguren), die *auguri populi Romani* (die Auguren des römischen Volkes) und die *auguri populi Romani Quiritium* (die Auguren des römischen Volkes der Quiriten – der Begriff Quiriten ist eine besonders vornehme, geradezu weihevolle Bezeichnung für die römischen Bürger, die sich damit stolz vom vergöttlichten Romulus, dem Gott Quirinus, herleiten). Wer einmal Augur ist, bleibt es sein Leben lang. Das Amt endet mit dem Tod. So stirbt auch der große Redner Cicero, der im Alter zumindest theoretisch zum hartgesottenen Religionskritiker wird, als Augur. Im letzten Jahrhundert der Republik steht den für wichtige Staatsakte verantwortlichen Beamten mindestens ein Augur zur Seite, der die notwendigen Auspicien (*auguria* oder *inaugurationes*) durchführt oder zumindest begleitet. Dieser ist dem römischen Amtsträger grundsätzlich untergeordnet und hat eigentlich eine beratende Funktion, die Entscheidungsgewalt obliegt allein dem politischen Beamten. Faktisch kann sich jedoch kein Beamter erlauben, eine Entscheidung gegen den Rat des Auguren zu treffen. Auf diese Weise hat der Augur die Macht, sogar Senatsbeschlüsse zu behindern. Die Ernennung von Konsuln, das Abhalten der Volksversammlung, das Erlassen eines Gesetzes, der Bau eines neuen Tempels oder der Entschluss in den Kampf zu ziehen – in Krieg und Frieden ist das grüne Licht des Auguren eine *condicio sine qua non*, eine Bedingung, ohne die nichts geht. Diverse Zeremonien nur für Eingeweihte des Augurenkollegiums finden auf der *arx*, dem römischen Burgberg, statt. Aufgrund ihres esoterischen Charakters ist über diese Veranstaltungen noch weniger überliefert als über die staatlichen Auftragsauspizien. Zu diesen geheimen Ritualen gehört z. B. die Aufnahme neuer Augurenpriester in die eigenen Reihen.

Im Rahmen der Inauguration betritt der Augur mit verhülltem Hinterkopf einen Berg. Er ist mit der *trabea*, einer purpurnen oder purpurweißgestreiften Toga, gekleidet und mit dem *lituus*, seinem rituellen Krummstab, ausgerüstet. Grundsätzlich kann ein Augurium an dem Ort ausgeführt werden, an dem das geplante Unternehmen, auf das sich die Götterbefragung bezieht, stattfinden soll. Als feste Kultorte für solche Handlungen, sogenannte *auguracula*, sind jedoch das Kapitol oder der Quirinal belegt. Auf der Höhe angekommen errichtet der Augur, nach Süden oder Osten blickend, ein virtuelles *templum*, indem er Himmel und Erde durch gezielte Bewegungen des *lituus* in Sektoren einteilt. So erschafft der Augur am Himmel ein Raster, auf dessen Hintergrund der Flug oder das Geschrei der Vögel, unter Umständen auch die Erscheinung von Blitzen, unter Bezugnahme auf den eigenen Standort fachmännisch gedeutet werden können. Der Sinn der von den Göttern gesandten Zeichen ist also erst in deren Zusammenwirken mit dem in Sektoren eingeteilten Luftraum einerseits und mit dem Beobachtungspunkt des Auguren andererseits zu erkennen.

Der Ort, an dem der Augur steht oder sitzt, wird ebenfalls als *templum* bezeichnet. Man glaubt, in Rom und in der Basilikata, im Süden Roms, ein solches *templum augurale* ausgegraben zu haben.

Als typische *aves augurales*, also Augurenvögel, gelten Raben oder Krähen. Darüber hinaus sind durch Plinius den Älteren einige besondere Zeichenvögel überliefert, die auch für den Nicht-Auguren von Bedeutung sein dürften: Als ungünstiger Vogel gilt zunächst der bereits erwähnte Brandvogel, die *incendiaria avis*, der glühende Kohlen von den Altären raubt, wohl, um damit die Stadt anzuzünden. Möglicherweise verbirgt sich dahinter eine Eulenart. Der Zeichenforscher Steger versucht zu Beginn des 19. Jahrhunderts den Ursprung des Brandvogelglaubens damit zu erklären, dass eine Eule ein Stück Opferfleisch, an dem noch ein Kohlestück gehaftet habe, vom Herd stibitzt und dadurch einen Brand ausgelöst habe; außerdem verwiesen die leuchtenden Augen der Eule auf das Element des Feuers.

Ein weiterer Negativvogel ist der Geier, der sich drei Tage, bevor an einem Ort jemand stirbt, an ebendiesem Platz niederzulassen pflegt und bevorzugt in Scharen über den Heeren der Verlierer zu sehen ist, weil er sich an diesen nähren kann. Auch der Taubenfalke (*milvus*), der trotz seiner Gefräßigkeit nichts von einem Totenmahl stibitzt und als einziger fleischfressender Vogel trinkt, gilt, aus welchem Grund auch immer, als böses Zeichen. Als günstigster Auguralvogel in Latium gilt der Specht; als ein Specht sich auf den Kopf eines Prätors namens Aelius Tubero setzt, der gerade einen Prozess führt, prophezeien die Ausdeuter, wenn man ihn frei ließe, bedeute dies Gefahr für den Staat, wenn man ihn aber töte, Gefahr für den Prätor. Dieser tötet den Vogel und stirbt kurz darauf selbst. Gern gesehen ist auch der Bussard, wenn er sich z. B. auf dem Schiff eines Feldherrn niederlässt – ein erfolgreiches Jagdtier gesellt sich zu einem erfolgreichen Krieger. Der auf einem Fuß hinkende Aegithus – was für ein Vogel auch immer damit gemeint ist – ist ein positives Zeichen in Hochzeits- und Gelddingen, der einäugige Leucos ist das bestmögliche Zeichen, wenn er in Richtung Süd oder Nord fliegt, weil er die Gefahren und Ängste mit sich forträgt.

Der alte Cicero gibt sich in seinem Spätwerk *De divinatione* überraschend nüchtern und skeptisch gegenüber dem Auspicium, zumindest in der Form, die es zu seiner Zeit angenommen hat. Er räumt sogar ein, dass mit der Wissenschaft der Auguren bereits in den Anfängen grundlegende Irrtümer der Väter verbunden gewesen sein dürften; Cicero schreckt also – zumindest in seiner Rolle als akademischer Skeptiker – nicht davor zurück, die Vorfahren, namentlich Romulus, zu kritisieren. Der jahrhundertelange Umgang mit den ererbten Riten, also die gewachsene Erfahrung, der veränderte Bildungsstand der Menschen und das Alter Roms, das für Cicero wohl mit einen Reifeprozess der römischen Mentalität verbunden ist, hätten für seine Zeit auf natürliche Weise eine andere, kritischere, rationalere Sicht auf die alten Riten bewirkt. Bemerkenswert ist, dass Cicero selbst das Amt eines Auguren bekleidet. Das Augurenlächeln gilt heute gemeinhin als das wissende

Lächeln Eingeweihter, die den anderen etwas voraushaben. Nach Ciceros Ansicht dürfte dieses Lächeln lediglich darauf verweisen, dass – spätestens – in der zweiten Hälfte des ersten Jahrhunderts v. C. die Auguren ihr Amt nicht mehr wirklich ernst nehmen. Cicero als Eingeweihter kennt den Blick hinter die heiligen Kulissen und glaubt nicht daran, dass die Götter den Menschen durch die Auspizien Auskünfte über zukünftige Schlachtausgänge o. Ä. geben. So weist er darauf hin, dass der Heerführer Flaminius zugrunde gegangen sei, da er die Auspizien missachtet habe; der Feldherr Paulus wiederum habe die Auspizien beachtet, sei aber trotzdem bei Cannae vernichtend geschlagen worden.

Cicero betont jedoch, dass es trotz aller berechtigten Kritikpunkte wichtig sei, die Tradition und damit auch die Divination zu bewahren – und meint dies faktisch im pragmatisch-politischen Sinne, zur Aufrechterhaltung des traditionellen Staatsgebildes. Von einer transzendenten, höheren Ordnung, an deren Wirkkraft durch die – grundsätzlich fehlerhafte – Religionspraxis appelliert werden soll, ist dabei keine Rede mehr; allerdings ist nicht ganz auszuschließen, dass Cicero sie dennoch als eine unverfügbare, nur bruchstückhaft von den Auspizien zu erfassende Wirklichkeit für möglich hält.

II.1.2.2. Das Hühnerorakel (Das Tripudium)

In einer bereits akuten Kriegssituation gibt es eine abgespeckte Version des Zeremoniells, sozusagen ein *augurium to go*: Der befehlshabende Beamte führt stets einen Käfig mit heiligen Hühnern bei sich, das *tripudium*. Das notwendige Auspicium beschränkt sich dabei auf die Ausdeutung des tierischen Fressverhaltens. Wenn die Hühner gut und reichlich fressen und ihnen durch hastiges Picken viele Körner aus dem Schnabel fallen, wird dies als positives Zeichen (*tripudium solistimum*) verstanden. Laut Cicero ist die Bezeichnung dieser Schnelldivination von den lateinischen Wörtern *terripavium – Erdaufschlag* und *terripudium – Erdsprung* herzuleiten, also von der Bewegung, die

die beim Fressen herabfallenden Körner machen. Wenn die Hühner nicht fressen oder keinen rechten Appetit zeigen, sollte man die nächste Schlacht lieber aufschieben. Der für die Betreuung der Hühner zuständige Fachmann ist der *pullarius*. Tatsächlich ist eine häufige Manipulation der heiligen Hühner belegt: Wenn man die Tiere ein paar Tage lang hungern lässt und dann das Tripudium durchführt, kann man von einem ungemein starken Appetit und damit von einer vermeintlich positiven Haltung der Götter ausgehen. Aus heutiger Sicht ist man geneigt zu fragen, wen man eigentlich durch diesen Selbstbetrug beeindrucken möchte. In der Regel werden die Ergebnisse des Hühnerrituals ordentlich protokolliert, um die getroffenen Entscheidungen im Nachhinein damit begründen zu können. Ohne Frage bleiben diese Aufzeichnungen qualitativ hinter den Ergebnissen der etruskischen Disziplin zurück.

Interessant ist die Frage, wie man im Falle einer militärischen Niederlage ein vermeintlich positives Tripudium im Rückblick bewertet. Wahrscheinlich kommt dies in der offiziellen Buchführung schlicht nicht vor. Es sind immerhin Fälle verzeichnet, in denen ein nachlässiger Umgang mit dem Tripudium hart bestraft wird: Im Jahr 249 v. C., vor einer Seeschlacht zwischen Römern und Karthagern, wollen die heiligen Hühner nicht fressen. Der verärgerte Admiral wirft sie über Bord mit der spöttischen Bemerkung, wenn die Hühner nicht fressen wollten, dann sollten sie eben saufen. Die Niederlage in der Schlacht folgt auf dem Fuße. Nach einer anderen Version spielt die Geschichte in Rom: Der Beamte Appius Claudius Pulcher wirft den Hühnerkäfig mit obigen Worten in den Tiber. Die Niederlage am Trasimenischen See im Jahr 217 v. C. wird im Nachhinein ebenso damit begründet, dass der Konsul C. Flaminius das Hühnerorakel vor der Schlacht ignoriert habe.

Cicero betrachtet das Hühnerorakel herablassend; es sei nur der Schatten eines ordentlichen, idealen Auspiciums, das in der Realität vermutlich gar nicht existiere. Er kritisiert, dass zur Durchführung des Hühnerorakels jeder beliebige Assistent hinzugezogen werden könne und kein echter Sachverständiger mehr vonnöten sei. Um den sinnentleerten Automatismus eines Tripudiums zu demonstrieren, beschreibt Cicero den typischen Ablauf einer Hühnerbefragung: Zunächst fordert der Verantwortliche der Aktion den Assistenten auf, Bescheid zu geben, wenn Stille herrsche – weil das Ritual offenbar nicht von störenden Umgebungslauten beeinflusst werden darf. Der Gefragte antwortet, ohne zu zögern oder sich nur einmal kurz umzusehen, dass es still sei. Dann fragt der Ritualleiter, ob die Hühner fräßen; der Assistent antwortet, sie fräßen. Nach diesem kurzen Einblick in die rituelle Praxis des Tripudiums mokiert sich Cicero darüber, wie man es nur für ein Orakel halten könne, wenn eingesperrte ausgehungerte Vögel über ein paar Körner herfielen. Kurz: Das Hühnerorakel ist laut Cicero kein echtes Auspicium. In früheren Zeiten hätte es noch Chancen auf authentische Götterbotschaften gegeben, weil jeder frei am Himmel erscheinende Vogel viel eher ein himmlischer Bote hätte sein können.

II.1.2.3. Die Eingeweideschau (Die Haruspicina)

Als kultische Parallelerscheinung zum Auspex gilt der Eingeweideschauer, der Haruspex, von dem etruskischen Wort *haru – Eingeweide*. Im Jahr 319 v. C. wird sein erster öffentlicher Auftritt in Rom dokumentiert. Ursprünglich ist dieses Amt geborenen Etruskern vorbehalten, die bei Bedarf aus Etrurien nach Rom beordert werden. Die Haruspicina, auch *Etrusca disciplina – etruskische Lehre* genannt, wird von der Sage auf den etruskischstämmigen König Numa zurückgeführt und erhält damit durch die Hintertür einen urrömischen Charakter. Gegen Ende der Republik gibt es in Rom ein Kollegium von rund 60 Haruspizen. Während der Haruspex in Etrurien auch Experte für Blitze, Vogelflug und andere außergewöhnliche Erscheinungen war, ist er in der römischen Religion ausschließlich für die Beschauung und Interpretation der Eingeweide, vornehmlich der Leber von Opfertieren zuständig. Auf diese Weise soll der Wille der Götter ergründet werden. Den mit der etruskischen Disziplin verbundenen Bereich einer exakten Zukunftsvorhersage haben die Römer für ihre Version der Haruspicina von vornherein abgeschnitten. Diese Art von Zukunftsschau spielt für die aristokratische Elite Roms nicht nur keine Rolle, sondern ist nachdrücklich unerwünscht. Denn die Haruspizen in römischen Diensten fungieren als explizite Diener der Götter und der Republik, indem sie den Staatsvertretern ausschließlich göttliche Ablehnung oder Zustimmung aus den Opfertierlebern vorlesen. Der Senat entscheidet offiziell über den Umgang mit dem jeweiligen Gutachten.

Die Haruspicina ist den römischen Bürgern aus dem Kontext der religiösen Tieropferung vertraut: Zu jedem blutigen Opfer, sei es ein kleineres Tier wie ein Schaf oder ein Schwein im privaten oder ein größeres Tier wie ein Ochse im öffentlichen Bereich, gehört nach der Schlachtung, die als Sanktionierung, d. h. Überführung des Tieres in die Sphäre des Göttlichen, gilt, eine gründliche Sezierung und Eingeweideschau, um die Annahme des Opfers durch die Gottheit und damit die göttliche Zustimmung zum menschlichen Vorhaben zu erfragen. Das Überprüfen der inneren Organe, der *exta*, auf Vollständigkeit, Lage, Form usw. und die Ausdeutung des Befundes sind eine komplexe Wissenschaft. Als schlimmstes Vorzeichen gilt ein Organ ohne Kopf. Der Bürgerkrieg zwischen Caesar und Pompeius wird dadurch angezeigt, dass eine Opferleber zwei Lappen hat, von denen einer schlaff ist, der andere heftig pulsiert. Als Octavian-Augustus während seines ersten Konsulats die Haruspicina anleitet, finden sich bei allen Opfertieren die Lebern auf der Unterseite nach innen hin eingeschlagen, was als ein sehr glückliches Zeichen gedeutet wird.

Der göttliche Unmut kann sich schon während der Opferzeremonie zeigen, indem sich beispielsweise das Opfertier wehrt oder nicht genug Blut aus der Wunde hervortritt. Auch das Verhalten des zu opfernden Tieres kann Aufschluss über göttliche Missbilligung geben, wenn sich das Tier beispielsweise gegen die Opferzeremonie wehrt. So reißt sich einmal ein Stier los, der im Vestatempel als Sühnopfer geschlachtet werden soll – ein Hinweis auf den schlimmen Zustand der Republik.

Der Opferleiter – der übrigens nicht selbst das Messer ansetzen muss – verhüllt während der Zeremonie seinen Kopf, um nicht durch äußere Eindrücke abgelenkt zu werden. Schon das Fiepen oder Vorbeilaufen einer Maus würde als negatives Zeichen der Götter gedeutet, das eine Störung und damit die Obsoleszenz des Opfervorgangs bekundet. Die Kulthandlung müsste abgebrochen und wiederholt werden. Wohl auch aus diesem Grund sind Kinder bei öffentlichen Opfern nicht zugelassen: Sie wären ein möglicher Störfaktor für das ordnungsgemäße, die Götter zufriedenstellende Prozedere. Nach dem Töten des Tieres erfolgt dann die Interpretation der inneren Organe. Wenn dabei alles in Ordnung ist, d. h., wenn alle Organe dort liegen, wo sie nach dem Wissen der Haruspizen liegen sollen, und die richtige Form besitzen, gilt das Opfer als angenommen und die göttliche Zustimmung zum geplanten Unternehmen als gesichert. Wenn aber irgendetwas nicht stimmig ist, muss die gesamte Opferzeremonie wiederholt werden. Tatsächlich sind bis zu 20malige Opferwiederholungen belegt. Als Octavian bei Perugia vor einem Kampf ungute Vorzeichen in den Innereien der Opfertiere findet, lässt er die Zahl der Opfertiere entsprechend vermehren. Da rauben plötzlich die Feinde alle Opferutensilien – und liefern den Römern unfreiwillig die Lösung des Divinationsproblems: Octavian erkennt, dass sich das vorausgesagte Unglück nach dem Raubüberfall nun auf den Feind beziehen muss, da alle negativen Omen in dessen Besitz sind. Und tatsächlich gewinnt Octavian die Schlacht. Ein erfolgreich durchgeführtes und abgeschlossenes Opfer, die *litatio*, ist dann erreicht, wenn beim letzten Opfertier alle Organe ordentlich, nach fachgerechter Vorgabe, daliegen. Mitunter sind zusätzlich zu weiteren Opfern oder statt weiterer Opfer auch andere Sühnezeremonien, *procurationes*, durchzuführen, z. B. die Einführung neuer Festtage. Außerhalb der Hauptstadt, z. B. im Feld, bedient man sich seit dem ersten Jahrhundert v. C. auch vereinfachter, rascherer Verfahren der Eingeweideschau. In der Kaiserzeit ist von persönlichen Haruspizen der Herrscher die Rede.

Wir haben zumindest eine vage Vorstellung von der Wissenschaft der Haruspizen, da bei Ausgrabungen nahe Piacenza eine bronzene Schafleber aus dem zweiten Jahrhundert v. C. zutage gefördert wurde, die als Ausbildungsgegenstand für etruskische Eingeweideschauer gedeutet wird. An diesem Modell ist abzulesen, welche Stelle der Leber mit welcher Gottheit verbunden ist. In Entsprechung zum Götterhimmel ist sie am äußeren Rand in 16 Felder, am inneren in 24 eingeteilt. Anhand dieser Vorlage ist der Idealzustand einer Leber mit dem Ist-Zustand einer Opferleber abzugleichen. Je nachdem, an welcher Stelle der echten Leber eine Unregelmäßigkeit auftritt, ist darin ein Zeichen des für den betreffenden Bereich zuständigen Gottes zu sehen. Für die Römer ist und bleibt diese etruskische Divinationslehre eine hochkomplexe Wissenschaft, die für Nicht-Eingeweihte nicht nachvollziehbar ist.

Cicero bringt im zweiten Teil seiner Spätschrift *De divinatione*, in dem er sich selbst als Sprecher auftreten lässt, unverhohlen seinen Unglauben bezüglich einer tatsächlichen Divination durch Eingeweide zum Ausdruck. Er vertritt hier seine persönliche Philosophie, die akademische Skepsis, die nichts, was nicht mathematisch bewiesen ist, für sicher hält. Dennoch könnte man dabei den Eindruck haben, hier spreche ein desillusionierter, verbitterter, die gesamte religiöse Wahrsagung verachtender, vielleicht am Glauben und an der Divination Verzweifelter. Er fragt, woher die Haruspizen denn wüssten, welcher Teil oder Spalt der Leber etwas Positives oder etwas Negatives anzeige, und denkt gar nicht erst daran, den mythischen Ursprung einer göttlichen Belehrung in irgendeiner Weise ernst zu nehmen. Vielmehr weist er darauf hin, dass die Eingeweide in verschiedenen Kulturen ganz unterschiedlich gedeutet werden. Er bezweifelt einen übersinnlichen Zusammenhang zwischen Leber, Lunge, Herz oder gar Hühnergalle – über dieses Organ mokiert er sich besonders – einerseits und Kosmos andererseits. Vor allem die

Vorstellung, durch die Hand einer Gottheit veränderten sich bei einem geschlachteten Tier die Eingeweide so, dass sie für den Opfernden eine bestimmte Botschaft enthielten, wischt Cicero mit der Bemerkung vom Tisch, an solche Wunder glaubten nicht einmal mehr alte Weiber. Kurz: Er ist bemüht, die gesamte Haruspicina als unglaubwürdig darzustellen. Er wundert sich offen darüber, dass ein Haruspex nicht lachen müsse, wenn er einem andern ins Gesicht sehe. Möglicherweise spielt hier eine gewisse persönliche Animosität eine Rolle, da Cicero als Augur in den Haruspizen eine starke Konkurrenz vor Augen hat.

II.1.2.4. Fremdländische und betrügerische Zeichendeutung

Der allgemeine Zeichenwahn, von dem die Bevölkerung Roms in den Krisenjahren ergriffen worden ist, erfordert einerseits ein umfangreiches Personal an privaten Zeichendeutern; andererseits mehren sich die Versuche, Mitteilungen der Götter aktiv herbeizuführen. Es gibt in Rom eine Vielzahl von selbsternannten Zeichendeutern, die mit den staatlichen Experten nichts gemein haben. Ihre Methoden orientieren sich einerseits an der offiziellen Prodigienbehandlung, gehen andererseits aber weit darüber hinaus: Die Wissensquellen, aus denen diese Mantiker ihre vermeintlichen Fertigkeiten schöpfen, sind, ebenso wie ihre Methoden, in östlichem Geheimwissen, aber auch im etruskisch-römischen Volksglauben zu verorten. Ihre Praktiken betreffen genau denjenigen Bereich der mantischen Lehre, den die Väter für den römischen Kult bewusst getilgt haben, nämlich die gezielte Zukunftsvorhersage. Sie sind darauf bedacht, den Wünschen ihrer Kunden nach individualistischer Zukunftserforschung zu entsprechen. Der Glaube an das Schicksal, das sogenannte Fatum, und die mögliche Vorhersehbarkeit zukünftiger Ereignisse ist im alten Rom weit verbreitet. Für die Gebildeten wird diese Vorstellung von der stoischen Philosophie gestützt, in welcher der gesamte Kosmos so wohlgeordnet und planvoll erscheint, dass er einem Uhrwerk gleich funktioniert und Zukünftiges nach klaren mechanischen Abläufen vorauszuberechnen ist.

Wo sich Cicero und der alte Cato dezidiert negativ über Auguren und Haruspizen äußern, dürften sie vornehmlich diese vielen falschen Propheten vor Augen haben, die Rom im ersten Jahrhundert v. C. überschwemmen. Nur die offiziellen Zeichenleser, die Auguren, Haruspizen und Sibyllenpriester werden allgemein für vertrauenswürdig gehalten, weil sie durch ihr Amt – angeblich – eine besondere Nähe zu den Göttern haben. Cicero spricht abfällig von den selbsternannten Weissagern, die es aus Not, Irrsinn oder krimineller Energie in die Dörfer, auf den Marsplatz oder hinter den Zirkus treibt, damit sie dort ihre einzige Kunst praktizieren können, die darin besteht, leichtgläubigen Kunden das Geld aus der Tasche zu ziehen. Auch der Dichter Horaz misstraut den Wahrsagern und bezeichnet die ganze Gegend um den Zirkus als täuschend und verlogen, erkennt den fahrenden Weissagern aber einen gewissen Unterhaltungswert zu, weshalb er beim Schlendern über den Marktplatz gern bei ihnen stehenbleibt. Die *harioli* als Wahrsager sind sogar nach dem unsinnigen Schwätzen benannt. Bereits beim Theaterschriftsteller Accius ist in einer Tragödie die kritische Äußerung zu finden, er glaube den Auguren kein Wort, denn sie bereicherten die Ohren anderer durch Worte, ihr eigenes Haus jedoch durch das Gold ihrer Kunden. Auch der Komödienschreiber Ennius lässt sich über die Zukunftsdeuter aus, die für sich selber den Weg nicht wüssten, ihn aber den anderen zeigten.

Horaz setzt sämtliche privaten Wahrsager mit den fremdländischen Chaldäern gleich, die seit dem Zweiten Punischen Krieg Roms Straßen bevölkern und besonders in Krisenzeiten regen Zulauf haben. Es scheint also zwischen privaten Mantikern fremdländischer und römischer Herkunft nicht wirklich unterschieden zu werden; alle privaten Mantiker repräsentieren und fördern den Wahnsinn individualistischer Zeichenfurcht und orientalischer Übertreibung. So beklagt Cicero, dass die Ausländer, im Gegensatz zu den wählerischen Römern, sämtliche Vogelarten für das *auspicium* benutzen und dass sie dieses quasi immer und überall zu Rate ziehen, während es in Rom nur zu besonderen Anlässen Anwendung findet und auf spezielle Vögel beschränkt ist.

Eine beliebte, bis heute überlieferte Form der persönlichen Zeichendeutung besteht im Lesen der Handlinien eines Menschen. Auch aus dem Körperbau und den Gesichtszügen eines Menschen, aus der Anzahl und der Beschaffenheit der Stirnfalten, allgemein aus der Physiognomie, also aus der äußeren Erscheinung einer Person, werden Informationen über bevorstehende Lebensereignisse gezogen. Ebenfalls verbreitet ist das Lesen in einer Wasseroberfläche. Der Wahrsager lässt einen Knaben auf dem Bauch liegen und in einen gefüllten Wasserkessel oder eine Schüssel starren. Durch unbekannte Rituale in Trance versetzt, beginnt der jugendliche Assistent dann Dinge zu sehen.

In Pergamon förderte eine Ausgrabung ein faltbares bronzenes Wahrsagegerät aus dem dritten Jahrhundert zutage: Nach der Zusammensetzung erhebt sich auf einer dreieckigen Platte mittig ein Stab mit einer flachen, drehbaren Scheibe in waagerechter, paralleler Position zur Platte. Auf jeder Ecke des Dreiecks ist jeweils eine große Götterfigur abgebildet; die Oberfläche der Scheibe ist in verschiedene Abschnitte mit Zeichen oder Symbolen eingeteilt. Die Scheibe fungiert vielleicht als eine Art Glücksrad; je nachdem, auf welcher der drei großen Figuren ein Abschnitt stehenbleibt, kann dies als Kommentar einer Gottheit gelesen werden. Wirklich verständlich ist den heutigen Betrachtern der Apparat nicht. Möglicherweise handelt es sich um das Werkzeug eines fahrenden Wahrsagers.

Viele Staatsmänner bezeichnen die privaten Seher als Angriff auf die Sitten der Väter und betonen das anti-römische Element dieser selbsternannten Zeichenexperten. Es mag daher eine Bedeutung haben, dass Octavian mit seinem neuen Namen Augustus, „der Erhabene“, auf die traditionellen, religiösen Formen der Divination verweist, da der Ehrenname „Augustus“ etymologisch mit der hochehrwürdigen religiösen Tradition des *augurium* in Verbindung gebracht werden kann. Natürlich ist ihm, im Sinne des Verbs *augere*, daran gelegen, den Wohlstand Roms wieder zu mehren und zu vergrößern.

Im ersten Jahrhundert wird die Subversivität einer angeblichen Zukunftsvorhersage dort zu einer konkret greifbaren Gefahr, wo sich die Abwendung des Volkes von der Führungsschicht im Forschen nach dem Todesdatum des Kaisers artikuliert. Von den Voraussagungen, die einer bestimmten politischen Gesinnung einer Interessengruppe oder einzelner Personen im Volk entsprechen können, zur Erfüllung des Vorausgesagten als einer sich selbst erfüllenden Prophezeiung, beispielsweise in Form eines Attentates auf den Prinzipat, ist es gegebenenfalls nur ein kleiner Schritt, so dass gewisse Orakelsprüche unter Umständen faktisch mit einem politischen Putsch oder Anschlagsversuch gleichzusetzen sind. Die östliche Herkunft vieler „Winkelharuspizen", sogenannter *vates*, *sacrificuli* und anderer, kommt bei diesem Verdachtsmoment erschwerend hinzu, wird doch mit dem Orient aus politischer Sicht eine unbewusst die Staatsordnung zersetzende bis offen antirömische geistige Haltung assoziiert.

Grundsätzlich wird den Wahrsagern eine destruktive Energie zugeschrieben. Schon Scipio Aemilianus soll vor Numantia die Wahrsager aus seinem Heer ausgewiesen haben, nachdem dessen Moral Zersetzungserscheinungen gezeigt habe. Nicht grundlos sieht der Konsul Cicero in seiner Rede gegen den Putschisten Catilina vermeintliche Haruspizen auf der Seite des Staatsverderbers. Prophezeiungen vermögen die Revolutionäre mit der für ihren Kampf nötigen Kraft und Zuversicht auszustatten, selbst wenn die von ihnen gemachten Voraussagungen einer realen seherischen Grundlage entbehren. Im geschichtlichen Rückblick auf die Sklavenaufstände und auf den syrisch-römischen Krieg ist ein Großteil der verantwortlichen Anführer als Zeichendeuter und Zukunftserforscher zu identifizieren. Die falschen Wahrsager scheinen also nicht nur indirekt, sondern auch ganz direkt, als verantwortliche Unruhestifter und Rädelsführer, mit Krisenzeiten Roms in Verbindung zu stehen.

Die Bedrohlichkeit dieser Erscheinung in den Untergangsjahren der Republik wird durch die unüberschaubare Masse der vorhandenen selbsternannten Zeichenexperten verschärft. In Anbetracht der Erfahrung, dass die privatissime durchgeführten Schauriten und Zeichendeutungen sich nicht nur jeglicher Kontrolle durch die öffentliche Ordnung entziehen, sondern auch ganz gezielt gegen dieselbe eingesetzt werden, nimmt es nicht wunder, dass Augustus strenge Regeln gegen die privaten Zeichendeuter erlässt, durch die ihr „Aberglaube" nachhaltig eingedämmt werden soll. Aus Sicht der offiziellen Religion ist die Deutungskompetenz privater Mantiker grundsätzlich zu bestreiten, und ähnlich kritisch sind privat erteilte, offiziell nicht anerkannte Götterzeichen zu sehen. Der alte Cicero fasst in seiner Radikalität alle privatmantischen Dienstleistungen als betrügerischen Irrtum zusammen. Nach religiöser Auffassung gelten nur solche Zeichen als sicher, die nach offizieller Anerkennung durch den Senat auf die Gefährdung der *pax deorum*, des Friedens mit den Göttern, hindeuten und den Unmut der Götter über die allgemeine Kultausübung kundtun.

II.1.2.5. Volkstümliche Zeicheneinholung

Neben der Vielzahl zwielichtiger Zeichenexperten existiert in Rom eine traditionelle, volkstümliche Linie mantischer Techniken zur privaten Zeicheneinholung, die mit den offiziellen Formen von Divination keine gemeinsame formale Grundlage haben. Viele dieser Praktiken sind griechischer Herkunft und werden von den römischen Familien seit Generationen im Privaten durchgeführt. Die Grenzen zwischen Unterhaltung und paranormalem Interesse sind oft fließend.

So können z. B. ein Hahnenkampf und sein Ausgang als Orakel gedeutet werden. Ferner sind Weissagungen aus künstlichen Lichtquellen und Wasserschalen, in die Haselnüsse geworfen werden, bekannt. Beim Zusammenspiel mit Wasser geht es in der Regel darum, ob ein Gegenstand untergeht oder schwimmt. Petron beschreibt in seinem Satyricon ein derartiges Orakel. Dort wird statt einer Wasserschale jedoch ein Weinbecher benutzt – vielleicht in parodistischer Absicht, um die

Dekadenz der selbsternannten besseren Gesellschaft zu illustrieren. Ebenfalls eine Art des Tischrückens soll bereits bekannt sein. Aus einem Käse oder einem Ei, das über einer Flamme zerläuft, kann man eine Botschaft herauslesen. Überhaupt steht die häusliche Wahrsagung immer in Verbindung mit der Wärme des Herdes, da man dort, im Zentrum des Hauses und der Familie, die um die Zukunft wissenden Ahnen verehrt und gegenwärtig denkt.

Als wolle er Ordnung in die schier unüberschaubare Anzahl solcher privatmantischen Praktiken bringen, teilt der römische Universalgelehrte Varro die Gegenstände, die zum Wahrsagen dienen, in vier Klassen ein, die in Beziehung zu den vier Elementen stehen: Geomantie, Aeromantie, Hydromantie und Pyromantie. Bei der Geomantie wird Erde gestreut, bei der Aeromantie Sand, Mehl oder sonstiger Staub geworfen, und die entstehenden Wolken werden gedeutet; bei der Pyromantie werden Flammen, Rauch und Dämpfe interpretiert, nachdem z. B. Weihrauch oder Mehl in die Flamme gegeben worden ist; bei der Hydromantie kann in gefüllten Wasserschüsseln, Pfützen oder Seen, kurzum in allem, was eine spiegelnde oder transparente Oberfläche darbietet, gelesen werden. Natürlich dienen zu diesem Zweck auch Spiegel oder Metallschilde. In Vergils *Aeneis*, dem römischen Nationalepos, werden beim Blick auf einen Metallschild große Helden und ihre Taten sichtbar. Die Traditionslinie dieser Spiegelmantik setzt sich bis zur Kristallkugel heutiger Wahrsager fort.

Auch das heute noch in esoterischen Kreisen gebräuchliche Pendel, das den Menschen durch sein Schwingverhalten eine Botschaft vermitteln soll, ist beliebt. In Rom wird es in Form einer aufgehängten Spindel oder eines aufgehängten Siebes oder Rückgratwirbels genutzt. Wenn man z. B. jemanden einer Tat verdächtigt und Gewissheit darüber haben will, befragt man das aufgehängte Siebpendel; bei der Nennung des Schuldigen beginnt es sich zu drehen. Das Sieb spielt übrigens, wohl nach dem Vorbild eines offiziellen Ritus der Vestalinnen, der jungfräulichen Wächterinnen des staatlichen Herdfeuers, auch zur Feststellung einer ungerechtfertigten Beschuldigung eine Rolle: Wer rein ist, kann Wasser in einem Sieb tragen, ohne es zu verschütten. Es ist wohl anzunehmen, dass diese Probe in der Regel eher dann angewendet wird, wenn man die Schuld oder Unreinheit eines Menschen beweisen will. Man denkt sogleich an die sogenannten Hexenproben im Mittelalter, die ebenfalls mit Wasser, dem symbolischen Element der Reinheit, verbunden sind und in der Regel negativ für die Betroffenen ausgehen.

Auch eine Art Ouija-Brett kann mit dem Prinzip des Pendelns verbunden sein: Eine runde Metallscheibe auf einem hölzernen Dreifuß zeigt die 24 Buchstaben des griechischen Alphabets an. Über der Scheibe ist das hängende Pendel in Form eines Rings angebracht. Wenn nun jemand z. B. nach dem Namen des nächsten Kaisers fragt, zeigt das schwingende Pendel die Buchstaben des Namens an. Eine Freizeitbeschäftigung, die durchaus tödliche Folgen haben kann, wenn sie an die Öffentlichkeit gelangt – da der eine oder andere amtierende Kaiser solche Unternehmungen sicherlich persönlich nehmen könnte.

Ferner gibt es die Vorstellung, dass Gottheiten oder allgemein Geistwesen durch Zauberei in bestimmte Gegenstände hineingebannt werden können, damit sie stets mit herumgetragen und bei Bedarf befragt werden können. So habe ein phokischer Herrscher namens Exekestos zwei Fingerringe besessen, die ihm durch Klirrgeräusche günstige Momente für wichtige Entscheidungen angezeigt hätten – da der Tyrann nur darauf aus ist, seine eigenen Machtentscheidungen zu optimieren, warnen ihn seine Ringe ihrer Natur gemäß nicht vor seiner Ermordung. Erhaltene Zauberpapyri erklären, wie man solche weissagenden Ringe und Götterbildnisse herstellen könne. Der Schriftsteller Lukian zieht diese Vorstellung allerdings ins Lächerliche, indem er von einem Ringstein berichtet, mit dem sich sein Träger regelmäßig unterhalten habe, weil darauf ein Abbild des Apollo zu sehen gewesen sei. Beim Kirchenschriftsteller Tertullian im zweiten Jahrhundert ist von einem künstlich erschaffenen sprechenden Totenschädel die Rede.

Das Werfen von Astragalen, Würfeln, die aus Fußgelenkknochen von Schafen oder Schweinen bestehen, ist als Spiel nicht nur eine der beliebtesten römischen Freizeitbeschäftigungen, sondern kann auch als privates Zeichenorakel verwendet werden. Je nachdem, wie die Würfel fallen, kann dies unterschiedlich interpretiert werden; mit jeder gewürfelten Zahl ist dann z. B. eine kurze Botschaft verbunden.

Es sind also allerlei Formen eines mit einfachen und billigen Mitteln herbeizuführenden Alltagsorakels nachweisbar. Fast jede römische Familie scheint im Privaten hin und wieder entsprechend orakelt zu haben. In den frühen politischen Legenden gibt es Hinweise darauf, dass dies auch in höchsten politischen Kreisen der Fall war: So spielt die Hydromantie eine grundlegende Rolle für die kultischen Offenbarungen des Königs Numa, der in Beziehung zu einer Flussnymphe namens Egeria steht. Vor diesem Hintergrund ist es fast bemerkenswert, dass diese Form der Divination nicht in den offiziellen Gebrauchskanon des traditionellen Kultes aufgenommen wurde.

II.1.3. Zusammenfassung

Die Römer glauben daran, dass die Gottheiten den Menschen Zeichen senden, um vor Gefahren zu warnen und auf göttlichen Unmut hinzuweisen. Die heiligen Zeichen können sich überall in der Welt manifestieren: Am Himmel, auf der Erde, im Wasser, in allen möglichen biologischen, alltäglichen und auch in paranormalen Erscheinungen. Es wird zwischen Zeichen mit privater, auf einzelne Personen bezogener Botschaft und solchen mit öffentlicher, staatstragender Bedeutung unterschieden; alle Zeichen, die sich auf öffentlichem Grund und Boden ereignen, müssen dem Senat gemeldet werden. Dieser entscheidet dann in Beratung mit einem Fachgremium, ob das Zeichen als offizielles Staatsprodigium anerkannt wird. Im positiven Fall werden, nach einer korrekten Deutung des Zeichens, kultische Maßnahmen eingeleitet, die das angekündigte Unheil abwehren oder die verstimmte Gottheit besänftigen sollen. Auch im privaten Rahmen haben die römischen Bürger verschiedene Strategien zum richtigen Umgang mit den Götterzeichen entwickelt. Mit der Praxis der Prodigienmeldung ist allerdings auch die Gefahr eines politischen Zeichenmissbrauchs verbunden, z. B. können durch die Meldung von Blitzen bestimmte Versammlungen lahmgelegt werden. In Krisen- und Kriegszeiten werden besonders viele Zeichen wahrgenommen. Es kann regelrecht von einer Zeichenhysterie gesprochen werden, die einige Stimmen der Vernunft dazu herausfordert, die übermäßigen Zeichensichtungen kritisch-rational zu analysieren und auf Einbildungen oder ganz gewöhnliche Alltagsphänomene zurückzuführen. Diese aufklärerischen Stimmen sind jedoch in der Minderheit. Der Glaube an Vorzeichen und das Bedürfnis, richtig mit eventuellen Omen umzugehen, ist so tief in der römischen Seele verankert, dass er sich mit einem magischen Selbstempfinden verbindet und zu der Überzeugung führt, das eigene Handeln und Verhalten könne seinerseits Zeichen generieren, weshalb man stets auf das, was man äußert oder tut, achten müsse. Mit diesem Glauben verbinden sich bestimmte, heute als abergläubisch bezeichnete Handlungen. Die politisch Einflussreichen verstehen den allgemeinen Zeichenglauben gezielt für ihre Interessen einzusetzen. Das gilt für den Redner Cicero ebenso wie für den Prinzipat Augustus, der dafür sorgt, dass seine Biographie mit einer Fülle an Wunderzeichen ausgeschmückt wird, die ihn zweifellos zu einer Mensch gewordenen Gottheit apostrophieren.

Die römische Religion stützt sich in mehrfacher Hinsicht auf den Zeichenglauben: Erstens in Form des Auspiciums, der Vogelschau, die bereits von Romus und Remulus angewendet wird, um aus der Art und Anzahl der gesichteten Vögel herauszulesen, wer von beiden der Herrscher Roms werden soll. Eine Unterart bzw. praktische Verkürzung der Vogelschau ist das Tripudium, das Hühnerorakel, das im Krieg Verwendung findet und das Fressverhalten der Vögel auswertet. Zweitens findet sich der Zeichenglaube in der Religion bei der Haruspicina, der Eingeweideschau, die nach jedem blutigen Opfer zur Erkundung der göttlichen Annahme oder Ablehnung der Gebetsgabe durchgeführt wird. Beide

Formen der Wahrsagung haben ihre Ursprünge im Kult der Etrusker und sind auf explizite Fachleute angewiesen. Es geht jedoch niemals um eine konkrete Zukunftsvorhersage, sondern ausschließlich um die Ergründung der göttlichen Stimmung gegenüber geplanten Vorhaben.

Bei den oft fremdländischen und auch betrügerischen privaten Zeichendeutern, die das römische Volk an den Straßenecken und hinter dem Zirkus mit ihren Wahrsagekünsten versorgen, sieht das ganz anders aus: Hier geht es um konkrete Zukunftsvorhersagen und persönliche Weissagungen, wie man sie auch von heutigen sogenannten Wahrsagern kennt. Es wird z. B. aus Handlinien, Gesichtern und spiegelnden Oberflächen gelesen. Diese Leute werden von den Vertretern der religiösen Wahrsagung und der staatlichen Führung kritisch beobachtet und offen verhöhnt, oft werden sie aus Rom ausgewiesen, weil sie als Gefährdung der öffentlichen Ordnung eingestuft werden, und doch kehren sie immer wieder zurück, weil das Volk eben nicht auf diese persönlichen Wahrsager und Dienstleister verzichten will.

Aber auch ohne solche vermeintlichen Experten sind die römischen Bürger im Privaten um die Einholung göttlicher Zeichen bemüht. Hierzu dienen alte volkstümliche Wahrsagungspraktiken, die ihre Ursprünge zum Teil in griechischen und etruskischen Traditionen haben und mit magischen Praktiken in Verbindung stehen können. Hierzu gehören z. B. das Lesen in Rauch, Sand und Wasser, Pendeln, Würfeln und Tischrücken.

II.2. Losorakel

Das Ziehen von Losen ist auch ohne Divinationsbezug im römischen Alltag verbreitet; nur einige Beispiele seien hier genannt: Landverteilungen und militärische Aushebungen werden ebenso durch Losungen bestritten wie die Reihenfolge der durch einen Statthalter zu verhandelnden Prozesse. Unter Augustus wird im September und Oktober ausgelost, welche Vertreter des Senates tagen dürfen. Zu den Saturnalien, dem römischen Karneval, wird ein „Spaß“-König gelost, dem dann alle folgen müssen. Eine neue Vestalin wird aus 20 vom Pontifex Maximus für geeignet befundenen Mädchen ausgelost.

Der Übergang vom paganen, pragmatischen Losen zu einer religiösen und divinatorischen Vorstellung liegt auf der Hand: Wo es um wichtige Entscheidungen geht, die dem sogenannten Zufall überlassen werden – wie es heute z. B. beim Werfen einer Münze der Fall ist –, denkt man sich im alten Rom schnell die Hand einer göttlichen Macht im Spiel, die anzeigt, welche Lösung die richtige ist.

II.2.1. Arten von Losorakeln

Das Losorakel kann als eine eigene Kategorie der Divination betrachtet werden, insofern es ein kleiner Teil bzw. eine Randerscheinung der öffentlichen Religion ist, die, im Gegensatz zu Augurium oder Haruspicina, keines besonderen Aufwandes bedarf: Es geht dabei um das Ziehen nummerierter oder beschrifteter hölzerner, manchmal auch bleierner oder bronzener Stäbchen oder Täfelchen nach dem Zufallsprinzip (*sorti-legium – Auflesen von Losen*). Die *sortes* hängen „lose“ an einem Band oder an einem Stab; daher kann man *sors – das Los* von dem lateinischen Verb *serere – aufreihen* ableiten; das Täfelchen, welches gelöst wird, enthält eine kleine Botschaft an denjenigen, der es gezogen hat – in Form eines kurzen Sinnspruchs oder eines literarischen Zitats, etwa aus dem heiligen Werk Vergils. Der Text ist oft direkt auf dem Los zu finden. Eine andere Spielart ist das Ziehen einer Nummer, die dann mit einem öffentlich auf einer Tafel ausgestellten Text verbunden ist. So kann man auf Marktplätzen und vor Tempeln, wo emsige Losverkäufer ihre Buden aufgebaut haben, quasi im Vorbeigehen eine Losung für den Tag mitnehmen.

Das Losorakel hat eine Verbindung zu den klassischen griechischen Orakelstätten; dort wird das „Ziehen“ der Losungssprüche auch gern mit dem Werfen von Astragalen, ursprünglich kleinen Gelenkknöchelchen von Paarhufern, verbunden, die teilweise aus Bronze gefertigt sind; jeder geworfenen Punktzahl ist dabei ein Spruch zugeordnet. In Rom ist immerhin ein Würfelorakel literarisch belegt: Der Heraklestempel in Bura. Dort steht vor der Kultstatue des Gottes ein Tisch, an dem mit vier Würfeln eine Zahlenkombination zusammengewürfelt wird. Die Würfel sind im Grunde die griechischen Astragale, also Gelenkknöchelchen von Paarhufern, die von den Römern allerdings *tali* genannt werden. Der quaderförmige *talus* hat vier lange Seiten mit verschiedenen Zahlenwerten: Das *supinum* (rückwärtige Seite) steht für die 3, das *pronum* (nach vorn gerichtete Seite) für die 4, das *planum* (flache Seite) für die 1 und das *tortuosum* (gekrümmte Seite) für die 6. Durch fünf vorgeschriebene Würfe ergeben sich, nach griechischem Vorbild, 24 mögliche Summen zwischen den Zahlen 5 und 30. Die 24 Summen können dann in eine Beziehung zu den 24 Buchstaben des griechischen Alphabets gesetzt werden, wobei jeder Buchstabe mit einem Orakelspruch gekoppelt ist. Auch eine andere Zählung der Zahlwerte ist denkbar. Zu jeder endgültigen Zahlenkombination findet sich auf einer ausgestellten Tafel ein Losungsspruch.

Während das Losorakel in Griechenland jedoch nach und nach von anderen, ekstatischen Formen der Mantik verdrängt wird, scheint es im ersten Jahrhundert v. C. in Rom eine wahre Blütezeit zu erleben. Vielleicht sind die beschrifteten Lostäfelchen sogar ein uritalisches Phänomen. Jedenfalls scheinen die ordentliche Aufbewahrung der Lostäfelchen an einer Stange und die überschaubare, festgelegte Anzahl der Botschaften dem römischen Ordnungssinn und Bedürfnis nach kontrollierter Weissagung sehr entgegenzukommen. Nicht nur windige Händler machen mit dem Losorakel Geschäfte; das offizielle Kultpersonal römischer Tempel stellt den Römern sicherlich ein seriöseres Losorakel zur Verfügung. Als ein festes Accessoire bestimmter Tempel ist die Losung größtenteils im latinisch-südetruskisch-umbrischen Bereich belegt, unter anderem in Caere, Falerii, Antium, darüber hinaus in Patavium.

II.2.2. Berühmte und umstrittene Losorakel

Für den Losorakeltempel der Fortuna Primigenia in Praeneste ist folgende Legende überliefert: Ein Mann namens Numerius Suffucius hackt und gräbt auf Befehl der Stadtgöttin Fortuna aus einem Felsenberg einige mit altertümlichen Schriftzeichen versehene Lostäfelchen aus Eichenholz. Da fließt aus einem nahe stehenden Ölbaum Honig. Das ist ein Zeichen: Suffucius verarbeitet den heiligen Baum zu einer Truhe (*arca* oder *capsa*) für die im Berg gefundenen Täfelchen.

Im Jahr 241 v. C. wird das Losorakel von Praeneste durch den Konsul Lutatius Cerco erstmalig erwähnt; der Senat lehnt aber eine Befragung des Orakels ab. Offenbar hält die römische Regierung dieses Orakel für unzuverlässig oder romfeindlich. Trotzdem wird das Losorakel von Praeneste durch römische Bürger konsultiert. Im Jahr 82 v. C. suchen Anhänger des Popularen Marius vor Sullas Schergen in der Festung Praeneste Zuflucht. Dabei werden die Stadt und das Heiligtum zerstört; das legendäre Losorakel lebt jedoch weiter, bleibt allerdings für die offiziellen Römer ein Tabu. Sueton berichtet, Kaiser Tiberius habe, aus Furcht vor dem Einfluss dieses Losorakels, zu Beginn des ersten Jahrhunderts alle Lose in einem versiegelten Kasten von Praeneste nach Rom holen lassen. Man sieht also hier den Versuch, ein Rom bzw. dem Kaiser nicht günstig gesinntes Losorakel vorsichtshalber zu kassieren. Beim Öffnen der Truhe in der Hauptstadt seien die Lose dann jedoch auf übersinnliche Weise verschwunden gewesen; erst nach dem Rücktransport der Kiste nach Praeneste seien sie dort wieder zum Vorschein gekommen. Eine merkwürdige Geschichte ... Hat hier jemand den Trick mit dem doppelten Boden angewandt? Die Erzählung will vermutlich die überirdische Bedeutung des Losorakels von Praeneste unterstützen und noch einmal deutlich machen, dass das offizielle Rom zu diesem Losorakel ein schwieriges Verhältnis hat. Das Fortuna-Orakel wird regulär in einer feierlichen Zeremonie am 9. und 10. April, den Festtagen der Fortuna, befragt, indem der Priester die Fragen in schriftlicher Form entgegennimmt und ein Knabe oder ein Mädchen ein Los zieht.

In der römischen Hafenstadt Ostia ist ein berühmtes Losorakel des griechisch-römischen Gottes Hercules Invictus, des unbesiegten Herkules, belegt. Ein gut erhaltenes, in drei Szenen aufgeteiltes Tempelrelief zeigt links, wie eine Herkules-Statue und ein Kasten mit Losen aus der Tibermündung gezogen werden, hält also wohl den Gründungsmythos des Losorakels fest. In der Mitte ist zu sehen, wie der Gott selbst einem kleinen Knaben Lose aus dem Kasten reicht. Rechts ist abgebildet, wie ein Zeichenexperte dem Fragesteller die Antwort des Gottes überreicht. Auch das Jupiterorakel in Jughurtinum ist für sein Losorakel berühmt.

Romfreundlichkeit hin oder her – die „seriösen" Anbieter solcher Orakel findet man zweifelsohne in den Tempeln, natürlich gibt es auch die weniger vertrauenswürdigen Losverkäufer auf den Marktplätzen.

II.2.3. Kritik am Losorakel

Cicero spricht insgesamt abschätzig vom Losorakel, da es – zumindest in seiner Zeit – ausschließlich von der ungebildeten Masse konsultiert wird und sich inhaltlich auf einem ausgesprochen niedrigen Niveau bewegt, wobei es so allgemeine Aussagen enthält, dass diese je nach Belieben auf das eigene Alltagsgeschick gedeutet werden können. Sicherlich zielt Cicero mit seinem Urteil vor allem auf die Losverkäufer auf dem Marktplatz. Tatsächlich sind die bis heute überlieferten Lossprüche von so banaler und vieldeutiger Natur, dass eine einfache Auslegung in alle möglichen Richtungen denkbar ist. Man ist geneigt, an die Botschaften heutiger Glückskekse zu denken, zumal die alten Römer, bei aller sonstigen Ernsthaftigkeit und geistigen Sprödigkeit, eine besondere Vorliebe fürs Glücksspiel besitzen. Man kann sich das Straßenlosorakel also vielleicht als eine Art beliebter Gaukelei mit Unterhaltungswert vorstellen, bei der man halb aus Ernst, halb aus Spaß sein Glück probiert. Cicero vergleicht das Losorakel ganz ungeniert mit dem Würfelspiel, wobei er das Astragalorakel, also das Würfeln mit Tierknöchelchen, und das Ziehen von Orakeltäfelchen ohne weitere Begründung in einen Topf wirft. Das kann einerseits damit begründet werden, dass *sortes* für die Römer umgangssprachlich als allgemeiner Ausdruck für sämtliche Orakelarten dient; andererseits scheint es das Faktum zu unterstreichen, dass man auch in Rom das divinatorische Würfellos kennt. Der Umstand, dass bei den ansonsten würfelsüchtigen Römern die in Griechenland weit verbreiteten Astragal- bzw. Talusorakel im kultischen Bereich kaum belegt sind und hinter dem Ziehen von Losen zurückzustehen scheinen, mag Anlass zur Verwunderung geben. Möglicherweise können viele Römer das auf Marktplätzen angebotene Würfelorakel durch seine Nähe zum Würfelspiel doch nicht so richtig ernstnehmen. Dem Ziehlosorakel hingegen wird ein höherer divinatorischer Wert beigemessen – auch wenn Skeptiker wie Cicero beide Orakelformen über einen Kamm scheren.

II.2.4. Zusammenfassung

Das Losorakel ist einerseits ein Accessoire bestimmter Tempel, andererseits ein Angebot fahrender Wahrsager auf den Marktplätzen. Lose sind Holz- oder Metallplättchen oder -stäbchen, die jeweils eine kurze Inschrift, z. B. ein literarisches Zitat, oder eine Nummer enthalten, die mit einem Losspruch auf einer Tafel verbunden ist. Die Lose hängen aufgereiht an einer Stange oder an einem Ring und können dort gezogen werden, um dem Käufer quasi im Vorbeigehen eine kurze Botschaft für den Tag zu vermitteln. Das Losorakel kann aber auch die Form von Würfeln resp. Gelenkknöchelchen von Paarhufern haben. Es gibt berühmte, aber auch berüchtigte, romfeindliche Losorakelstätten, die von den Römern mit entsprechendem Argwohn beobachtet werden, z. B. Praeneste. Cicero äußert sich insgesamt abfällig über das Losorakel, weil er es mehr für eine schwachsinnige Spielerei als für ein echtes Orakel hält.

II.3. Schriftorakel

Schriftorakel sind schriftlich fixierte und in Buchrollen oder auf Tafeln verbreitete Botschaften von Gottheiten, die von medial veranlagten Menschen empfangen und aufgeschrieben werden. Es handelt sich also um Texte von Propheten. Zur Zeitenwende kursieren in Rom eine Menge derartiger Schriften. Im offiziellen Divinationskult der Römer gibt es eine einzige gültige und allgemein anerkannte Sammlung solcher Texte: Die Sibyllinischen Bücher (II.3.1.). Alle anderen Schriftorakel, die oft ebenfalls nach den Sibyllen benannt sind, werden als überflüssige und gefälschte Orakel eingestuft; häufig sind unter ihnen gezielte antirömische Propagandaschriften zu finden (II.3.2.). Eine Art Gegenschlag zu den romfeindlichen Orakeltexten stellen viele literarische Werke der augusteischen Zeit dar; diese werden vom Volk sogar als persönliche Schriftorakel benutzt (II.3.3.).

II.3.1. Die Sibyllinischen Bücher

Das Medium, auf das die Sibyllinischen Bücher zurückgehen, ist die legendäre Sibylle von Cumae, eine ekstatisch weissagende Frau, die in einer Reihe mehrerer gleichnamiger Prophetinnen steht, die im griechisch-römischen Kulturraum unabhängig von etablierten Kultorten, also als selbstständige Seherinnen, wirken und die Menschen meist mit mahnenden Botschaften erschrecken. Sie selbst notieren ihre göttlichen Durchsagen auf Palmblättern. Beim Philosophen Heraklit (ca. 520–460 v. C.) ist die erste Erwähnung einer Sibylle belegt. Platon redet bereits im Plural von den Sibyllen. Der römische Grammatiker Maurus Servius Honoratus aus dem vierten Jahrhundert spekuliert darüber, ob sich bei den Sibyllen der Name eines primären Individuums zu einem Gattungsbegriff entwickelt haben könnte. Tatsächlich ist der Name der Sibylle heute zu einem Synonym für die weissagende Frau geworden, vergleichbar mit der griechischen Kassandra. Der Universalgelehrte Marcus Terentius Varro erstellt im ersten Jahrhundert v. C. einen Katalog von zehn Sibyllen, die jeweils nach ihrem Herkunftsort benannt sind: Dies sind die persische, die libysche, die delphische, die cimmerische, die erythräische, die samische, die cumäische, die hellespontische, die phrygische und die tiburtinische Sibylle. Man kann eine unbekannte Anzahl weiterer, namentlich nicht bekannter Sibyllen annehmen. Als ältestes Heiligtum einer Sibylle gibt sich der Ort Marpessos am Ida-Gebirge aus. Diese Region ist der Wirkungsbereich der hellespontischen Sibylle. Dort soll die älteste bekannte Sammlung von Sibyllinischen Orakelsprüchen angelegt worden sein, wohl unmittelbar nach dem Wirken der Sibylle im siebten bzw. sechsten Jahrhundert v. C. Als Aufbewahrungsort dieses Schriftorakels wird der Apollotempel von Gergis genannt. Von dort soll diese Sammlung dann, wohl im Zuge einer allgemeinen Westwärts-Bewegung der sibyllinischen Strömung, nach Süditalien, in die Obhut der Sibylle von Cumae gelangt sein. Hier schließt sich der legendenhafte Kreis zum offiziellen römischen Staatsorakel: Denn diese Sibylle, die volkstümlich mit dem Namen Amalthea versehen wird, gilt, spätestens seit Varro, als die berühmte römische Sibylle, die der Sage nach im sechsten Jahrhundert v. C. einen der römischen Tarquinierkönige, entweder Tarquinius Priscus oder – wohl eher – Tarquinius Superbus, den letzten König Roms, aufsucht, um ihm neun Bücher mit Orakelsprüchen für 300 Goldphilippeioi, also eine griechische Währung, zum Kauf anzubieten. Der weigert sich aber, den Preis zu zahlen, woraufhin die Sibylle drei der Bücher verbrennt und ihm die sechs übriggebliebenen zum selben Preis anbietet. Als der König sich erneut weigert, lässt die Prophetin drei weitere Bücher in Flammen aufgehen. Aus Angst, die restlichen, für Rom möglicherweise existenziell bedeutsamen Bücher auch noch zu verlieren, ist der König schließlich bereit, das letzte verbliebene Drittel der Orakelsammlung zum anfänglichen Preis zu erstehen. Die Sibylle von Cumae erweist sich also als harte und fähige Geschäftsfrau. Übriggeblieben sind die *libri haruspicini* zur Eingeweidedeutung, die *libri fulgurales* zur Blitzedeutung und die *libri rituales* mit praktischen Anweisungen zur Kultausübung in politischen Ausnahmesituationen. Dem aufmerksamen Leser wird nicht entgehen, dass diese Kategorien den Zuständigkeitsbereichen der etruskisch-römischen Zeichendeutung und damit den etruskischen Ritualbüchern entsprechen. Die etruskischstämmigen Haruspizen, Experten für Eingeweide und Blitze, und die Auguren geben dem Senat ja durch ihre Zeichendeutungen gelegentlich Anlass zur Konsultation der Sibyllinischen Bücher, da in diesen niedergelegt ist, wie der Staat mit den Prodigien umzugehen hat. Es wird von einigen Forschern vermutet, die offizielle kultische Installation der Sibyllinischen Bücher sei in Teilen der römische Versuch, eine von der etruskischen Divinationslehre abgegrenzte, eigenständige Traditionslinie divinatorischer Kompetenz für Rom zu begründen. Eine Verwechslung oder Gleichsetzung der etruskischen Ritualbücher und der Sibyllinischen Bücher unter dem gemeinsamen Begriff *libri fatales*, Schicksalsbücher, könnte in der Überlieferung eine Rolle spielen. Möglicherweise werden die in Rom vorliegenden Ritualbücher erst im dritten Jahrhundert v. C. mit der Sibyllentradition verbunden. Mit der Anekdote über die Sibylle und den König wird auf jeden Fall ein Augenmerk darauf gelenkt, dass die Stadt Rom in ihren frühen Jahren, aufgrund ihrer Bestimmung, die Welt nach göttlichem Willen zu lenken, die Ehre und den Bedarf eines kultischen Nachschlagewerkes hat, das dem besonderen Plan der Götter mit Rom Rechnung trägt und als Unterpfand der *pax deorum* und der *pax Romana*, also des Friedens zwischen den Göttern und Rom, dienen soll.

Ihrem heiligen Zweck entsprechend werden die Bücher bis zur Zeit des Augustus auf dem Kapitol im Tempel des höchsten Gottes, Jupiters, aufbewahrt. Die erste offizielle Konsultation der Sibyllinischen Bücher erfolgt im Jahr 496 v. C. durch den Diktator Postumius Albus. Dass in Rom von Anfang an eine Verbindung zwischen Sibylle und Apollo besteht, ist unwahrscheinlich, was schon der ursprüngliche Aufbewahrungsort der Sibyllinen andeutet: Sie unterstehen nicht der Obhut Apolls, sondern des Göttervaters. Möglicherweise gilt die Göttermutter Juno, die Partnerin des kapitolinischen Jupiter, ursprünglich als Inspiration der Sibylle. Zunächst werden zwei Patrizier zur Bewachung der Sammlung abgestellt, die Duumviri (Zweimannschaft). Im Jahr 367 v. C. bestimmt der Senat ein Gremium von zehn Männern zur Verwaltung und Befragung der Sibyllinischen Bücher, die Decemviri, das unter Sulla aufgestockt wird und von da an als das Kollegium der Quindecimviri (*sacris faciundis*), der Fünfzehnmänner (für heilige Pflichten), bekannt ist. Caesar ergänzt sogar noch einen Priester, später sind bis zu 25 Mitglieder bekannt. Allein diese Experten haben das Recht und die Kompetenz, die Bücher bei Bedarf zu befragen.

Die Sibyllinen sind im griechischen Hexameter verfasst, einem Versmaß, das den römischen Lesern auch aus der lateinischen Dichtung vertraut ist; die Sprache ist Griechisch, weshalb für jede Konsultation wohl eine Übersetzung nötig ist. Der Wortlaut der Sprüche ist eindeutig, so dass er keinen Interpretationsspielraum gewährt. Die Form der Orakelbefragung ist das intuitive Aufschlagen einer Textstelle. Für die Zeit zwischen 469 und 100 v. C. sind von den antiken Autoren etwa 50 Konsultationen der Sibyllinen überliefert. Die Anlässe sind in der Regel Seuchen, Hungersnöte oder sehr ernste Prodigien.

Die eingeholten Sprüche selbst werden zwar fürs Protokoll, zur Einsichtnahme des Senates, festgehalten, aber nicht veröffentlicht; das kommt nur in höchst seltenen Ausnahmefällen vor, laut Livius passiert es einmal, und zwar im Jahr 213 v. C. Nur die Prodigien, die zur Konsultation der Sibyllinen Anlass geben, und die aus dem Orakelspruch erschlossenen Sühnemaßnahmen gelangen an die Öffentlichkeit. In der Regel handelt es sich um konkrete Rituale zur Abwendung des angedrohten Übels; latente Androhungen möglicher Folgen im Falle einer ausbleibenden oder mangelhaften Sühnung können enthalten sein. Die zu ergreifenden Sühnemaßnahmen sind z. B. besondere Opferungen, Reinigungsriten oder Festumzüge, aber auch Geldspenden. Gelegentlich wird die Einführung eines neuen Kultes initiiert: Im Jahr 293 v. C. z. B. führt man anlässlich einer Epidemie in Rom den Kult des Asklepios von Epidauros ein. Unter der Bedrohung durch Hannibal im Jahr 204 v. C. wird der Kult der Magna Mater aus Kleinasien importiert.

Im Klartext erhalten ist von den Sibyllinen nur ein Zitat in 70 Versen, das Phlegon von Tralleis in seinem Buch der Wunder überliefert. Das Orakel wird anlässlich einer Androgynengeburt im Jahr 125 v. C. erteilt. In diesem Orakel wird angekündigt, dass eine Frau ein Kind mit männlichen und weiblichen Merkmalen gebären werde. Darauf werden in einfacher und klarer Sprache die notwendigen Sühnemaßnahmen mitgeteilt: Zunächst soll in sämtlichen Gemeinden Geld für ein Demeter-Opfer gesammelt werden. Dann werden die Opfertiere beschrieben: Es sollen dreimal neun Bullen, und zwar helle Tiere von überragender Schönheit sein. Danach werden die Opferriten, Gaben, Schmuck und Kleidung erläutert; junge Frauen und Kinder spielen als Betende eine große Rolle. Es werden allerlei verschiedene Opfertiere und Gottheiten genannt. Aus heutiger Sicht ist es teilweise schwer, den Anweisungen in ihrer Fülle und gedanklichen Linie zu folgen, die mitunter wie ein *stream of consciousness* wirken – eine Redeweise, die zur Vorstellung einer ekstatisch vor sich hinsprechenden Sibylle durchaus passt, auch wenn ihre verbalen Ergüsse in kunstgerechte Hexameter gekleidet sind. An verschiedenen Stellen taucht, wie im Hintergrund, eher vage, die Andeutung einer äußeren Gefahr, eines Krieges oder einer Fremdherrschaft etwa, auf, die durch das richtige Ritualhandeln vermieden werden soll. Man hat den Eindruck, dass hier eine Reihe verschiedener Orakel zu unterschiedlichen Anlässen aneinandergefügt worden sind. Am Ende der erhaltenen Orakelverse wird jedoch wieder ein Bogen zum eigentlichen Auslöser der Orakelbefragung geschlagen, indem prophezeit wird, wenn andersartige Kreaturen geboren würden, werde ein Trojaner Rom befreien. Kurioserweise unterbricht sich die orakelnde Stimme zum Schluss selbst, indem sie eingesteht, sie sei abgeschweift, und sie fragt das Medium, wohin es sie nur geführt habe – oder fragt das menschliche Medium hier die Gottheit, die aus ihm spricht? Das bleibt letztlich unklar.

Da von Transparenz für die Öffentlichkeit bei den Aussagen des Orakels keine Rede sein kann, eröffnet das den Durchführenden der Befragung einige praktische Möglichkeiten. So mag das intuitive Aufschlagen der Bücher zur Zeitenwende auch ein „inspiriertes“ Verfassen neuer Sprüche durch die Priester bedeuten, das Orakel könnte also spontan schriftlich erweitert werden. Eine Umformulierung oder Redigierung alter Texte, vielleicht auch nur in Teilen, erscheint dabei denkbar. Für Varro weist eine metrische Analyse der ihm bekannten Sprüche darauf hin, dass die protokollarisch festgehaltenen Sibyllinen im konkreten Ernstfall nicht älter als ihr Anlass sein dürften. Für die heute bekannten Sibyllinen-Verse ist die Form des Akrostichons belegt; das heißt, dass aufeinanderfolgende Verse jeweils mit den Anfangsbuchstaben der Wörter des ersten Verses beginnen, eine literarische Spielerei, die noch nicht in der legendären Urzeit der Sibylle, also im achten Jahrhundert v. C., sondern erst ab dem dritten Jahrhundert v. C., in hellenistischer Zeit, in Gebrauch ist und damit verdeutlicht, dass die bekannten Verse frühestens zu dieser Zeit entstanden sein können. Möglicherweise soll die Form des Akrostichons jedoch von Anfang an dazu dienen, die Sibyllensprüche vor Interpolationen zu schützen; man kann sie nicht allzu leicht verändern, wenn sie diesem festen Muster unterliegen – was sie dann bei Befragungen wohl doch nicht zwangsläufig vor textlichen Änderungen oder Ergänzungen bewahren muss.

Auch Cicero setzt offenbar eine allgemein übliche Akrostichon-Form der Sibyllinen voraus. Das veranlasst ihn in seinem Spätwerk über die Divination zu der grundsätzlichen Meinung, dass die Bücher der Sibylle keineswegs irgendeiner prophetischen Ekstase entstammen könnten, wie offiziell behauptet wird, sondern eine klar und rational durchdachte Literaturform seien, die sich mindestens ein Autor am Schreibpult sorgsam ausgedacht habe. Er polemisiert also in gewohnter Weise, die naive Glaubensannahme, eine Gottheit könne durch das Medium auf metrisch ausgefeilte Art ins Reine sprechen, grundsätzlich ablehnend. Doch selbst wenn eine echte Sibylle ihre Inspiration zunächst tatsächlich auf Palmblättern aufgeschrieben haben sollte, so wäre es von dieser losen Blättersammlung zu den offiziellen Büchern auf jeden Fall noch ein weiterer redaktioneller Schritt, bei dem die Texte durchaus redigiert bzw. in eine bestimmte Form gebracht werden könnten.

Da das Sibyllenorakel ein offizielles, aber geheimes Corpus ist, erklärt sich die bescheidene Überlieferungslage und das eher vage Belegwissen zu seiner Standardform und seinen Inhalten. Ohne Frage ist die Quelle der sekundären sibyllinischen Inspiration durch Nachbearbeitung alter Texte, soweit diese tatsächlich stattgefunden haben sollte, in aktuellen politischen Interessen zu vermuten, was faktisch eine klare Manipulation durch die führende Schicht bedeutete. Aber dieser Grundsatz gilt ja für den gesamten römischen Kult: Religiöses Interesse und politisches Interesse, das in der Erfüllung des göttlichen Heilsplans für Rom und die Welt liegt, sind fest ineinander verflochten.

Im Jahre 83 v. C. wird die Orakelsammlung im Bürgerkrieg durch Sulla zerstört. Das Faktum, dass der Senat unter Augustus die Sibyllinen nach ihrer Vernichtung durch den Brand des kapitolinischen Jupitertempels im Jahre 83 v. C. bis ins Jahr 76 v. C. neu zusammentragen lässt, unterstreicht die klare politische Bedeutung der Orakelbücher. Der Bürgerkrieg erschwert natürlich die Wiederherstellung der Sammlung, zumal der Privatbesitz von Kopien des staatlichen Originals in Rom verboten ist. An allen Orten, an denen eine Sibylle gewirkt haben soll, lässt Augustus daher vorhandene Spruchsammlungen einziehen und in die Hauptstadt bringen. Zum Einzugsgebiet gehört auch die afrikanische Provinz, Erythräa gilt schließlich als sibyllinischer Ursprungsort. Die Ermittler kopieren dort ungefähr 1000 Verse von privaten Quellen – eine eher magere Ausbeute im Vergleich mit dem verlorenen Original, das aus drei Büchern bestand. Also werden auch die letzten Winkel Italiens durchkämmt, die mit dem Wirken irgendeiner Sibylle in Zusammenhang stehen: Dazu gehören die Kolonien von Magna Graecia, vor allem Sizilien, Samos, Ilium. Die sibyllinischen Sprüche werden also mühsam aus dem ganzen Römischen Reich zusammengetragen, um die offiziellen Sibyllinischen Bücher wiederherzustellen bzw. zu erneuern. Und bei dieser Gelegenheit lässt Augustus die Sibyllinen möglicherweise so manipulieren, dass sie für die Nachwelt zweifellos auf ihn verweisen – so viel prophetischen Spielraum scheinen die kultischen Anweisungen des Staatsorakels zu besitzen. Zudem setzt Augustus ein klares Zeichen damit, dass er den restaurierten Sibyllinen eine neue Heimat auf dem Palatin gibt, in einem eigens für sie errichteten Tempel des Apollo, der ja als Lieblings- und Identifikationsgott des Augustus bekannt ist. Damit demonstriert der Prinzeps deutlich, dass das Sibyllinische Orakel dem Machtbereich Apollos, dessen Dienerschaft, dem Priesterkollegium der Quindecemvirn, und der Staatslenkung unterstellt ist. Um Letzteres noch weiter zu untermauern, ernennt sich Augustus im Jahr 12 v. C. höchst selbst zum Vorsteher des Fünfzehnmänner-Kollegiums.

Damit steht klar fest: Über die ultimative Sammlung der offiziellen Sibyllinen hinausgehend werden andere Orakel in Rom weder gebraucht, noch sind sie von der politisch-religiösen Führungselite erwünscht. Eine Methode, die Augustus wählt, um lästige Konkurrenz der Sibyllinen zu vermeiden, besteht darin, sämtliche sogenannten sibyllinischen Weissagungen, die irgendwo in Italien auftauchen, zu beschlagnahmen und der einzig wahren Orakelsammlung hinzuzufügen.

Nach Ammianus Marcellinus fallen die staatlichen Sibyllinen im Jahr 363 einem Brand zum Opfer. Die heute noch erhaltenen Sibyllinischen Orakel (*oracula Sibyllina*), die zwischen dem zweiten und vierten Jahrhundert n. C. entstanden sind, haben mit den Sibyllinischen Büchern Roms nichts zu tun; es handelt sich dabei um Missionsschriften aus dem jüdisch-christlichen Kulturkreis, die insgesamt äußerst romfeindlich eingestellt sind.

II.3.2. Falsche Sibyllen gegen Rom

Am 3. Dezember 63 v. C. wird ein gewisser Publius Lentulus Sura als Staatsverschwörer vor den Senat gestellt – er hat seinen Mitverschwörern gegenüber behauptet, die Sibyllinen hätten ihn, als dritten Cornelius nach Cinna und Sulla, dazu bestimmt, Rom zu regieren. So berichtet es Cicero. Doch von welchen Sibyllinen ist da die Rede? Beruft sich dieser Lentulus vielleicht auf die offizielle Sammlung, aus der irgendetwas in die Öffentlichkeit gesickert sein könnte, das er auf diese Weise auslegen kann? Oder stützt er seinen unbescheidenen Anspruch auf eine eigene, private Schrift, die eine illegale Kopie oder sogar ein Zusatz zum Staatsorakel ist? Diese Fragen sind nicht klar zu beantworten. Allerdings würde die erste Annahme voraussetzen, dass das offizielle Corpus der Sibyllinischen Bücher nach der Restauration durch Augustus eine Charakterveränderung erfahren hat. Schließlich hat das römische Schriftorakel ursprünglich lediglich die Funktion, im Falle gewisser Götterzeichen Anleitungen zu kultischen Sühnemaßnahmen zu erteilen.

Es wurde in der Forschung darüber spekuliert, ob mit der Neuzusammenstellung der Sibyllinen durch Augustus tatsächlich auch Zukunftsprophezeiungen Einzug in das Staatsorakel gehalten haben könnten. Wahrscheinlicher ist aber wohl, dass Augustus darauf Acht gegeben hat, das ursprüngliche Wesen der Sibyllinen unverändert zu belassen. Vielmehr dürfte, in Verbindung mit dem streng esoterischen Charakter des offiziellen Orakels, im Glauben des Volkes eine östlich beeinflusste Vorstellung von sibyllinischer Prophetie Einzug gehalten und auf das Staatsorakel projiziert worden sein, sprich: Die Leute stellen sich vor, das geheimnisvolle Staatsorakel beinhalte auch streng gehütete konkrete Zukunftsvorhersagen ... Natürlich regt ein solches Mysterium, als das die offiziellen Sibyllinischen Bücher dem römischen Volk erscheinen müssen, die Phantasie der Leute an. Doch vielleicht glaubt man auch einfach, es gebe Sibyllinen, die nicht zum offiziellen Corpus gehören und eben diesen hellseherischen Bereich beinhalten, der in der staatlichen Sammlung nicht vorkommt – möglicherweise kopierte Teile aus den sechs vernichteten Originalbüchern der cumäischen Sibylle, von denen der Mythos erzählt. Diese Vorstellung würde zu den inoffiziellen Sibyllinen passen, die zur Zeitenwende in Rom im Umlauf sind.

Auch die Verschwörer um Catilina und andere, ähnlich gesinnte Rebellen verbreiten diverse Prophezeiungen unter sibyllinischer Betitelung. Lukan inszeniert in seinem Buch über den Bürgerkrieg (*De Bello Civili*) auf dramatische Weise, wie die Bürger vor dem Krieg nicht nur von schlimmen Vorzeichen und gallischen Prophezeiungen, sondern auch von umlaufenden Sibyllinen in Angst und Schrecken versetzt werden. Bei Sueton ist von über zweitausend kursierenden Schriftorakeln die Rede, die Augustus aus dem Verkehr zieht. Kraft seines Amtes als *pontifex maximus* erlässt er ein Edikt, nach dem sämtliche prophetischen Bücher (*fatidici libri*) auf Griechisch oder Latein an den *praetor urbanus* auszuhändigen sind. Sie werden geprüft; alle anonymen und fälschlicherweise als sibyllinisch ausgezeichneten Schriften werden verbrannt. Die übriggebliebenen Bücher, sicher keine große Zahl, werden dem offiziellen Sibyllenorakel einverleibt und damit dem öffentlichen Zugriff entzogen.

Weshalb Augustus so verfährt, liegt auf der Hand: Sämtliche anonymen Schriftorakel gehen von selbsternannten, möglicherweise wahnsinnigen Ekstatikern aus und sind nach deren aktueller Gemütslage und partikularistischer Intention verfasst. Sie haben keinen Bezug zum sibyllinischen Staatsorakel, sondern sind ein unnötiger, überflüssiger kultischer Zusatz. Sie können nur als unglaubwürdig und falsch eingestuft werden. Allein die Herkunft von einer echten Sibylle kann eine Schrift als wertvolle Ergänzung der staatlichen Sammlung qualifizieren. Die Kriterien, nach denen zwischen falschen und echten Sibyllinen unterschieden wird, werden von der politischen Führung nicht transparent gemacht. Sie liegen gleichwohl auf der Hand: Sie müssen in Form und Inhalt zu den Sibyllinischen Büchern passen. Sie müssen im Falle eines Prodigiums tauglich sein, Hilfsanweisungen zu kultischen Handlungen zu geben, um den Frieden mit den Göttern zu sichern.

Die frei kursierenden Sibyllinen sind faktisch genau das Gegenteil: Ihr Erscheinen ist weder an göttliche Zeichen als Auslöser der Konsultation gebunden, noch werden kultisch-religiöse Fragen von ihnen berührt. Sie gelten vielmehr selbst als göttliche Botschaften, die konkrete Zukunftsprophezeiungen für Rom beinhalten. Das kann politische Unruhe bewirken. Zudem sind die inoffiziellen Sibyllen ihrem Ursprung nach öffentlich und dem eigentlich zuständigen kultischen Gremium entzogen. Kein Wunder, dass Augustus da eingreifen muss: Der Staat verfährt hier ähnlich wie wenige Jahrhunderte später die christliche Kirche, die durch eine Kanonisierung, eine einmalige klare Festlegung ihrer heiligen Schriften, bemüht ist, dem unablässigen und unkontrollierbaren freien Wirken des Heiligen Geistes in immer neuen selbsternannten Propheten und ihren Schriften einen Riegel vorzuschieben. Das hindert jedoch keine neuen Orakeltexte daran, weiterhin wie Pilze aus dem Boden zu sprießen.

Aber die freien Sibyllinen missachten das offizielle Staatsorakel nicht nur formal, sondern stehen auch inhaltlich in direkter Opposition zu den echten Sibyllinischen Büchern: Sie schüren die Angst der Bevölkerung durch Zukunftsvorhersagen der düstersten Art. Dabei stellen sie keinen Weg zum Heil in Aussicht, sondern beschwören das Ende der bestehenden Welt, d. h. konkret den Untergang der Römischen Republik und ihrer Führungsschicht – in guter Tradition alttestamentlicher Unheilsprophetie, die sich nicht nur gegen das eigene Volk, sondern auch gegen Fremdvölker zu wenden pflegt.

Da verwundert es nicht, dass es sich zu einem wesentlichen Teil um Texte östlicher und jüdischer Herkunft handelt. Die antirömischen Schriftorakel stammen aus Griechenland, Syrien, Kleinasien und Judäa. Sie sind von apokalyptischen Ideen aus dem iranischen und jüdischen Kulturraum geprägt, die von der Ablösung einer alten, obsoleten und als schlecht verurteilten Weltzeit durch ein neues, rundum gutes Weltalter erzählen. So verkündet ein *haruspex* namens Vulcanius im Jahr 44 mit dem Ende des neunten Zeitalters den Untergang der Welt, also die Apokalypse. Am Beispiel der Hystaspes-Apokalypse, des dritten Buches einer in Rom verbreiteten jüdischen Sibylline, wird deutlich, wie offensiv sich ein solches Orakel gegen den römischen Staat richten kann: In dieser Schrift werden Rom sein sicherer Untergang und die Ankunft eines östlichen Messias prophezeit. König Mithridates IV. beruft sich in seinem Krieg gegen Rom auf diesen Text. Das Lesen des Orakels wird von der römischen Regierung mit der Todesstrafe belegt. Auch in apokryphen Orakeln aus dem syrisch-römischen Krieg wird Rom sein Untergang durch einen gottgleichen Herrscher aus dem Orient vorausgesagt.

In einem ägyptischen Papyrus aus der 18. Dynastie, der sogenannten Neferti-Prophetie, wird erstmalig über die Erwartung einer königlichen Heilsfigur gesprochen, mit der konkret Amenemhet I (1939–1909 v. C.) gemeint sein dürfte. Das Judentum drückt diese Vorstellung von einem nationalen Erlöser in seinem Messias-Glauben aus, der seit der Unterdrückung durch die griechische Oberherrschaft im zweiten Jahrhundert v. C. auch apokalyptische Züge annimmt. Die Hystaspes-Apokalypse und alle weiteren Schriftorakel in Rom leben von dem Gedanken eines großen Erlösers und Heilsbringers. Auch Jesus wird, wie viele andere Wanderprediger und Weltuntergangsgläubige seiner Zeit, von seinen Anhängern für den Messias, die Erlösergestalt gehalten, die Israel von der Fremdherrschaft der Römer befreit und, von Jerusalem ausgehend, das Reich Gottes auf Erden errichtet. Das dritte Buch der jüdischen Sibylle entsteht möglicherweise während der Kampfhandlungen zwischen Octavian und Marc-Anton, der, mit Kleopatra an seiner Seite, für Ägypten steht, das in dieser Situation für das neue, auserwählte Land gehalten werden könnte. Die Idee, eine Verbindung zwischen dem angekündigten Erretter und Marc-Anton herzustellen, liegt dabei auf der Hand. Manche Forscher sehen das Erscheinen der Schriftorakel in Rom im Rahmen eines sich zwischen Rom und den noch nicht unterworfenen östlichen Staaten abspielenden Kulturkampfes, in dem die Schriftorakel als Instrumente der Aufständischen gegen das Imperium eingesetzt werden.

Auf jeden Fall ist nachvollziehbar, weshalb Augustus die falschen Schriftorakel gezielt verfolgen und vernichten lässt. Als im Jahr 19 n. C. ein – möglicherweise schon über 90 Jahre altes – Sibyllinenorakel auftaucht, in dem Rom nach dreimal dreihundert Jahren seines Bestehens der Untergang durch Bürgerkrieg angekündigt wird, handelt Kaiser Tiberius nach Augustus' Vorbild, erklärt das Orakel für ungültig und lässt nach weiteren Schriften dieser Art fahnden, um sie zu sortieren und unter seine Kontrolle zu bringen. Nach dem Brand Roms unter Kaiser Nero lässt man das von Tiberius kassierte Orakel noch einmal auftauchen, um es gegen den Herrscher als vermeintlichen Brandstifter zu wenden und ihn mit der prophezeiten Vernichtung Roms in Verbindung zu bringen; Nero entgegnet diesem Angriff auf seine Person zu Recht, indem er erklärt, dass dieser Spruch nicht zu den Sibyllinischen Büchern gehöre.

II.3.3. Literarische Sibyllen für Rom

Auch literarische Werke werden von den Menschen gern als Schriftorakel genutzt. Man sticht dabei z. B. mit einer Nadel in eine Buchrolle und interpretiert dann die getroffene Stelle. Das ist möglich, da ein großer Dichter zugleich als *vates* gilt, als ein Weiser, der, inspiriert von den Musen, über den Tellerrand des irdischen Daseins hinausschaut und in wahrster Wortbedeutung Visionen, Bilder innerer Erleuchtung, hat, der also ein Seher im prophetischen Sinne ist. Besonders die Werke des Dichters Vergil, vor allem sein römisches Nationalepos, die *Aeneis*, werden zur Zeitenwende von Privatpersonen intuitiv aufgeschlagen und als Orakel genutzt. Um den menschenscheuen Dichter des römischen Nationalepos rankt sich schon zu dessen Lebzeiten ein regelrechter Kult, der ihn zu einem Wissenden mit einer geheimnisvollen, heiligen Aura macht. Wenn ihm auf der Straße Menschen entgegenkamen, soll er sich schnell in den nächsten Hauseingang geflüchtet haben, um den Leuten nicht begegnen zu müssen. Dieses Verhalten wird als Kennzeichen eines weltentrückten, mehr der göttlichen als der menschlichen Sphäre zugewandten Sehers gedeutet. Da nimmt es nicht wunder, dass seinen Schriften eine besondere divinatorische Kraft zugeschrieben wird. Das literarische Buchorakel bezieht sich wohl in erster Linie auf die Befriedigung privater Divinationswünsche, steht jedoch tendenziell in einer nationalpolitischen und regierungstreuen Linie, zumal es sich vorrangig auf die Dichter der augusteischen Zeit bezieht. Ihre Werke umranken die Verherrlichung des gottgleichen Augustus.

Auch ihrem Ursprung nach können die Bücher der augusteischen Dichter als gezielte Gegenprophezeiungen zu den immer wieder auftauchenden anti-römischen Orakelschriften verstanden werden. Der Dichter Horaz setzt einen solchen Kontrapunkt in seinem Säkularlied, mit dem ihn Augustus persönlich im Jahre 17 beauftragt, anlässlich einer großen Jahrhundertfeier, in der das neue Zeitalter des Friedens offiziell begangen wird. Auch wird die jüdische Apokalypse im Sinne Roms umgedeutet, indem Augustus als Lichtgott Apollo zum angekündigten Friedensherrscher aus dem Osten deklariert wird.

Vergils erste Ekloge vergöttlicht Augustus zuerst; Vergil lässt ein Opfer der Landvertreibungen sprechen – der Dichter selbst hat diese Erfahrung gemacht und durch die Fürsprache eines Bekannten seinen Besitz von Octavian zurückerhalten. Octavian erscheint daher in der ersten Ekloge als in den Bürgerkriegswirren präsenter Gott (*divus praesens*), der in Rom lebe und dem Vertriebenen in seiner schlimmen Lage geholfen habe. Namentlich wird er hier noch nicht genannt. Horaz stellt Augustus in der vierten Ode des dritten Buches als Herrscher über Menschen und Götter dar, in der fünften Epode wird er gar über Jupiter gestellt und damit zum schlechthinnigen Gott seiner Zeit ernannt. Im sechsten Buch der *Aeneis* wird beschrieben, wie Aeneas in der Unterwelt den Rat seines Vaters Anchises sucht. Dieser gibt dem römischen Stammvater einen prophetischen Ausblick auf die glänzende und glückliche Zukunft Roms, die mit einem göttlichen Friedensherrscher, nämlich Augustus, ihren Anfang nimmt. Im Herzen des römischen Nationalepos wird Augustus also zu einer messianischen Heilsfigur, dem übermenschlichen Bringer eines neuen Äons ernannt.

In diesen literarischen Meisterstücken ist eine klare politische Antwort auf die umlaufenden fremdländischen, antirömischen Apokalypsen und Sibyllinen zu sehen. Das auserwählte Land des Messias ist demnach nicht im Nahen Osten zu suchen, sondern in Italien. Das heißt auch, dass die Weltherrschaft, die Errichtung eines Gottesreiches, die vom Messias ausgehen soll, eindeutig von Augustus ausgehen muss. Tatsächlich sind in Priene und Halikarnassos Inschriften erhalten, die Augustus auf eine Weise verherrlichen, wie sie für Jesus Christus typisch ist: Er wird als Heiland der gesamten gegenwärtigen und zukünftigen Menschheit gepriesen, der die Welt vom Bösen befreit und ein Reich des Friedens errichtet.

II.3.4. Zusammenfassung

Die Sibyllinischen Bücher sind das offizielle römische Schriftorakel, das der Sage nach auf eine göttlich inspirierte Seherin namens Sibylle zurückgeht; diese soll dem letzten römischen König drei von ursprünglich neun Büchern mit gesammelten Weissagungen verkauft haben. Diese Schriften werden bis 83 v. C. im kapitolinischen Jupitertempel aufbewahrt und beziehen sich thematisch auf Eingeweideschau, Blitzdeutung und sonstige kultische Praktiken. Nach der Sichtung eines Staatsprodigiums dienen sie dazu, die korrekte religiöse Reaktion auf das Götterzeichen zu finden. Das Orakel ist nur für ein spezielles Fachgremium, das Kollegium der Fünfzehnmänner, zugänglich. Der Orakelspruch wird durch intuitives Aufschlagen der Bücher ermittelt. Die inhaltlichen Aussagen der Sibyllinischen Bücher sind klar und eindeutig. Sie schreiben bestimmte Rituale vor, die befolgt werden müssen. Es geht also beim

Sibyllinischen Orakel nicht um Zukunftsvorhersagen, sondern um kultische Handlungsanweisungen. Nachdem die Bücher im Jahr 83 v. C. bei einem Brand auf dem Kapitol vernichtet worden sind, lässt Augustus an alten Wirkstätten der Sibylle die Sammlung neu zusammentragen. Er gibt ihr eine neue Heimat in einem Apollotempel auf dem Palatin und unterstreicht damit die Bedeutung der Sibyllinischen Bücher auch in seiner Zeit; wohl nicht zufällig gilt Apollo, der Lieblings- und Identifikationsgott des Augustus, als die Inspirationsquelle der Sibylle. Im Jahr 12 v. C. wird Augustus zum Vorsteher des Fünfzehnmännerkollegiums. Damit wird der exklusive Besitzanspruch des Staates gegenüber den Sibyllinischen Büchern bildhaft untermauert. In der Regel dringt kein Zitat des Staatsorakels an die Öffentlichkeit.

Dennoch kursieren im Volk immer wieder angebliche Texte aus den Sibyllinischen Büchern. Der Staat kassiert sie ein und prüft sie – im positiven Fall werden sie dem offiziellen Orakel einverleibt. Es sind jedoch auch eine Menge andersartiger prophetischer Texte im Umlauf, die volkstümlich als Sibyllinen bezeichnet werden, aber eigentlich keinen Bezug zu den echten Sibyllinischen Büchern haben: Es handelt sich dabei um apokalyptische Zukunftsvorhersagen, die aus dem orientalischen und jüdischen Kulturkreis stammen und antirömisch eingestellt sind. Sie prophezeien einen Herrscher, der dem Römischen Reich ein Ende setzen wird. So wird zeitweise z. B. Marc-Anton, der sich aus römischer Sicht mit dem Orient verbunden hat und gegen seine Heimat kämpft, mit diesem angekündigten Herrscher in Verbindung gebracht. Natürlich lässt der Staat solche romfeindlichen Schriften einsammeln und vernichten. Die augusteischen Dichter, vor allem Vergil und Horaz, setzen dieser orientalischen Propaganda ihre eigenen, literarischen Weissagungen entgegen. In ihren Schriften preisen sie Augustus als den wahren Friedensbringer, der nicht nur Rom, sondern die ganze Welt mit sich und den Göttern versöhnt.

II.4. Prophetische Ekstatiker

Der Prophet ist in der griechischen Sprache der Fürsprecher eines Gottes, im Grunde ein göttliches Sprachrohr, das die Botschaft der Gottheit an die Menschen weitergibt – ganz gleich, ob diese sie hören wollen oder nicht. Meistens wird die Wahrheit nicht gern gehört, weshalb Propheten von jeher einen schlechten Stand haben. Das von seinem Gott auserwählte Volk Israel ist ein Paradebeispiel dafür: Weil es immer wieder vom wahren Glauben abfällt, sendet ihm Gott in schöner Regelmäßigkeit Propheten, die schreckliche Dinge ankündigen, die nur durch eine allgemeine Verhaltensänderung abgewendet werden können. Diese Männer werden gern misshandelt und verjagt. Das ist auch im alten Rom der Fall, gleichwohl die Propheten, die hier in Erscheinung treten, von einem ganz anderen Kaliber sind und mit dem im Grunde recht geordneten, rational nachvollziehbaren Auftreten und Argumentieren ihrer jüdischen Verwandten nichts zu tun haben: Die römischen Propheten sind Ekstatiker, d. h., sie treten, nach dem griechischen Wort *ekstasis*, aus sich selbst heraus, verlassen ihren eigenen Körper, während dieser von der Gottheit, recht gewaltsam, in Besitz genommen wird, um als Sprechwerkzeug benutzt zu werden, wobei die Botschaft meist schwer verständlich, die körperlichen Äußerungen der besessenen Person furchterregend sein können. Die Ekstase ist in ihrer Form vergleichbar mit der Trance heutiger Schamanen.

Diese laut Cicero kunstlose oder natürliche, intuitive Divination kommt grundsätzlich ohne äußere Mittel aus und bedarf nur eines menschlichen Mediums als eines Mittlers zwischen den Welten. Methoden zur Herbeiführung der Ekstase sind Autosuggestion, mantrische Beschwörungsformeln, körperliche Selbstkasteiung durch Fasten oder Schlafentzug, Tänze, aber auch beschleunigende bzw. intensivierende Hilfsmittel wie Drogen, z. B. Pilze, Kräuter, bestimmte Düfte oder Alkohol sind zur Herstellung des ekstatischen Weissagungsmodus denkbar. Die gern zitierte Spruchweisheit, im Wein liege die Wahrheit (*in vino veritas*), erhält vor dem Hintergrund dieser Überlegung einen ganz neuen Charakter. Wenn man das recht nüchterne und beamtenhafte Kultverständnis der Römer kennt, erscheint es einem selbstverständlich, dass die ekstatische Weissagung nur indirekt einen Platz in der offiziellen Divination haben kann: In Form der Sibyllinischen Bücher. Die römische Religion gründet sich in puncto inspirierter Divination ganz klar auf einen fixen, relativ starren Schriftenkanon, der von einem festen Gremium, den Quindecimvirn, kontrolliert wird und nur gelegentlich, wenn es die Umstände erzwingen, durch vereinzelte Texte erweitert werden kann.

Das Problem, das Rom mit der natürlichen, freien Divination und ihren Vertretern hat, liegt auf der Hand: Grundsätzlich kann jeder als menschliches Medium daherkommen und behaupten, einen spontanen und lebendigen Kontakt zu irgendeiner Gottheit zu haben. Und die Botschaft, die von dieser orakelnden Person ausgeht, ist ebenso unkontrollierbar wie das Medium selbst. Aus Sicht des Staates, der sich auf seinen traditionellen Divinationsapparat stützt, sind solche Wahrsager nicht nur überflüssig und unglaubwürdig, sondern brandgefährlich. Sie können Stimmung gegen die Regierung machen und die öffentliche Ordnung auf den Kopf stellen. Die Art und Weise, auf die sie ihre vermeintlich göttlichen Botschaften erhalten, fügt sich für den römischen Betrachter in das Verhaltensmuster eines Wahnsinnigen, der Unordnung und Zerstörung um sich verbreitet: Die spontane Intuition, die sich äußerlich in ekstatischer Verzückung zeigt, gilt dem Römer als vernunftlose Raserei. Der Umstand, dass viele Medien aus dem östlichen Kulturkreis kommen, der ohnehin mit rauschhaften und zügellosen Kultformen assoziiert wird, passt zu diesem Bild. Die für römische Etymologen plausible sprachliche Verbindung zwischen dem griechischen Wort für Weissagung, *manteia*, und *mania*, Wahnsinn, liegt hier nahe. Aber trotzdem kann es in politischen Ausnahmesituationen vorkommen, dass östliche Ekstatiker offiziell in den römischen Kult aufgenommen werden.

II.4.1. Offizielle Ekstatiker in Rom

Als großer mythologischer Urtypus der ekstatischen Wahrsager ist die bereits erwähnte Sibylle zu nennen, deren Name ein Gattungsbegriff für Frauen ist, die göttlich inspiriert weissagen. Die Inspiration ist im Grunde nichts anderes, als dass das Medium durch einen Gott in Besitz genommen wird. Nach bekannter Dämonenart fährt die Gottheit also in die Person, die dann von ihr besessen ist. Vergil beschreibt in seinem Unterweltsgang des Aeneas eindrucksvoll, wie sich diese Besessenheit vollzieht: Die Seherin tobt zunächst und versucht, den Gott abzuschütteln, doch es gelingt ihr nicht. Der Gott wendet noch mehr Gewalt an und dringt mit aller Macht in die Seherin ein, sodass diese beginnt, die Botschaft des Gottes in verdunkelten Worten hinauszuschreien. Es wird beschrieben, wie der Gott an der Seherin rüttelt und sie fest im Griff hält, während er noch weiter in sie eindringt, sodass ihr Mund schäumt, bis der Wahnsinn endlich von ihr ablässt und sie erschöpft zu Boden sinkt.

Eine grausame Szene, die an eine brutale Vergewaltigung erinnert – der Lichtgott Apollo erscheint hier nicht gerade als sympathische Gottheit. Auf gleicherweise anschauliche, aber etwas andere, wenn auch nicht angenehmere Weise schildert Seneca in seinem Drama *Agamemnon* die Ekstase der Seherin Kassandra: Die Apollopriesterin wird blass und beginnt am ganzen Leib zu zittern, die Haare stehen ihr zu Berge, sie bekommt Atemnot, schnappt nach Luft, ihre Augen bewegen sich abwechselnd hin und her und starren vor sich hin, sie versucht, ihre Stimme zu unterdrücken und den Mund zu verschließen, aber dann brechen ihre Worte hervor und sprudeln nur so aus ihr heraus; zunächst klagt sie noch über ihre unfreiwillige Ekstase, wehrt sich gegen den Gott mit Worten, dann geht ihr Redeschwall jedoch in die dunklen prophetischen Verse der Gottheit über.

Zur Zeitenwende wird der Gott, der in die Sibyllen fährt, grundsätzlich als Apollo identifiziert. Es ist zu bezweifeln, dass dies von Anfang an so ist. Doch da die Sibyllinischen Bücher ganz dem Staatsdienst unterstehen und Apollo der Lieblings- und Identifikationsgott des Augustus ist, wird der Gott des Lichtes eben zum alleinigen römischen Wahrsagegott erhoben.

Eine lebende Sibylle als Teil offizieller Divinationsriten ist für die Römer allenfalls als religiöse Randerscheinung an den klassischen Orakelstätten vorstellbar. Wie im vorhergehenden Kapitel beschrieben, wird die intuitive Divination in der Religion primär zu einem schriftlich fixierten Orakel verarbeitet. Doch tatsächlich gibt es auch in den Grenzbereichen des offiziellen römischen Kultes Männer, die realiter in die Fußstapfen der Sibylle treten: Das ekstatische spontane Weissagen von Priestern der Muttergottheiten anatolischen Ursprungs ist in Rom ein akzeptiertes kultisches Element, das als ein religiöses Randphänomen von der geistig-politischen Elite nicht ohne eine gewisse Befremdung und Herablassung betrachtet wird. Doch was haben diese fremden weissagenden Priester in Rom zu suchen?

Auf Anraten der Sibyllinischen Bücher wird im Jahre 205 v. C. der orgiastische Kult der anatolischen Berggöttin Kybele oder Magna Mater offiziell in Rom eingeführt, der mit Tanz, Geschrei und Selbstkastration der Priester verbunden ist. Die Muttergottheit wird in Form eines eindrucksvollen schwarzen Kultsteines nach Rom importiert. Dieser religiöse Akt ist ohne Zweifel ein Einschnitt in der römischen Religionsgeschichte und gibt dem Betrachter die Frage nach dem Grund dieser ungewöhnlichen Maßnahme auf; eine gewisse Distinguiertheit der aristokratischen Oberschicht gegenüber den Sitten und Vertretern des neu eingeführten Kultes ist nicht zu übersehen, zu sehr scheinen diese doch vom *furor*, vom Wahnsinn des Orients geprägt zu sein.

Ohne Frage handelt es sich im Jahre 205 v. C. um einen außergewöhnlichen Schritt der religiös Verantwortlichen in einem politischen Ausnahmezustand, einer gesamtgesellschaftlichen Krise, in der Rom sich an einem Abgrund sieht: Hannibal bedroht das Imperium, und drastische Situationen erfordern drastische Maßnahmen. Die offizielle

Einführung des schwarzen Kultsteines dürfte tatsächlich großen Eindruck auf das Volk machen und neue Hoffnung in den Menschen wecken. Es ist auch möglich, dass in der Einführung des Kultes viel weniger eine politisch kalkulierte Aktion als vielmehr ein Akt echten, verzweifelten Glaubens der römischen Führungsschicht vorliegt. Politisch-ideologisch gesehen hat der anatolische Ursprung der Göttin immerhin den Vorteil, dass er Rom in eine Beziehung zu der Gegend um Troja setzt, das die Römer stolz als Herkunftsort ihres ruhmreichen Stammvaters Aeneas zitieren, so dass der Anschein erweckt wird, in der Krisenzeit des Zweiten Punischen Krieges habe das Sibyllinische Orakel eine Gottheit nach Rom beordert, deren Verbundenheit mit Rom noch vor die Gründung der Stadt zurückreicht. So wird hier paradoxerweise das Römertum durch die Einführung einer phrygischen Gottheit beschworen; der aktuellen Krise wird also durch die Rückbesinnung auf ein uraltes *fides*-Verhältnis, eine uralte Glaubensbeziehung zwischen Mensch und Gottheit, entgegengewirkt, dem aufgrund seines Alters eine besonders hohe Wirkmacht zugesprochen werden kann. Das Alter ist für einen Römer stets Grund höchster Wertschätzung. Außerdem könnte eine prophetische „Ur-Sibylle" – bei Heraklit und Aristophanes im fünften Jahrhundert v. C. wird von nur einer Sibylle gesprochen – ihre Wurzeln in Kleinasien haben und mit dem Kybele-Kult verbunden sein. Die Einführung des entsprechenden Kultes wäre also auch der politische Versuch, bis an die Ursprünge des sibyllinischen Orakels zurückzugehen und damit wiederum auf den Urgrund einer römischen Tradition zu stoßen.

Natürlich erfordert die Einführung des fremden, ekstatisch geprägten Kultes in Rom Maßnahmen, die den Staatskult vor nicht-römischen Elementen und vor dem orientalischen Wahnsinn bewahren: So ist es römischen Bürgern verboten, aktiv am neuen Kult teilzunehmen, geschweige denn Priester der Magna Mater zu werden. Die römische Öffentlichkeit bekommt überhaupt nur wenig von dem kultischen Geschehen mit, da dieses auf den Tempelbezirk beschränkt ist. Auf diese Weise sieht das gemeine Volk von den ekstatischen Tänzen der Eunuchenpriester kaum etwas. Neben der gezielten lokalen Beschränkung des Kultes wird dieser selbst ganz in römische Formen gegossen: Abgesehen von der Verbindung mit einem Tempel auf dem Palatin ist er den römischen Bürgern in Gestalt der *ludi Megalenses*, der megalensischen Spiele, vertraut, die mit Theaterstücken und Zirkusspielen als typisch römische Kultform zu Ehren der anatolischen Muttergottheit eingeführt werden. Diese kultische Institution stellt einen wirksamen Gegenpart zu den – ohnehin nur sehr eingeschränkt stattfindenden – Tänzen der Galloi dar. Kybele selbst wird mit den altrömischen Gottheiten Ceres, Ops und Tellus gleichgesetzt und sogar der Göttin Roma angenähert, und sie wird von Kybele in Magna Mater umbenannt. Auf diese Weise hat mit der Göttin phrygischen Ursprungs und ihrer Priesterschaft das ekstatische und fremde Moment einen klar überschaubaren und kontrollierten, „romanisierten" Raum in der römischen Religion erhalten. Nur in diesem Rahmen wird lebendige Ekstase im offiziellen Kult akzeptiert. Insgesamt gesehen lassen diese Betrachtungen zu dem bekannten Schluss kommen, dass die freie Intuition in der öffentlichen römischen Religion nur da eine Rolle spielt, wo sie in einer weitestgehend kontrollierten oder kanonisierten Form vorliegt. Augustus persönlich respektiert darum nur vor langer Zeit in die Religion integrierte Fremdkulte; alle anderen verachtet er ausdrücklich.

II.4.2. Volkstümliche Ekstatiker in Rom

Es besteht die Möglichkeit, dass der Kult der Kybele auch deshalb nach Rom geholt wird, weil man sich davon verspricht, durch die offizielle Einführung eines ekstatischen Kultes in die römische Religion diejenigen Bürger an die Republik zurückzubinden, die sich, in bisheriger Ermangelung eines derartigen Kultangebotes in Rom, dem Wahnsinn heimlicher, unkontrollierbarer Mysterienkulte zugewendet haben. Wenn dies so sein sollte, geht der Schuss jedoch wohl nach hinten los: Das Jahr 205 v. C. kann gleichsam als Startpunkt einer neuen religiösen Phase Roms verstanden werden, in der die ekstatischen Kultformen, sozusagen legitimiert durch eine erste offizielle Anerkennung, erst recht in Rom Fuß fassen.

Im Gefolge der Muttergöttin erscheinen zwei weitere weibliche Gottheiten aus dem wilden Anatolien in Rom: Ma Bellona mit ihren sich selbst verletzenden Anhängern, den *fanatici*, und Dea Syria, die syrische Göttin – eine Personifikation des wilden Syriens – mit ebenfalls von eigener Hand kastrierten Priestern. Die Anhänger der Dea Syria, die Galloi oder Galli, sind als ein buntes fahrendes Volk verschrien und fallen allein schon durch ihre extravagante Erscheinung auf. Sie leben von den Spenden der Leute und von Diebstählen, wie sie seit jeher den fahrenden Schaustellern nachgesagt werden; vor anderen Verbrechen, die vor allem mit Unzucht zu tun haben, schrecken sie ebenfalls nicht zurück. Apuleius entwirft in seinen Metamorphosen ein satirisch überspitztes, aber doch wohl zu der generellen Wahrnehmung dieser Leute passendes Portrait.

Der Protagonist Lucius, der versehentlich in einen Esel verwandelt worden ist, erzählt aus der Sicht dieses Grautieres, wie ein kahlköpfiger Kastrat ihn kauft, um ihn als Lastenträger für das Bild der Göttermutter zu gebrauchen, denn die Priestergruppe zieht mit der syrischen Göttin unter lautem Lärm von Trommeln und Blasinstrumenten von Ort zu Ort. Apuleius stellt die Priestergruppe als einen wildgewordenen Harem homophiler und sodomitischer Verschnittener dar; als der Oberpriester ihnen einen neuen Sklaven ankündigt, den er zu einem guten Preis erstanden habe, freuen sie sich zuerst, einen neuen Lustknaben zu bekommen, und reagieren enttäuscht, nur einen Esel vorzufinden, den sie dann jedoch gern als Ersatz zur Befriedigung ihrer perversen Lüste begrüßen. Der Zinkenbläser, den sie sich nicht nur als Musiker, sondern auch aus niedrigeren Beweggründen halten, zeigt sich erleichtert, den Priestern nicht mehr allein dienen zu müssen. Bei günstiger Gelegenheit holen sich die wahrsagenden Priester auch gern einen jungen Bauernburschen in ihre temporäre Unterkunft, um dort gemeinsam über ihn herzufallen. Apuleius schildert, wie das private orgiastische Treiben der Priester auffliegt, als die Nachbarn, durch lautes Geschrei des Esels herbeigerufen, in das Haus hineinplatzen und die frommen Brüder in flagranti erwischen. Unter Schimpf und Schande fliehen sie aus dem Ort.

Wenn Apuleius den umherziehenden Priestern diese sexuelle Enthemmung und Verirrung andichtet, dürfte sich das durchaus mit den abfälligen und spöttischen Geschichten decken, die in Rom hinter vorgehaltener Hand zu der wahren Natur der vermeintlich frommen Priester erzählt werden. Es bleibt fraglich, welchen wahren Kern solche Gerüchte haben. Auf jeden Fall dürfte die Inszenierung des Apuleius die allgemeine römische Sichtweise auf die umherziehenden Wahrsagepriester spiegeln. Auch das, was diese ihrem Publikum öffentlich darbieten, schildert Apuleius detailliert, und wenigstens hier dürfte der Unterschied zwischen satirischer Übertreibung und realer Aktion nicht allzu groß sein: Die Priester sind bunt gekleidet, neben Gelb und Braun sind weiße und purpurne Streifen bei ihnen angesagt. Sie treten geschminkt auf – Apuleius betont das Aufmalen der Augenbrauen, was den femininen Eindruck der verweiblichten Kastrate unterstreicht. Ihre Arme sind bis zu den Schultern nackt. Während sie in einem lärmenden Umzug durch die Gegend streifen, schwingen sie Äxte und Schwerter, springen juchend umher und steigern sich zu weichen Flötentönen immer weiter in ekstatische Tänze. Wenn sie das Grundstück eines Reichen betreten, beginnen sie noch mehr zu rasen und zu heulen, sie schleudern sich mit gesenktem Kopf und drehendem Hals im Kreis herum und schütteln ihr Haar. Sie beißen sich in die eigenen Körperteile und ritzen sich mit zweischneidigen Schwertern die Arme auf. Einer von ihnen fällt bei diesen Veitstänzen durch Augenrollen, Schnauben und Schaum vor dem Mund besonders auf: Er weissagt, lässt die Göttin durch sich sprechen, indem er sich selbst anklagt, gesündigt zu haben, Selbstzüchtigung fordert, sich schlägt. Die hierzu benutzte Geißel ist eine Wollschnur, die an ihren zahlreichen aufgefaserten Enden in lauter scharfkantige Schafsknöchelchen ausläuft. Mit diesem Instrument zerfetzt der orakelnde Geißelbruder seine Haut, viel Blut fließt zu Boden. Für diese Darbietung erhalten die fahrenden Priester von der Menge ein beträchtliches Maß an Geld und Naturalien. Sie füllen alles gierig in Säcke und machen sich rasch davon.

Man sieht, dass es hier nicht unbedingt um die Weissagung, sondern eher um den spektakulären Schaueffekt geht, den die Wahrsagepriester vor allem auf eigene Kosten inszenieren und der dann immerhin reichlich entlohnt wird. Zumindest so ähnlich, wie es Apuleius in seinem Roman schildert, dürfte es auch in der Realität im Römischen Reich zugehen. An einem anderen Ort verlautbaren die Priester den Orakelspruch, die syrische Göttin habe Hunger, man möge ihr einen fetten Hammel bringen. So wird es gemacht.

Ein Gebildeter wie Apuleius stellt die Wanderpriester der Dea Syria also als einen Haufen umherziehender Gaukler oder sadomasochistisch veranlagter Irrer und Perverser dar, die von den Leuten zu einem Gutteil ihres hohen Unterhaltungswertes wegen geschätzt werden, aber auch echte Faszination beim Volk auslösen können.

In seinem Buch *Der falsche Prophet* schildert Lukian, wie ein Betrüger namens Alexander sich die Leichtgläubigkeit der Masse zunutze macht und sich eine neue Identität als ekstatisches Medium zulegt: Er setzt eine Perücke mit langem, herabwallendem gelocktem Haar auf und zieht ein Purpurgewand mit weißen Streifen und einen hellen Überwurf an. Um Raserei vorzutäuschen, kaut er auf einer Struthionwurzel herum, durch die er Schaum vor dem Mund hat. Eines Morgens läuft er, sein Haupthaar schüttelnd, nur mit einem Goldschurz bekleidet, zu einem Altar, um dort eine wirre Predigt in einer Phantasiesprache zu halten. Die beeindruckte Volksmenge fällt ehrfürchtig auf die Knie. Dann rennt Alexander zu einer Wassergrube, ruft Apollo und Aesculap an und fischt ein Ei aus dem Wasser, das er selbst zuvor heimlich dort deponiert hat. Als dann eine Schlange aus dem Ei hervorbricht, preist das Volk die Ankunft des Heilgottes in ihrer Stadt. Natürlich hat Alexander selbst zuvor die Schlange im Ei versteckt und die Schale geschickt wieder zusammengeklebt. An diesem Ort will Alexander seine feste Orakelstätte errichten.

II.4.3. Zusammenfassung

Die lebendige prophetische Ekstase ist den Römern fremd; sie gilt als „unrömischer", orientalischer Ausdruck des Wahnsinns. Dennoch hält diese Form der Wahrsagung Einzug in die römische Religion: Im Jahr 205 v. C. wird auf Geheiß der Sibyllinischen Bücher der anatolische Kult der Kybele in Rom eingeführt. Die Priester dieser Göttin tanzen, schreien und kastrieren sich selbst. Allerdings wird die Öffentlichkeit von diesem kultischen Gebaren streng ausgeschlossen. Außerdem wird der fremdartige Kult weitestgehend in römische Formen gegossen: Er wird mit den megalensischen Spielen verbunden und Kybele wird in Magna Mater umbenannt.

Dennoch halten nach und nach weitere wilde ekstatische Kulte aus dem Orient Einzug in Rom: Die Anhänger der Dea Syria z. B., die Galloi, ziehen mit dem Bild ihrer Göttin durch das Land und halten öffentliche Spektakel ab, in deren Rahmen sie sich selbst geißeln und prophetisch verzückt reden. Der Unterhaltungseffekt dieser Inszenierungen ist groß; deshalb können sie gut von den Spenden der Leute leben. Tatsächlich scheinen sie für die römischen Bürger jedoch eher eine Schau als eine ernstzunehmende religiöse Dienstleistung zu sein.

II.5. Griechisch-römische Orakelstätten

Auch heute haben viele Menschen schon einmal vom delphischen Orakel gehört, einer heiligen antiken Stätte, zu der Menschen aus allen Himmelsrichtungen pilgern, um Rat in wichtigen Lebensfragen einzuholen. Von diesen Orten gibt es in der griechisch-römischen Epoche einige, die zum größten Teil auf dem Boden Griechenlands, aber auch in Italien liegen. Es gibt große, berühmte und allgemein angesehene Orakelorte, aber auch kleine, weniger bekannte und umstrittene. Die berühmteste Orakelstätte Italiens ist wohl Cumae in der Nähe des heutigen Neapels

Die klassischen Orakelstätten leben zentral von dem Impuls einer spontanen, aus ekstatischer Verzückung eines Mediums fließenden Weissagung. So verwundert es nicht, dass in Rom der Name der Sibylle mit diesen Kultorten verbunden ist: Die dort weissagenden Medien sind tatsächlich zum großen Teil Frauen. Aber eigentlich haben die festen Orakelstätten mit den frei umherziehenden Sibyllen nichts zu tun, auch wenn ein bestimmtes, meist weibliches Medium im Mittelpunkt des Orakelbetriebes steht. Dort werden neben den ekstatischen Weissagungen allerdings auch eine Reihe anderer Divinationspraktiken durchgeführt; letztlich können die Orakelstätten sämtliche bekannten Grundarten der Wahrsagung miteinander verbinden (5.1.). Eine besondere Klasse von Orakelstätten, Unterweltsheiligtümer und Inkubationsorakel, verdient genauere Betrachtung. (5.2.). Die wichtigste römische Orakelstätte, Cumae, verbindet sich mit der Legende von der cumäischen Sibylle Amalthea (5.3.). Das Verhältnis der Römer zu den klassischen Orakelorten ist grundsätzlich ambivalent und beginnt unter Augustus eher negativ zu werden (5.4.). Nicht zuletzt durch die römische Religionspolitik ist das Ende der alten Orakelstätten um die Zeitenwende faktisch bereits besiegelt (5.5.).

II.5.1. Orakelorte, -arten und -methoden

Die Orakelstätten sind massenwirksame heilige Orte, die einer bestimmten Gottheit geweiht sind und an denen sich die verschiedensten Divinationsformen miteinander verbinden oder nebeneinander behaupten können. So können Orakelheiligtümer mit der Hervorrufung und Deutung von Prodigien befasst sein. Auch der Wunsch nach Schriftorakeln wird bedient, die von ekstatischen Propheten oder Priestern vor Ort angefertigt werden. Zum Teil integrieren die Kultorte ebenfalls das Losorakel. Das Hauptelement der meisten Orakelstätten sind menschliche Medien, die ekstatisch verzückt weissagen. Wenn die Orte an einem Eingang zur Unterwelt errichtet worden sind, fungieren sie mitunter als Totenorakel. Gleichzeitig können sie als Traumorakel ausgerüstet sein. Es kann auch die Verbindung zu einer medizinischen Heilstätte bestehen, insofern die Erscheinung oder die Botschaft eines Heilgottes im Traum dem Kranken Gesundung versprechen kann.

In Anbetracht dieser Vielfalt und Fülle wahrsagerischer Angebote an einem Ort könnte beim heutigen Betrachter fast der Eindruck entstehen, es handle sich bei den antiken Orakelstätten um eine Art divinatorischer Freizeitparks; eine Assoziation, die vielleicht nicht ganz unpassend ist. Allerdings haben die Hauptattraktionen dieser Orte, die wahrsagenden ekstatischen Medien, in der Regel streng begrenzte und überschaubare Öffnungszeiten. Diese beschränken sich, zumindest ursprünglich, auf die Festtage des für das Orakelheiligtum zuständigen Gottes.

Delphi, Didyma, Dodona, Ephyra, Klaros, Olympia und das Ammon-Orakel in der Oase Siwa sind die berühmtesten antiken Orakelstätten. Die an den Orakelstätten praktizierten Methoden sind vielfältig: Zur Divination durch Zeichen gehören z. B. summende Bienen, Vögel, Fische, rauschende Eichenbaumkronen, bewegte Götterstatuen, körperlose Stimmen und Opferzeichen. Die Ekstase menschlicher Medien, an den meisten Orakelstätten das Kernelement prophetischer Enthüllungen, wird durch vulkanische Gase, Drogen oder Autosuggestion herbeigeführt. Mancherorts gehört auch eine Berauschung des Klienten zum Ablauf der Orakelbefragung.

Der Historiker Herodot (5. Jahrhundert v. C.) schreibt, Priesterinnen hätten ihm berichtet, dass einst zwei schwarze Tauben von Theben ausgeflogen seien, um diejenigen Orte anzuzeigen, an denen bedeutsame

Orakelstätten für die Menschheit entstehen sollten: Die eine Taube flog diesem Mythos zufolge nach Dodona, wo sie sich auf einer Eiche niederließ, die andere nach Libyen, in die Oase Siwa.

Dodona wird zur römischen Zeit vor allem vom Losorakel bestimmt. Ursprünglich werden dort das Flugverhalten und die Lautäußerungen von Tauben interpretiert, doch auch die Geräusche der heiligen Eiche, deren Blätterrauschen oder Ästeknarren im Wind als göttliche Äußerungen gedeutet werden – bis sie in der Römerzeit allmählich verstummen. In der Argonautensage spielt auf dem Schiff der Helden, der Argo, eine sprechende Schiffsplanke, die aus dem Holz der Dodona-Eiche gefertigt ist, eine wichtige Rolle: Sie soll die Argonauten auf ihrer gefährlichen Fahrt durch wahrsagerische Beratung unterstützen. Etwas seltsam mutet es schon an, dass der heilige Baum in dieser Sage als Lieferant für Bauholz herhalten muss. Gibt es also mehrere heilige Eichenbäume? Wahrscheinlich wird die heilige Eiche alle paar hundert Jahre durch einen neuen Baum ersetzt, sodass das alte Holz weiterverarbeitet werden kann. Auf jeden Fall wird mit dem Hinweis auf die Dodona-Schiffsplanke die Bedeutsamkeit der griechischen Heldenmission unterstrichen.

In der Oase von Siwa werden Fragen nur mit Ja oder Nein beantwortet, es handelt sich also um ein Binär-Orakel: Und zwar gilt als ein Ja, wenn die Priester die Figur des Gottes Amun auf den Besucher zubewegen, als ein Nein, wenn sie die Statue von dem Besucher zurückbewegen. Nur Könige erhalten auf Fragen, die sie im Allerheiligsten des Tempels stellen dürfen, eine komplexe schriftliche Antwort. Auch in dem Orakel der Fortuna von Antium wird in einer Prozession die Götterstatue durch göttlich inspirierte Träger vor- und zurückbewegt, was dann als Bejahung oder Verneinung gedeutet wird – eine für römischen Boden ungewöhnliche Divinationsform, die in der Oase von Siwa ihr kultisches Vorbild hat und vermutlich durch karthagischen Einfluss nach Rom gekommen ist.

Das Orakel von Delphi genießt im alten Rom das höchste Ansehen der griechischen Kultstätten. Dem Mythos nach lässt Zeus von Westen und

Osten zwei Adler losfliegen, damit sie sich in der Mitte der Welt treffen: Diesen Punkt markiert Delphi. Ursprünglich handelt es sich um eine alte Wahrsagestätte der Erdgöttin Gaia. Ab 800 v. C. ist Apollo für das Orakel zuständig. Sein Medium, die Pythia, ist nach dem Drachen Python benannt, den der Gott an dieser Stelle erlegt haben soll. In Apollos Tempel thront die Pythia auf einem Dreifuß. Sie hat Weihrauch entzündet, kaut Lorbeerblätter und hält einen Lorbeerzweig in der Hand. Seit einem Zwischenfall, bei dem eine jugendliche Pythia entführt wurde, werden nur noch Frauen gesetzten Alters, ab Mitte 40, zu Pythien ernannt. Der Dreifuß ist ursprünglich eine mit einem Deckel geschlossene Pfanne oder ein Kessel auf drei Beinen. Neben der Pythia in den Boden eingelassen ist der Omphalos, der Nabel der Welt. Es handelt sich dabei um einen eiförmigen Stein, der vollständig mit einer Gravur versehen ist, die einem Netzmuster aus Wollgirlanden ähnelt. Vielleicht ist dies eine Reminiszenz an das netzartige Gewand der Wahrsager. Bei dem Stein handelt es sich möglicherweise um einen Meteor. Es wird darüber spekuliert, ob aus dem Erdinneren aufsteigende Gase durch den Omphalos in den Tempel geleitet worden sein könnten, um die Pythia in Trance zu versetzen. Tatsächlich mag hierbei Ethylen eine Rolle gespielt haben. Lukian erwähnt sogar einen Drachen, den man unter dem Dreifuß hören könne. Schon in grauer Vorzeit, vor der Errichtung der Orakelstätte, sollen an diesem Ort zunächst Ziegen benebelt und dann ihre Hirten durch Gase, die aus dem Erdboden aufsteigen, in ekstatische Verzückung geraten sein und geweissagt haben.

Fest steht: Am griechischen Nabel der Welt kommen traditionell Menschen aus allen Nationen zusammen und konsumieren das volle Orakelprogramm einschließlich Sportveranstaltungen und Theateraufführungen. Doch auch die berühmte Pythia erteilt ihren Klienten ursprünglich keine komplexen Auskünfte, sondern bejaht oder verneint nur. Sie greift einfach in einen Topf voller schwarzer und weißer Bohnen oder Steinchen und zieht ein Exemplar heraus; Weiß bedeutet Ja, Schwarz Nein. Die Losmittel werden möglicherweise in dem hohlen

Becken des Dreifußes aufbewahrt. Allerdings erhalten seit jeher die finanziell und sozial besser Gestellten, wie auch in der Oase von Siwa, auf Wunsch ausführliche Orakelsprüche. Es ist nicht sicher, ob alle Bittsteller direkt zur Pythia vorgelassen werden oder nur eine Vermittlung über die Priester erfolgt. Vielleicht haben die höheren Klienten auch hier mehr Rechte. An jedem siebten Tag in den Sommermonaten lässt sich die Pythia befragen. Zur römischen Kaiserzeit legen zwei Priester und ein Fünfmännerkollegium weitere mögliche Sprechstunden der Pythia fest.

Ein positives Omen ist immer Voraussetzung für die Aktivierung des Orakels: Eine junge Ziege wird von einem Priester mit kaltem Wasser besprengt. Nur wenn das Tier durch Körperzucken reagiert, zeigt der Gott sich bereit, durch das Medium zu sprechen. Es ist ein Fall überliefert, bei dem die Pythia, wohl aufgrund besonders wichtiger Klienten, ohne ein positives Ziegenomen zum Weissagen genötigt wird. Sie sucht ihren Dreifuß nur widerwillig auf. Als sie darauf sitzt, scheint sie von einem bösen Geist ergriffen zu sein. Sie gebärdet sich wie eine Furie, was sonst durchaus nicht ihre Art ist, und stirbt wenige Tage darauf. Diese Erzählung veranschaulicht, dass mit dem Ziegenomen nicht zu scherzen ist. Nach dem oben beschriebenen Zwischenfall wird die Zustimmung der Ziege daher auch sehr ernstgenommen. Im positiven Fall wird das Tier anschließend dem Gott als Brandopfer dargebracht. Die Pythia nimmt vor dem Wahrsagen ein kultisches Reinigungsbad in der kastalischen Quelle. Danach trinkt sie heiliges Wasser aus der kassotischen Quelle und betritt unter Begleitung zweier Priester und eines Fünfmännerkollegiums den Tempel Apollos. Dort erteilt sie, vielleicht durch berauschende Gase, die aus einer Erdspalte am sogenannten Herd der Hestia hervortreten, inspiriert, ihre Prophezeiungen. Ihr Vortrag scheint einer Art Singsang zu gleichen. Auch die Fragesteller müssen sich vor dem Betreten des Heiligtums Reinigungsriten unterziehen, ein Opfertier und ein Geldopfer darbringen. Der eine Priester empfängt die Besucher, der andere sitzt im Raum der Pythia und notiert die Orakelsprüche für den Klienten und für das Archiv.

Der Anekdotenautor Valerius Maximus gemahnt in einer eher amüsanten Erzählung daran, wie schwer sich das Orakel von Delphi überlisten lasse und dass frevelhaftes Verhalten gegenüber der Pythia nicht ungestraft bleibe: Ein Spaßvogel namens Daphnites will das Orakel an der Nase herumführen und fragt die Pythia, ob er sein Pferd wiederfinden könne – in Wahrheit allerdings besitzt er gar keines. Das Medium sagt, er finde es, komme aber um, weil er von ihm hinabstürze. Belustigt darüber, dass er das Orakel so schön vorgeführt hat, begibt sich Daphnites auf den Heimweg. Da fällt er Soldaten des Königs Attalos von Pergamon in die Hände. Der lustige Geselle hat diesen Machthaber oft genug aus der Ferne verspottet. Nun stürzen die Häscher seines Feindes ihn von einem Felsen, der, vermutlich aufgrund seiner Form, als das Pferd bezeichnet wird.

Der griechische Buntschriftsteller Athenaios (2./3. Jahrhundert) beschreibt ein Fischorakel am Beispiel eines Apollo-Heiligtums in Lykien: Dort werden heilige Fische in einem Meeresbecken gehalten. Der Fragesteller wirft zwei Holzspieße mit jeweils zehn gebratenen Fleischstücken ins Wasser. Das Becken wird mit Meerwasser geflutet und zahlreiche Salzwasserfische strömen hinein. Die Anzahl, die Art und die Größe der an den Fleischstücken knabbernden Fische werden von einem Propheten, dem zuständigen Kultbeamten, ausgewertet und eine göttliche Botschaft für den Klienten wird davon abgeleitet. Der Römer Plinius der Ältere schildert dieses Orakel auf schlichtere Weise: Die Fische werden durch das dreifache Blasen einer Flöte angelockt. Im weiteren Verlauf entspricht das Fischorakel im Grunde dem römischen Hühnerorakel: Wenn die Fische das Futter schnell und gut fressen, gilt dies als positives Omen, wenn sie die Nahrung ablehnen, als negatives.

Der Ablauf einer Orakel-Konsultation scheint zur Römerzeit allgemein eher einem schlichten Muster zu folgen. Dies verdeutlicht das Erlebnis, das einen Fragesteller in einem Heiligtum der Stadt Milet erwartet: Das männliche Medium hört den Namen des Fragenden, geht in die Höhle, trinkt heiliges Wasser und kommt mit einem Orakelspruch in Hexameterversen wieder heraus.

Lukian beschreibt, wie der Betrüger Alexander sich im zweiten Jahrhundert n. C. an seiner Orakelstätte in Abonoteichos als göttliches Medium inszeniert. Wer sein Haus betritt, erblickt folgendes Bild: Der Prophet sitzt in einem kleinen, halbdunklen Raum auf einem Kanapee, umwunden von einer künstlichen, aus Stoff gefertigten Schlange mit einem Kopf, der dem eines Menschen ähnelt. Sie wird als die Verkörperung eines Gottes namens Glaucon verehrt. Durch unsichtbare Fäden kann der Prophet das Maul der Schlange öffnen und schließen. Mit Hilfe eines Sprachrohres lässt er die Drachengottheit auch direkt zu den Gläubigen sprechen; am anderen, verborgenen Ende des im Schlangenkopf auslaufenden Rohres sitzt einer seiner Bediensteten. Ein solches Sprechorakel wird allerdings nur den Reichsten und Vornehmsten, nur auf deren persönlichen Wunsch hin, zuteil. Der Gott kann an einem festgelegten Tag befragt werden. Hierzu schreibt der Klient seine Frage auf eine Schreibtafel, die dem Propheten, mit Ton oder Wachs versiegelt, übergeben wird. Alexander sucht darauf das Allerheiligste des Tempels auf, liest dort heimlich, nach geschicktem Öffnen der Siegel, die Fragen und schreibt passende Antworten auf die Tafeln. Lukian lässt es sich an dieser Stelle nicht nehmen, drei verschiedene Möglichkeiten zu erläutern, wie man versiegelte Briefe unbemerkt öffnen und wieder verschließen könne. Danach lässt Alexander von einem Assistenten vor dem Tempel die Namen der Klienten ausrufen und ihnen die Tafeln samt den darauf geschriebenen Antworten aushändigen. Diese sind oft sehr unklar und mehrdeutig formuliert, teilweise auch völlig unverständlich; Lukian betont, dass dies ein typisches Element der Orakel sei und daher dem Ansehen des betrügerischen Alexander keinen Abbruch tue. Ferner sind dem falschen Propheten gewöhnliche Lebensklugheit und gesunder Menschenverstand beim Beantworten der Fragen ebenso hilfreich wie medizinische Fachkenntnisse und die Verschreibung einer selbsterfundenen Heilsalbe.

Für ein Orakel nimmt Alexander eine Drachme und zwei Obolen ein; da einige Klienten sich jedoch zehn bis fünfzehn Orakel gleichzeitig geben lassen, liegt Alexanders Jahresverdienst bei bis zu 90000 Drachmen. Er hat allerdings auch einen ganzen Park von Beschäftigten zu bezahlen: Hierzu gehören Helfer jeder Art, Wächter, Spione, Werbefachleute, Buchhalter, Orakeldichter und Orakelausleger. Der falsche Prophet ist also Leiter eines größeren Unternehmens. Ein nicht unwichtiger Faktor für den Erfolg des Geschäftes sind die in alle Länder ausgesandten Werbeleute, die alle möglichen Geschichten über das Orakel Alexanders verbreiten. Ein geschickter Handgriff des falschen Propheten besteht auch darin, ausgesuchte Klienten hin und wieder an die berühmten Apolloorakel in Klaros oder Didymi weiterzuleiten. Auf diese Weise untermauert er seine eigene Glaubwürdigkeit. Ein Nebenerwerb des durchtriebenen falschen Propheten besteht darin, dass er brisante Informationen, die wichtige Personen durch ihre Fragen kundgeben, sammelt und die Fragesteller so auf erpresserische Weise an sich bindet. Ein Römer namens Rutillianus zeigt sich als besonders gläubiger Verehrer des Alexander-Orakels. Er fragt den Propheten, welchen Lehrer er seinem Sohn geben solle. Das Orakel antwortet, um dem Manne zu schmeicheln, den Pythagoras und den Homer. Als der Knabe einige Tage darauf stirbt und Alexander in die Verlegenheit kommt, dies nicht vorausgesehen zu haben, eilt ihm Rutillian selbst zur Hilfe, indem er sagt, der Hinweis auf die berühmten, aber verstorbenen Geistesgrößen habe bereits den Tod des Jungen angekündigt. Alexanders Erfolg in Rom ist nicht aufzuhalten, auch wenn er dort mit Christen und Epikureern aneinandergerät.

Am Ende seines Berichtes erzählt Lukian, wie er selbst das Alexander-Orakel mehrfach zum Narren gehalten und des Betruges überführt habe, indem er z. B. eine Frage über Homer in einen Umschlag gesteckt habe, dem Propheten aber über den Briefboten eine mündliche Frage nach einer Reise gestellt habe, sodass Alexander den Brief gar nicht geöffnet, sondern die Antwort nach der Reise darauf geschrieben habe, obwohl ja die Frage über Homer darin gesteckt habe. Kurz: Lukian stellt sich als persönlichen

Widersacher des falschen Propheten dar. Man kann vermuten, dass Lukian die skandalösen betrügerischen Praktiken, die er beim Alexander-Orakel enthüllt hat, auch an anderen bekannten Orakelorten für durchaus mögliche Vorkommnisse hält.

II.5.2. Unterweltsheiligtümer und Inkubationsorakel

Eine Gemeinsamkeit von Traum- und Totenorakelstätten ist, dass beide eine explizite Beziehung zur Erde bzw. zur Unterwelt haben, es handelt sich also um chtonische Orte. Denn nicht nur die Totengeister, sondern auch die Träume kommen aus der Unterwelt zu den Menschen, und allem Jenseitigen eignet nach antiker Vorstellung die Fähigkeit, die irdischen Grenzen von Zeit und Raum zu durchbrechen und somit Weissagungen über Zukünftiges oder Verborgenes anstellen zu können. Der Orakelbesucher betritt also eine Höhle oder einen Tempel, der einen Zugang zur Unterwelt besitzt.

Oft geht mit solchen chtonischen Orakelstätten die Praxis der Inkubation einher: Dabei sucht der Mensch einen engen, unmittelbaren Kontakt zur Erde, meistens, indem er sich direkt auf den Erdboden legt. An einzelnen Orakelstätten erfolgt diese Inkubation unbekleidet, an den meisten wohl in spezieller ritueller Leinenkleidung. Nicht selten scheint ein Widderfell als Unterlage des Inkubanten zu dienen. Da Wolle aus magischer Sicht Bindung verstärkt, soll durch das wollene Fell wohl die Verbundenheit von Inkubant und Erde bzw. Unterwelt, dem Herkunftsort der Totengeister und der Träume, unterstützt werden; gelegentlich ist von einem schwarzen Widderfell die Rede – diese Farbe stellt eine klare Verbindung zu den Göttern der Unterwelt her. Das Tragen wollener Ritualkleidung dürfte den gleichen Zweck wie das Schafsfell verfolgen. Bestimmte Reinigungsvorschriften sind vor dem Besuch der meisten chtonischen Orakel streng zu befolgen: Dazu können Speiseregeln wie Fasten oder der Verzicht auf einzelne Nahrungsmittel wie Bohnen gehören, ebenso sexuelle Enthaltsamkeit, rituelle Waschungen und Salbungen.

Archäologisch sind chtonische Orakelstätten schwerlich nachweisbar. Nicht selten sind unterirdische Heizungsanlagen, Lagerräume oder Abflusskanäle in der ersten Begeisterung der Entdeckung mit derartigen Kultorten verwechselt worden. Ein bekanntes Beispiel hierfür ist das in den 1950er Jahren entdeckte vermeintliche Totenorakel unter den Badeanlagen von Baiae, das sich dann als unterirdisches Versorgungssystem erwiesen hat. Man muss sich daher bei der Beschäftigung mit chtonischen Orakelstätten im Wesentlichen auf die literarische Quellenlage berufen.

Das griechische Tainaron, im Süden der Peloponnes gelegen, ist nach Strabon ein solcher Eingang zum Hades: Dort soll einst Herkules den Höllenhund Zerberus an die Oberwelt gezerrt haben. Ein von Strabon und Vergil erwähnter chtonischer Kultort am Averner See, zwischen Neapel und dem Badeort Baiae liegend, erscheint jedoch schon im ersten Jahrhundert eher als Mythos, denn als real fassbarer Ort.

Fünf Kilometer westlich von Nysa verortet Strabon einen weiteren Eingang zur Unterwelt. Dieser soll über schwefelhaltige Quellen verfügen. Nicht weit östlich davon liegt Hierapolis, das heutige türkische Pammukale mit seinen bekannten weißen Sinterterrassen. Ebenda liegt in der römischen Antike ein Plutonium, ein unterirdisches Heiligtum der Magna Mater, direkt unter einem Tempel Apollos. Die in Rom berüchtigten Galloipriester, denen angeblich als einzigen die giftigen Gase nichts anhaben können, machen dort, von den Dämpfen benebelt, ihre Wahrsagungen. Sie führen Tiere in die Höhle, die darin verenden. Apuleius hinterfragt diese Gaukelei bereits, indem er annimmt, dass die Priester beim Betreten der Höhle schlicht ihre Köpfe über die giftige Gasschicht hinausstrecken, während die Tiere dies nicht tun können. Damit durchschaut er diese verlogene Religionspraxis ganz richtig. Auch der Naturforscher Plinius deckt das betrügerische Vorgehen der Priester auf.

Nahe Delphi liegt ein auch noch in der Römerzeit bekanntes chtonisches Orakel, das dem Gott Trophonios geweiht ist. Pausanias beschreibt, dass vor dem Abstieg in die Trophonioshöhle ein paar Tage lang Reinigungsrituale in einer Herberge durchgeführt werden; Waschungen finden ausschließlich im Fluss Herkyna statt. Danach werden Widder über einer Grube geopfert; das erste Opfer gehört dem Gott, das zweite entscheidet durch die Eingeweideschau, ob der Bittsteller in das Heiligtum eingelassen wird. Im Falle eines positiven Bescheids wird der Besucher von zwei Knaben im Fluss gereinigt und trinkt vom Wasser des Vergessens und des Erinnerns. Im eigentlichen Heiligtum versinkt er dann für zwei Tage mit den Füßen voran in einer Bodenöffnung und erfährt Weissagungen, indem er in dieser isolierten Situation Dinge hört oder sieht. Der Besucher des Orakels wird also gleichsam selbst in die Rolle eines Toten versetzt und begegnet dem Übersinnlichen ganz direkt – eine extreme Form des Inkubationsorakels. Wie verbreitet diese Praxis an antiken Orakelstätten ist, kann heute nicht mehr festgestellt werden. Für die meisten Menschen ist das Grubenerlebnis des Trophoniosorakels sicher erschütternd. Nachdem der Besucher wieder aus dem Loch befreit ist, wird er auf den sogenannten Thron des Erinnerns gesetzt, trinkt das entsprechende Wasser, und in Zusammenarbeit mit den Priestern werden die erfahrenen Eindrücke besprochen und ausgewertet. Die Ergebnisse werden notiert und dem Reisenden mitgegeben.

Auch einstige Menschen, die mythologisch zu Göttern verklärt wurden, also sogenannte Heroen, können ihre eigenen chtonischen Heiligtümer besitzen; der Unterweltszugang ist dann konkret das Grab des Heiligen. Man legt sich dort nieder und träumt von dem entsprechenden Gott. Der verstorbene, zu einem Gott aufgestiegene Mensch kann den Gläubigen dann Botschaften vermitteln. An den beiden letzten Beispielen wird deutlich, dass sich Toten- und Traumorakel an heiligen Stätten vermischen können und der direkte Erd- bzw. Unterweltskontakt des Antwortsuchenden, also die Inkubation, ein verbindendes Element ist. Vergil und Ovid erwähnen ein von König Numa begründetes Traumorakel des Gottes Faunus, das in der Nähe Roms liegt und jedem Besucher, der sich dort – nach der Einhaltung bestimmter Reinigungsvorschriften – auf einem Widerfell niederlegt, gestattet, in Traumkontakt zu Faunus zu treten.

Das Prinzip des sogenannten Tempelschlafes ist den Römern auch aus der alltäglichen Religion bekannt, denn faktisch kann jeder Ort, an dem eine Gottheit verehrt wird, als Inkubationsorakel benutzt werden. Gerade großen Persönlichkeiten der römischen Geschichte wird die Angewohnheit nachgesagt, sie hätten in schwierigen Lebensphasen gern eine Nacht im Tempel ihres Lieblingsgottes zugebracht, um im Schlaf – oder vielleicht in einem mystischen Erlebnis – der Gottheit zu begegnen und die Beantwortung einer Frage, die Lösung eines Problems zu erhalten. Diese Inkubationspraxis gilt sogar für Frauen, wie es am Beispiel der Mutter Octavians deutlich wird.

Ein Aspekt, der bei den ausschließlichen Inkubationsorakeln seit dem fünften Jahrhundert v. C. immer stärker in den Vordergrund drängt und letztlich die Wahrsagung zur Nebensache macht, ist der medizinische. Denn oft suchen Kranke Heiligtümer auf, um darin zu schlafen und die Nähe der Gottheit zu suchen. Daraus sind die speziellen Inkubationsstätten des Heilgottes Asklepios, eines Sohnes Apollos, hervorgegangen, die seit dem dritten Jahrhundert v. C. auch in Rom ansässig sind und zur Zeitenwende alle anderen Heilschlafstätten dominieren. Im Gegensatz zu seinem ambivalenten, oft misslaunigen Gott Apollo ist Asklepios ein freundlicher, gutmütiger Gott. Die Römer nennen ihn Aesculap. Seine berühmtesten Inkubationstempel sind in Epidauros, Kos, Pergamon, Athen und Rom zu finden. Jeder kann diese Heilorte aufsuchen. Der Eintritt ist kostenfrei, es bestehen keinerlei gesellschaftliche Schranken. Vor dem gütigen Heilgott sind alle Menschen gleich. Oft nehmen Kranke lange Anreisen auf sich, weil das Inkubationsheiligtum des Aesculap ihnen als letztes Hilfsmittel erscheint. Nur die Kosten für die jeweilige Unterkunft sind von den Patienten resp. deren Familien zu bewältigen. Diese können aufgrund der teilweise monatelangen Aufenthalte der Kranken allerdings recht hoch werden. Die Inkubationsstätten des Aesculap sind in gewisser Hinsicht mit heutigen Wallfahrts- und Kurorten zu vergleichen, zumindest, was Anreisen und Aufenthalte betrifft. Im Gegensatz zu den anderen chtonischen Heiligtümern mit ihren strengen Lustrationsvorschriften erlegt Asklepios seinen Besuchern keine besonderen Vorkehrungen auf. Sexuelle Enthaltsamkeit und die Einhaltung bestimmter Speisevorschriften, z. B. der Verzicht auf Wein, Käse und Ziegenfleisch, dürften eher die Ausnahme oder eine freiwillige Entscheidung des Patienten sein. Lediglich ein Bad und eine Opfergabe gehören ebenso wie eine angemessene mentale Haltung zum korrekten Betreten eines Heiltempels.

Die richtige geistige Einstellung wird durch die Pracht der Tempelanlage und die Danksagungstafeln, auf denen vergangene Heilungsgeschichten den Erfolg des Orakels belegen, unterstützt. Die Patienten liegen in einem speziellen, im Gegensatz zur restlichen Tempelanlage sehr schlicht gehaltenen Schlafraum direkt neben dem Tempel, dem *abaton*, gemeinsam auf Steinklinen oder direkt auf der Erde, gelegentlich auf einem Widderfell, das von einem vorher gekauften Opfertier stammen kann. Der Gott vermittelt im Schlaf idealerweise heilende Botschaften, in etwa Anleitungen zur gezielten Gestaltung des Genesungsprozesses, die dann mit Hilfe des Orakelstättenpersonals durchgeführt werden können, oder er schenkt dem Kranken sogar eine vollständige spontane Gesundung. Eventuelle zusätzliche Heilbehandlungen von Ärzten wie Gymnastikübungen, Bädern, Massagen usw. sind möglich. Gelegentlich scheint auch eine gemeinsame Nachbereitung des im Traum Gesehenen mit dem Kultpersonal wichtig zu sein. Am Ende des – manchmal monatelangen Kuraufenthaltes – steht eine schriftliche Fixierung der positiven Ergebnisse, die dann auch auf öffentlichen Stelen verewigt werden können.

II.5.3. Das Sibyllenorakel von Cumae

In den 1920er/30er Jahren entdecken Forscher bei Ausgrabungen nordwestlich von Neapel unter den Überresten eines Apollo-Tempels ein verzweigtes Höhlensystem. Sie sind sich sicher, damit auf die berühmte antike Orakelstätte von Cumae gestoßen zu sein. Der römische Dichter Vergil beschreibt diesen legendären Kultort folgendermaßen: Tief in der Höhle sitzt die cumäische Sibylle und gibt Weissagungen von sich. In Ekstase beschreibt sie Palmblätter mit göttlichen Botschaften, nummeriert sie und deponiert sie in ihrer Grotte. Wenn sich jedoch die Tür öffnet und ein Windzug das Blattwerk verweht, ordnet sie dieses nicht und viele Ratsuchende verlassen den Ort verärgert, weil sie keine ordentliche resp. geordnete Antwort auf ihre Frage erlangen. Aber die Sibylle spricht auch zu ihren Klienten und sagt das Schicksal von Einzelnen und von Völkern voraus. Vergil hebt also hervor, dass das menschliche Medium schreibt und spricht. Im sechsten Buch seiner *Aeneis* schildert er, wie der von seiner langjährigen Flucht aus Troja erschöpfte Held Aeneas das Sibyllenorakel von Cumae aufsucht, um Gewissheit über seinen Auftrag zu gewinnen und den vor seinen Irrfahrten empfangenen, nun aber von ihm in Zweifel gezogenen Orakelspruch, er werde zum Begründer eines großen Geschlechtes werden, bestätigen zu lassen. Zunächst muss er einen langen Höhlengang zurücklegen, um zum eigentlichen Sitz der Sibylle zu gelangen. Die modernen Ausgrabungen belegen einen fünf Meter hohen und 131 Meter langen Stollen, der damit in Verbindung gebracht werden kann. Man betritt ihn über eine enge Treppe, die von den Resten des Apollo-Tempels nach unten führt. Weiter spricht Vergil von hundert Schächten und Mündungen, aus denen die Stimme der Sibylle hundertfach widerhalle. Tatsächlich besitzt der ausgegrabene Gang drei westliche und drei östliche Seitengalerien. Durch Löcher in der Westseite dringt Licht von der Meeresseite in den Stollen und bewirkt bei den Passanten des Ganges den Eindruck eines verwirrenden Fleckenmusters aus Licht und Schatten. Der Stollen mündet in drei große Nischen, von denen am ehesten die linke als ein eigenständiger, durch eine Tür verschließbarer Raum interpretiert werden kann. In der Schilderung Vergils betritt Aeneas am Ende des Ganges einen Raum, in dem er eine Frau antrifft, die, sobald er sie erblickt, ihr Aussehen verändert, in die Höhe wächst, sich noch tobend gegen die Macht des Gottes zu wehren sucht, aber bereits von ihm vereinnahmt ist und mit seiner Stimme zu sprechen beginnt.

Ohne Frage setzt sich der Ratsuchende einer mystischen, recht unheimlichen Atmosphäre aus. Auch heutige Touristen könnten beim Betreten des Ganges den Eindruck gewinnen, sich auf den Weg in die Unterwelt zu begeben oder wenigstens den Vorhof des Orcus zu betreten. Und diese Assoziation liegt nahe: Für den Helden in Vergils *Aeneis* beginnt an dieser Stelle der Abstieg in die Unterwelt, bei dem ihm die Prophetin als persönliche Reiseleiterin dient. Eine gedankliche Verbindung von Orakelstätte und Zugang zur Unterwelt ist verbreitet, weil die Wahrsagung nicht nur durch Götter, sondern auch durch Totengeister erfolgen kann. So verwundert es nicht, dass Aeneas' Besuch im Jenseits ihn mit seinem verstorbenen Vater Anchises zusammenführt, der ihm dann eine Zukunft als Grundsteinleger für ein neues Weltreich prophezeit und ihm Bilder aus dieser Zukunft zeigt, indem er ihm die größten Helden Roms vorstellt, deren Seelen zum gegenwärtigen Zeitpunkt noch auf ihre Verkörperung warten. Dieser Aspekt der Geschichte regt zu der Vermutung an, dass es sich bei der Orakelstätte von Cumae zumindest in Teilen um ein Totenorakel handeln könnte. Tatsächlich spricht der griechische Dichter Sophokles im fünften Jahrhundert v. C. von einem Totenorakel am Averner See, der in der gleichen Region, ganz in der Nähe der Sibyllengrotte liegt. Der Geschichtsschreiber Strabon (63 v. C.–23 n. C.) äußert, dass dieses Totenorakel schon lange vor seiner Zeit verlegt worden sei. Deshalb kann darüber spekuliert werden, ob das Sibyllenorakel möglicherweise mit diesem Totenorakel zusammengelegt worden sein könnte. Auf jeden Fall scheint Cumae zur Zeitenwende von Römern wie Vergil mit einer nekromantischen Stätte gleichgesetzt zu werden, da nur so das Motiv der Katabasis, des Abstiegs in die Unterwelt, gerechtfertigt erscheint. Natürlich muss die Unterweltbeschreibung des Dichters, die einen tatsächlichen Eintritt in den Orcus und eine leibhaftige Begegnung mit Totenseelen impliziert, als freier Ausdruck dichterischer Erzählweise aufgefasst werden und darf nicht in literalem Schriftverständnis auf die Realität übertragen werden. Vielmehr dürfte die reale Totenbefragung in Cumae sich in Form einer Traumdivination vollziehen. Möglicherweise spielen aber auch halluzinogene Substanzen eine Rolle, die nicht nur für die Ekstase der Prophetin, sondern auch für die Wahrnehmung ihrer Klienten eine Bedeutung haben könnten. Möglicherweise hat bereits der lange Gang mit der flackernden Beleuchtung eine gewisse hypnotische Wirkung auf den Besucher.

Es ist viel darüber nachgedacht worden, was hinter der vermeintlichen Trance der Prophetin stecken könnte. Außer Drogen könnten hier vulkanische Dämpfe im Spiel sein, die direkt im Sitzbereich der Prophetin aus Erdspalten aufsteigen und ihr die Sinne vernebeln.

Grundsätzlich ist der oben beschriebene Ort, der heute von den Reiseführern als Grotte der Sibylle angepriesen wird, in der Forschung umstritten. Es ist jedoch gut möglich, dass ebendieser Höhlengang bereits um die Zeitenwende für den historischen bzw. mythologischen Sitz der Sibylle von Cumae gehalten wird. Da diese mit der Prophetin Amalthea, die dem letzten König Roms, spätestens um 520 v. C., die Sibyllinischen Bücher verkauft hat, identifiziert wird, liegt auf der Hand, dass diese um die Zeitenwende nicht mehr in ihrer Grotte wirken kann – es sei denn, man geht von zwei Prämissen aus: Entweder die berühmte Sibylle von Cumae sind in Wahrheit mehrere, aufeinanderfolgende Sibyllen oder die Sibylle hat ein unnatürlich hohes Alter. Dass die Römer tatsächlich nur von einer einzigen cumäischen Sibylle reden, wird daran deutlich, dass der satirische Schriftsteller Petron, der 66 n. C. in Cumae stirbt, in seinem Satyricon den Hauptcharakter Trimalchio erzählen lässt, dieser habe in seiner Jugend in Cumae einen Jungen beobachtet, der die Sibylle von Cumae – oder besser das, was von ihr übrig sei – in ihrer Grotte aufgesucht habe. Sie habe dort in einer Flasche von der Decke gehangen, und der Knabe habe sie gefragt, was sie sich wünsche, woraufhin die Sibylle geantwortet habe, sie wolle nur sterben.

Den mythologischen Hintergrund dieser Geschichte enthüllt eine Erzählung Ovids: Der Orakelgott Apollo entbrennt in Liebe zur Sibylle von Cumae, diese will jedoch nichts von ihm wissen. Trotzdem gibt er ihr einen Wunsch frei. Darauf bittet sie ihn um so viele Lebensjahre, wie ein Sandhaufen Körner hat. Der Wunsch geht in Erfüllung, und ihr Leben währt 1000 Jahre. Da sie jedoch vergessen hat, sich auch ewige Jugend zu wünschen, schreitet der Alterungsprozess unerbittlich weiter voran, sodass sie immer weiter einschrumpft. Als der Gott ihr gegen Erhörung seines Liebesflehens auch ewige Jugend verspricht, lehnt sie ab. Infolgedessen lässt Ovid sie im Alter von 700 Jahren darüber klagen, dass sie nun noch 300 Jahre vor sich habe und bald nur noch eine Stimme sei. Sie schrumpft immer weiter.

Vor dem Hintergrund dieser Geschichte ergibt Petrons Darstellung, die cumäische Sibylle lebe zu seiner Zeit in einer Flasche, einen gewissen Sinn. Allen Ernstes berichtet der Historiker Pausanias im zweiten Jahrhundert n. C., er habe die Urne der Sibylle in der Grotte zu Cumae mit eigenen Augen gesehen. Wahrscheinlich ist Cumae schon zu dieser Zeit ein beliebter Touristenort, den man mit passenden vermeintlichen Reliquien bzw. Attraktionen ausstattet. Der praktische Vorteil einer tausendjährigen Sibylle ist, dass man behaupten kann, die cumäische Sibylle, die dem letzten römischen König die Sibyllinischen Bücher verkauft habe, sei tatsächlich diejenige, deren Überreste noch in Cumae zu besichtigen seien. Oder könnte sich hinter dem Mythos, die Sibylle von Cumae sei nurmehr eine Stimme, vielleicht sogar ein Hinweis darauf finden, dass die Orakelstätte von Cumae zur Zeitenwende noch in Betrieb ist und das orakelnde Medium dort nur als Stimme auftritt? Aufgrund fehlender Belege geht die Forschung heute davon aus, dass der Betrieb des Orakels von Cumae um die Zeitenwende bereits eingestellt und nicht mehr als eine touristische Attraktion ist.

Dass die Römer den heutigen Anspruch, zeitlich logische Zusammenhänge zwischen Geschehnissen herzustellen, zumindest bei ihren Mythen grundsätzlich nicht verfolgen, wird übrigens daran deutlich, dass selbst eine tausendjährige Sibylle nicht erklären kann, wie es bei dem mythologischen Unterweltsgang des Aeneas, der von der Sibylle angeleitet wird, und bei dem Verkauf der sibyllinischen Bücher an König Tarquinius um ein- und dieselbe Gestalt gehen könnte: Der Buchverkauf findet, nach dem Mythos, im sechsten Jahrhundert v. C. statt, die Unterweltsführung des Aeneas müsste sich ca. zehn Jahre nach dem Trojanischen Krieg ereignen – und der wird von den antiken Autoren auf das 13.–12. Jahrhundert v. C. datiert.

II.5.4. Rom und die Orakelstätten – Gespanntes Verhältnis

Als eine Schlange im Palast des Tarquinius Superbus auftaucht, entsendet der verhasste König zur Deutung dieses Zeichens eine dreiköpfige Delegation zum Orakel von Delphi: Zwei seiner Söhne und seinen Neffen Brutus, der nur deshalb noch nicht von seinem Onkel aus dem Weg geräumt worden ist, weil er sich, dem Namen Brutus entsprechend, als ein ausgemachter Dummkopf geriert, von dem keine politische Gefahr für den Herrscher auszugehen scheint. Tatsächlich hat es dieser vermeintlich Stumpfsinnige jedoch faustdick hinter den Ohren: Als die zwei Söhne des Tarquinius sich vor dem Orakel dazu hinreißen lassen, danach zu fragen, wer von ihnen ihrem Vater auf dem Thron nachfolgen werde, antwortet das Orakel, dass derjenige herrschen solle, welcher der Mutter als Erster einen Kuss geben werde. Der dumme Brutus ist der Einzige, der dieses Orakel zu deuten weiß: Sofort fällt er auf die Knie und küsst den Erdboden, also die Mutter Erde. Tatsächlich erlangt er die höchste Macht in Rom, nachdem er den hochmütigen König und sein Geschlecht aus der Stadt vertrieben und damit die Königsherrschaft in Rom beendet hat. Die Befragung des Orakels nützt also dem durch das ungünstige

Vorzeichen verängstigten König nichts. Dennoch statuiert er mit seinem Verhalten ein Exempel für ein politisches Vorgehen, das in unsicheren Situationen immer wieder von Regenten befolgt wird: Das Aufsuchen alter griechischer Orakelstätten, um in gefahrvollen oder unklaren politischen Situationen göttliche Weisung von prominenter Stelle zu erfahren: Während einer verheerenden Pest im Jahr 293 v. C. wird das delphische Orakel offiziell befragt; als Folge wird Apollos Sohn Asklepios, der gutmütige Heilgott, aus Epidauros nach Rom geholt. Nach der verheerenden Niederlage von Cannae im Zweiten Punischen Krieg 216 v. C. wird erneut ein Gesandter nach Delphi geschickt; diese Befragung des Orakels soll der Abwehr Hannibals dienen und nicht weniger als den Untergang des Römischen Reiches verhindern. Im Jahr 205 v. C. wird aufgrund eines delphischen Orakelspruches die phrygische Göttin Kybele nach Rom geholt. Auch im syrisch-römischen Krieg kommt das Orakel noch einmal für Rom zum Einsatz. Das Faktum, dass die legendäre römische Sibylle Amalthea in Cumae mit einem eigenen Orakelheiligtum ausgestattet wird, das im Herzen des römischen Nationalepos verewigt wird und zur Zeitenwende ein beliebter Tourismusort ist, bezeugt ebenfalls, dass die Römer durchaus eine positive Beziehung zu festen Orakelorten haben können, wenngleich sich die offizielle Konsultation Delphis ohne Frage auf extreme Notsituationen beschränkt. Eine starke Konkurrenz für Delphi ist das Apolloorakel im kleinasiatischen Klaros, auch Dodona und Didyma sind für lange Zeit höchst populär. Allerdings muss Roms offizielles Verhältnis zu den klassischen Orakelstätten insgesamt als ambivalent bezeichnet werden.

Die Verbundenheit der Väter mit den griechischen Orakelheiligtümern legitimiert das Aufsuchen der entsprechenden Orte durch römische Bürger auch noch im letzten Jahrhundert der alten Republik. Allerdings scheint es in dieser Zeit als ein typisches Touristenziel von vielen Römern eher aus Neugierde und Reiselust als aus tiefen religiösen Bedürfnissen besucht zu werden. Ohne Frage ist auf der Seite der Gebildeten in der ausgehenden Republik ein Vorbehalt gegen die Orakelstätten zu spüren, der sich auch in einem politisch und wirtschaftlich schwindenden Ansehen derselben widerspiegelt: Seitdem Griechenland zu Rom gehört, fließen die finanziellen Mittel, die zuvor in das Orakel von Delphi investiert worden sind, dem römischen Haushalt zu. Es ist denkbar, dass hinter dieser augenscheinlichen Vernachlässigung des weltberühmten Orakels mehr steckt als reines Desinteresse: In der Krisenzeit der späten Republik, in der neuen östlichen Formen der Mantik in Rom Tür und Tor offenstehen, ist vonseiten römischer Patrioten eine bewusste Abgrenzung von der östlich gelegenen Orakelstätte und ihren nicht-römischen Kultformen zu vermuten. Auch wenn diese Ächtung aufgrund der geschichtlichen Verbundenheit Roms mit den klassischen Orakelstätten nicht so ausdrücklich von politischer Seite erfolgt, so ist doch eben auf der Seite der geistigen Elite eine entsprechende Herabwürdigung der alten Stätten zu Orten des „Aberglaubens" nachzuweisen. Es verwundert nicht, dass Cicero als akademischer Skeptiker nur Spott für die griechisch-römischen Orakelstätten übrighat. Cato der Jüngere äußert, dass die Orakel eine Sache von Frauen, Feiglingen und Ignoranten seien.

Der griechische Ursprung und Standort der Orakelstätten mit orientalischer Prägung lässt dieselben zur Zeitenwende in Rom verdächtig erscheinen, da sie sozusagen im Hoheitsgebiet derjenigen Geistesströmungen und Kultformen liegen, vor deren kontaminierenden Einflüssen Rom sich im Umfeld der Zeitenwende nicht mehr zu schützen weiß. Als massentouristische Attraktion und Konglomerat unterschiedlichster Divinationsformen, die zum Teil wenig Ansehen besitzen oder grundsätzlich als überflüssiger Zusatz zum Staatsorakel betrachtet werden, erleiden die klassischen Orakelstätten im augusteischen Rom, das sich auf eine neue nationalpolitische Religion verlegt, schwere Einbußen an Seriosität und Glaubwürdigkeit.

Ein Hauptfaktor für die Ablehnung des Orakels ist sicherlich auch der Umstand, dass es lebendige menschliche Medien sind, die in Delphi und an den meisten anderen klassischen Stätten als lebendige

Orakel fungieren; diese Personen entziehen sich, nicht zu vergleichen mit einem von Fachgremien gehüteten und verwalteten Text, jeglicher Kontrolle und Zensur. Was sie einmal ausgesprochen haben, kann nicht mehr eingeholt werden, es entfaltet seine Wirkung. Die Ablehnung der menschlichen Medien erfährt eine kritische Steigerung durch den Umstand, dass es sich bei den unkontrollierbaren Propheten zum großen Teil um rasende Frauen handelt. Die Erteilung des Orakels in Wachinspiration bzw. Ekstase artikuliert sich in unkontrollierten Körperbewegungen und Lautausstoßungen des weiblichen Mediums, das in seiner Besessenheit durch die Gottheit wie eine Wahnsinnige tobt. Nach Lukan sind die delphischen Priesterinnen zu seiner Zeit sogar erleichtert, nicht mehr so oft von der Gottheit besessen und geritten zu werden, weil dieses Phänomen für die betreffenden Frauen einen regelrechten körperlichen Kampf, eine Vergewaltigung bedeute. Die Annahme, dass die ekstatischen Zustände der Prophetinnen auch mit Hilfe von Rauschmitteln herbeigeführt werden, indem z. B. vulkanische Dämpfe, die aus Erdspalten im Innern der Orakelhöhle aufsteigen, inhaliert werden, unterstreicht das negative Bild, das dem römischen Sinn für Ordnung und Kontrolle in kultischen Fragen entgegensteht.

Mancherorts bleibt der *furor* nicht auf die Orakelpriesterinnen beschränkt, sondern wird als körperlich-seelischer Grundzustand bei den Besuchern eines Orakels herbeigeführt: Von Trophonios wird überliefert, dass dort jeder Besucher künstlich in Ekstase versetzt werde, um den Orakelspruch überhaupt empfangen zu können. Neben der Einnahme von Drogen gibt es auch andere künstliche Mittel, die den ekstatischen Zustand bewirken sollen. Die jeweils tatsächlich verwendete Praxis wird von den Kultstätten geheim gehalten. Diese Verschleierung kultischer Prozesse passt nicht zur Klarheit der apollinischen Religion des Augustus. Die vielen kleineren Kultorte auf italischem Boden sind nicht grundlos in überwiegender Zahl kleromantisch, also auf das Los, ausgerichtet, nicht ekstatisch.

Die Antworten, welche die befragte Gottheit durch das Medium erteilt, sind – außer in den Heiltempeln – in der Regel dunkel und unverständlich gehalten, so dass sie spezieller Ausdeuter bedürfen, der Orakelpriester. Die political correctness dieses Kultpersonals und seiner Botschaften dürfte aus römischer Sicht nicht frei von Zweifeln sein, zumal wenn die Kultstätte auf orientalisch geprägtem, also geistig kontaminiertem Boden liegt. In der Regel nehmen die Fragenden wohl eine prophetische Überarbeitung der Originalsprüche mit, d. h., die „Übersetzer" des jeweiligen Kultortes, die selbst Propheten genannt werden – was nicht ganz unpassend ist, da sie ja die offiziellen Sprecher des göttlich inspirierten Mediums sind – bestimmen letztlich, welcher Wortlaut an die Öffentlichkeit gelangt. Diese ursprünglich standardmäßig in Versen verfassten Aussprüche können oft ganz unterschiedlich ausgelegt werden, wodurch sie dem römischen Bedürfnis nach Klarheit und Kontrolle diametral entgegenstehen. Die betrügerische Gaukelei der Galloipriester, die in Hierapolis den Gläubigen mit Hilfe giftiger Gase weismachen wollen, Apollo lasse die Tiere sterben, um sie als Opfer anzunehmen, passt ganz in das Bild dieser falschen und undurchsichtigen Religion des Orients – auch wenn sich römische Priester in ihrem Kult ebenfalls gewisser Tricksereien bedienen.

Abgesehen von solchen latenten gesellschaftlichen Gefährdungsaspekten, die mit Manipulation und Verunsicherung der Gläubigen zu tun haben, können auch ganz klare politische Positionen bei der grundsätzlich negativen Beurteilung eines Kultortes eine Rolle spielen. Denn schon immer stehen die Orakelstätten im Dienste verschiedener Parteiungen. Das gilt für die frühe griechische Geschichte mit ihren innenpolitischen kriegerischen Auseinandersetzungen, in denen verfeindete Stadtstaaten mit ihren jeweiligen Orakeln gegeneinanderstehen, wie für die Römerzeit, in der das Imperium nach Griechenland greift. Von Beginn an existieren pro-römisch und contra-römisch eingestellte Orakelstätten. Im Jahr 241 v. C. wird ein explizit contra-römisches Heiligtum durch Rom verboten: Die Fortuna von Praeneste. Gleichfalls berüchtigt und nicht gerade beliebt bei den offiziellen Römern ist das Orakel der Fortuna von Antium, ein ehemaliges Piratennest, das durch seine romfeindlichen Orakel bekannt ist. Möglicherweise hat es syrische Ursprünge und die an diesem Ort vollzogenen Orakelpraktiken sind über phönizische Handelswege, also durch Roms Feind Karthago, nach Italien gelangt.

Cicero lässt kein gutes Haar an den Orakelstätten. Am Beispiel des Ennius-Orakels versucht er deutlich zu machen, weshalb man diesen Stätten nicht trauen dürfe: Kroisos erhält auf Pyrrhos ein lateinisches Orakel: *aio te, Aiacida, Romanos vincere posse.* Diesen Satz kann man auf zwei Weisen übersetzen: *Ich sage, dass du, Aiakide, die Römer besiegen kannst.* Es kann aber auch heißen: *Ich sage, Aiakide, dass die Römer dich besiegen können.* Das Orakel ist also doppeldeutig. Cicero kritisiert, dass man es nach Belieben verstehen kann, und fügt hinzu, dass Apollo kein Latein spreche und dieser Spruch den Griechen gänzlich unbekannt, daher also nicht authentisch sei; außerdem habe Apollo zu Pyrrhos' Zeit keine Verse mehr gebildet.

Mit dieser ablehnenden Haltung spricht Cicero ganz aus dem Geist der Zeitenwende, in der man sich in Rom bewusst auf eine Linie urrömischer Religion zu konzentrieren bemüht ist und sich von orientalisch durchsetzten Kultformen distanziert. Die römischen Divinationsformen genügen. Das Ansehen der antiken Orakel weicht notwendig dem unter Augustus geförderten Nationalstolz der wiedererstandenen Republik.

Der Historiker Sueton berichtet von Kaiser Tiberius, dass dieser die Orakelstätten in der Umgebung Roms am liebsten zerstören ließe, dies aber aus Furcht vor den überirdischen Mächten, die sich nicht nur in Orakelsprüchen, sondern auch sonst gegen ihn wenden könnten, nicht umzusetzen wage. Von Nero wird erzählt, wie dieser sich in Delphi als großer Sieger der Pythischen Spiele feiern lässt und nicht davor zurückschreckt, das Orakelheiligtum zu plündern. Dabei erhält er einen Orakelspruch, der ihn vor dem 73. Jahr warnt – und den Nero nichtsdestoweniger ernst nimmt: Er bezieht diese Angabe auf sein Lebensalter und wiegt sich daher in Sicherheit. Allerdings wird er kurz darauf vom

73-jährigen Galba als Kaiser abgelöst. Diese Geschichte zeigt, dass der Glaube an die Traditionsorakel durch die Politik nicht einfach so auszulöschen ist, wenngleich das allgemeine Ansehen der einst hochverehrten Heiligtümer eindeutig im Sinken begriffen ist.

II.5.5. Das Ende der Orakelstätten

Der Schriftsteller Plutarch (ca. 45–125), der ungefähr ab seinem 50. Lebensjahr selbst als Priester in Delphi fungiert, geht in verschiedenen Dialogen der Frage nach, weshalb es zu seiner Zeit mit den Orakelstätten bergab geht. Liegt es am Ausbleiben der Erdausdünstungen, die für die Verzückung der Medien sorgen? Oder liegt es daran, dass die Schutzgottheiten der Orakelorte bestimmte Dämonen der Weissagung sind, die nun, in der Römerzeit, von Altersschwäche heimgesucht werden, weshalb sie die Orakelorte nicht mehr protegieren und erhalten können? Der Dämon, dessen sich Apollo als eines Mittlers bedient hätte, stünde dem Gott also nicht mehr zur Verfügung. Im Rahmen dieser Argumentation proklamiert Plutarch den Tod des großen Pan unter der Regierung des Tiberius, also zwischen 14 und 37 n. C. Die Christen greifen später auf die Vorstellung abdankender Dämonen zurück: Sie behaupten, der Kreuzestod Jesu, der ja als Erlösungstat Christi für die Menschen gesehen wird, hätte den Dämonen des alten Glaubens so viel Angst gemacht, dass sie sich von ihren Wirkungsstätten zurückgezogen hätten.

Faktisch beginnen die Römer einfach den griechischen Kultorten nach und nach die Gelder zu entziehen, da ja in der augusteischen Friedenszeit fremde Orakel nicht mehr gern gesehen sind. Plutarch formuliert zutreffend, der römische Friede mache die großen öffentlichen Prophezeiungen der Vergangenheit unnötig. Die Fragen, die zur Zeitenwende noch an die Orakel gerichtet werden, beziehen sich eher auf private Themen, vor allem wirtschaftliche und gesundheitliche. Es geht um Hochzeiten,

Reisen usw., also triviale Fragen, die eine kurze und klare Antwort benötigen. Deshalb werde zur Zeit Plutarchs auch nicht mehr die Versform der Orakelsprüche gepflegt. Den banalen Fragen der römischen Kaiserzeit entspreche die schlichte Prosaform. Außerdem sieht Plutarch einen weiteren, ganz pragmatischen Grund für die Schwächung von Delphi und Konsorten: Es stehen im Römischen Reich einfach zu viele und weitaus günstigere divinatorische Konkurrenzangebote bereit. Vielleicht auch infolgedessen kann Juvenal zu Beginn des zweiten Jahrhunderts n. C. vom Delphischen Orakel sagen, dass es nun schweige.

Nichtsdestoweniger werden die alten Kultorte gegen Ende der Republik von Privatleuten noch immer aufgesucht. Ein gewisser Appius Claudius lässt das berühmte Heiligtum von Eleusis sogar restaurieren und erweitern und fördert das delphische Orakel. In der ersten Hälfte des zweiten Jahrhunderts ist Kaiser Trajan ein Beschützer und Förderer des delphischen Orakels. Auch unter seinem Nachfolger Hadrian, einem großen Griechenfreund, flammt das Interesse an den alten Stätten noch einmal kurz auf: Der an Literatur interessierte Kaiser persönlich fragt in Delphi nach Homers Abstammung und Geburtsort – zugegebenermaßen kein gesellschaftspolitisch bedeutsames Thema, sondern eher ein spezielles Einzelinteresse. Das Orakel antwortet, dass der große Dichter Homer ein Enkelsohn des Odysseus sei; Homer habe sein weltberühmtes Epos also über seinen eigenen Großvater verfasst. Wie die geringe politische Bedeutsamkeit dieser Orakelweissagung bereits erkennen lässt, handelt es sich bei diesem prominenten Besuch Delphis nur um ein letztes Aufflackern der einst lohen Orakelflamme. Lukian hat für Apollo nur noch Spott übrig: Er mokiert sich darüber, dass der Gott der Weissagung für seine unverständlichen Reden auch noch Geld erhalte. Er sei ein Lügner, der Tausende von Menschen durch seine mehrdeutigen Formulierungen ins Unglück gestoßen habe.

Der Niedergang der alten Orakelstätten ist nicht aufzuhalten. Im dritten Jahrhundert will die Stadt Nicäa, nur etwa ein Jahrhundert später der Ort eines großen kirchlichen Konzils, noch einmal das Orakel von Delphi befragen, aber es heißt, das sprechende Orakel könne nicht wiedererweckt werden. Dennoch solle man Apollo weiter opfern. Ein Versuch, den nicht mehr ausreichend mit dem Glauben der Menschen versorgten und daher sterbenden „Dämon" Apollo wieder zu stärken?

Nur ein Jahrhundert später, eingeleitet durch die Konstantinische Wende, ist das Christentum so stark, dass es die antiken Kulte einfach verbieten kann. Da verwundert es nicht, dass nach einer Konsultation durch Julian im vierten Jahrhundert das Orakel eine letzte Äußerung macht: Phoebus, also Apollo, habe keine Herberge mehr und die prophetische Quelle sei unwiederbringlich versiegt.

II.5.6. Zusammenfassung

Es gibt im griechisch-römischen Kulturkreis zahlreiche Orakelstätten, die von Menschen aus allen Himmelsrichtungen aufgesucht werden. Der wohl berühmteste und in Rom angesehenste Orakelort ist Delphi. Der Kern einer klassischen Orakelstätte ist der Kultbetrieb um ein menschliches Medium, das als Sprachrohr einer Gottheit um Rat gefragt werden kann. Doch zusätzlich können sich auch andere Formen der Wahrsagung an solchen Orten wiederfinden. Man kann sich die Orakelorte insgesamt als eine Art divinatorischer Parks vorstellen, an denen Zeichen gedeutet, Lose gezogen, schriftliche Orakel erstellt, Geister befragt und wahrsagerische Träume evoziert werden. Oft sind Orakelstätten an vermeintlichen Eingängen zur Unterwelt errichtet worden, dem Herkunftsort der Geister und der Träume, denen beiden die Fähigkeit zur Zukunftsschau anhaftet. An solchen chtonischen Orten wird der Besucher selbst in eine enge Verbindung mit der Erde und der Unterwelt gebracht, indem er sich auf den Boden legt oder ein Loch oder einen Höhlengang betritt. Die berühmteste Orakelstätte auf italischem Gebiet ist Cumae, nahe dem heutigen Neapel. Dort soll die berühmte Sibylle, die dem letzten römischen König die Sibyllinischen Bücher verkauft hat, in einer Höhle gesessen und Besucher empfangen haben. Dieser Orakelort ist allerdings schon zur Zeitenwende eher Mythos als Historie; bereits die Römer suchen Cumae im Grunde aus touristischem Interesse auf. Allgemein betrachtet haben die Römer ein gespaltenes Verhältnis zu den klassischen Orakelstätten. In Krisenzeiten werden offizielle Delegationen nach Delphi oder auch an andere Orakelorte geschickt, um den Rat der Götter einzuholen. Aber zur Zeit des Augustus ist das Verhältnis der Römer zu den alten Stätten merklich abgekühlt. Dies hat mit der nationalrömischen Restaurationspolitik des Augustus zu tun, in deren Rahmen man sich in Rom von allzu griechisch-orientalisch beeinflussten Kultformen und -orten distanziert. Man lässt die alten Orakelstätten gezielt verfallen. Die Weissagungswünsche, die das einfache Volk verspürt, entbehren der großen, staatstragenden Dramatik vergangener Zeiten und bedürfen keiner ausgedehnten Reisen, weil sie viel leichter durch die im Übermaß vorhandenen Wahrsageangebote der fahrenden Händler erfüllt werden können. Somit deutet sich bereits das Ende der klassischen Orakelheiligtümer an, das mit der faktischen Machtergreifung der Christen im vierten Jahrhundert besiegelt ist.

II.6. Das Totenorakel

Das Prinzip der mantischen Befragung von Toten, der Nekromantie, ist, wie oben ausgeführt, von einem Teil der klassischen Orakelstätten bekannt. Denn diese sind oft an vermeintlichen Eingängen zur Unterwelt errichtet worden. Die Grundlage für die Nekromantie ist der allgemeine Glaube an die Existenz von Geistern und deren Wahrsagekraft (6.1.). Diese Geister können ungefragt und unerwartet zu den Menschen sprechen und sie durch ihr bedrohliches Auftreten erschrecken; diese Art des Totenorakels soll hier als die passivische bezeichnet werden. Sie ist ein beliebtes Motiv in der Literatur, dient jedoch nicht nur der Ausschmückung biographischer Beschreibungen oder der schaurigen

Unterhaltung, sondern fußt auf dem Glauben an die Realität solcher Erscheinungen (6.2.). Das aktivische Totenorakel, also die gezielte Herbeirufung und Befragung von Geistern, auch Nekromantie genannt, ist ebenfalls ein populäres literarisches Motiv, das sich an griechischen Vorbildern orientiert und bei den Lesern Gänsehaut hervorzurufen vermag (6.3.). Die Nekromantie spielt auch im echten Leben eine Rolle. Die Inkubationsorakel können teilweise in diesem Sinne ausgelegt werden. Die Geisterbeschwörung im realen Leben wird jedoch vornehmlich in privaten Kreisen, im Geheimen, praktiziert; sie hat einen eher anrüchigen Charakter und kann zur Diskreditierung einzelner Bürger dienen, da sie stets von der dunklen und schaurigen, ja, verbrecherischen Aura der literarischen Nekromantie umhüllt ist. (6.4.). So verwundert es nicht, dass der Staat die private Geisterbefragung rigoros ablehnt (6.5.). Dennoch scheint die Nekromantie in Rom eine besondere Faszination zu erwecken und dort mindestens genau so populär wie in ihrem Herkunftsland Griechenland zu sein.

II.6.1. Der grundlegende Glaube an Geister

Dem Totenorakel liegt erstens die Vorstellung zugrunde, dass es eine Existenz von Totenseelen an einem bestimmten Ort gibt, von dem aus diese gerufen werden können, zweitens die Idee, dass eine Kontaktaufnahme mit Totenseelen möglich ist, und drittens die Annahme, dass diese Seelen in der Lage sind zu weissagen. Diese Vorstellungen gehen auf neuplatonisch-pythagoreische Überlegungen zurück: Demnach besteht der Mensch aus Körper und Geistseele; die Seele ist Teil einer geistigen Welt bzw. Sphäre, zu der auch die Götter gehören, während des Lebens ist sie aber im Körper eines Menschen gefangen. Da das Sterben als ein Übergang der Seele in die Sphäre des Göttlichen verstanden wird und die Zukunftsschau eine Eigenschaft der Gottheiten ist, wird schon den Sterbenden eine entsprechende Fähigkeit zugeschrieben. Die Totenseelen sind in ihrer mantischen Qualität, durch ihr Zugehören zu der jenseitigen, göttlichen Sphäre, nicht mehr von den Göttern zu trennen, wie ja ohnehin die Grenzen zwischen den jenseitigen Wesen aus römischer Sicht zerfließen. Durch die sterbliche Hülle, die sozusagen von ihnen abgefallen ist, haben diese Geistseelen jedoch immer noch einen besonderen Bezug zum Diesseits. Deshalb geht man davon aus, dass man die Totenseelen auf besonders wirksame Weise über Zukünftiges befragen könne. Dies ist das Prinzip der Nekromantie, die von einem Teil der geistig-politischen Elite Roms als Aberglaube geächtet, von einem anderen Teil im Privaten eifrig betrieben zu werden scheint.

Die höhere Gesellschaft kennt einen philosophisch geprägten, elitären Jenseitsglauben, dem Cicero in seiner Schrift *Somnium Scipionis* (Scipios Traum) ein Denkmal setzt. Darin wird dem jüngeren Scipio von der Geistseele seines Großvaters, des älteren Scipio, ein Blick ins ewige Paradies gewährt, einem leuchtenden Ort am Sternenhimmel, der von den Menschen als Milchstraße wahrgenommen werden kann. Dorthin kehren die Seelen aller, die sich zu Lebzeiten für das Gemeinwohl engagiert haben, zurück. Denn nach stoischer Auffassung sind die Seelen der Menschen göttliche Funken, die vom großen Licht des Kosmos, dem Ur-Feuer der Weltvernunft, ausgegangen sind und wieder in ihre himmlische Heimat aufsteigen können, wenn es den Menschen zu Lebzeiten gelungen ist, sich auf ihr inneres Licht zu konzentrieren und sich nicht von Affekten, sondern von Vernunft leiten zu lassen und sich selbstlos für das Gemeinwohl einzusetzen. Von diesem Ort ausgehend können die vergöttlichten Seelen den Menschen auf der Erde erscheinen und weissagen bzw. ihre Nachkommen zu hehren Taten anspornen, wie es der ältere Scipio tut. Die Seelengeister solcher Menschen hingegen, die sich zu Lebzeiten den leiblichen Genüssen und dem Wohlergehen hingeben, vermögen sich nicht in die göttlichen Sphären der Milchstraße aufzuschwingen, sondern kreisen für viele Jahrhunderte um den Orbit, sie kommen schlicht nicht von der Erde los. Diese Unterscheidung der Geister deutet an, dass das himmlische Elysium nur einem privilegierten Teil der Gesellschaft winkt. Der Großteil der Bevölkerung scheint eher ein angstbesetztes, dunkleres Jenseitsbild zu haben.

Am Beispiel des römischen Nationalepos, der *Aeneis*, wird deutlich, dass die von den griechischen Mythen inspirierten Bilder einer Unterwelt mit verschiedenen Abteilungen für die Seelen Verstorbener zur Zeitenwende in Rom gut bekannt sind. Die Einteilung des Orcus in ein Gefilde der Trauernden, d. h. einen Aufenthaltsort unglücklicher Seelen von Kindern und Mordopfern, einen Heldenbereich, ein paradiesisches Elysium und einen Tartarus mit höllischen Strafen, die Vergil in einer ganz bestimmten Topographie arrangiert, spiegelt, bei aller griechischen Inspiration, vielleicht auch römisches Nachdenken darüber, was mit den Seelen der Menschen nach dem Erdenleben geschehen könnte. Die Unterweltsbilder des römischen Nationalepos sind ohne Frage populär und haben aufgrund ihrer hohen Plakativität einen besonderen Reiz; natürlich handelt es sich in erster Linie um poetische, literarische Motive. Für die Gebildeten steht das sicherlich außer Frage. Der beständige Protest der Gelehrten, vor allem des Lukrez, gegen solche erschreckenden Glaubensbilder als *superstitiones*, also abergläubische Vorstellungen, spricht jedoch dafür, dass im Volk tatsächlich Ängste vor jenseitigen Bestrafungen grassieren.

Im Großen und Ganzen dürfte das Bild, das man im römischen Volk von einer jenseitigen Existenz hat, aber vielmehr einem Ausschnitt aus dieser literarischen Jenseitswelt gleichen, einem dunklen, nicht näher erkennbaren Ort, an dem die Totenseelen, gleichsam ein Schatten ihrer irdischen Existenz, halbbewusst vor sich hindämmern, vielleicht in einer gleichsam mechanischen Scheinweiterführung ihres irdischen Lebens. Ganz pragmatisch wird dieser Ort mit dem Grab des Toten in Verbindung gebracht, das quasi als Wohnstätte des Verstorbenen gesehen wird. Die an bestimmten Festtagen regelmäßig durchgeführten Familienmahlzeiten an bzw. auf den Gräbern unterstützen wohl diese einfache Vorstellung.

Um die Geister ruhig zu halten, ist ein ordentlicher Kultus notwendig, der Teil der religiösen Pflichterfüllung ist. Der religiöse Festkalender schreibt mehrere Tage im Jahr vor, die dem Umgang mit den Totengeistern, also dem Ahnenkult, gewidmet sind und ein tatsächliches Wirken der Geister voraussetzen. In diesen Festkreis gehören die Lemuria (9., 11., 13. Mai), die Larentalia (23. Dezember), die dreitägigen Compitalia (Anfang Januar), die ebenfalls mehrtägigen Parentalia (13.–20. Februar) und die Feralia (21. Februar), eine Art Allerseelen. Die Tempel bleiben an den Lemuria geschlossen. Man glaubt, dass die Totenseelen an den Festtagen an ihre alten Wirk- und Wohnstätten zurückkehren.

Die Vernachlässigung der Grabpflege und der Versorgung der Totenseelen an den Feralia soll in der Geschichte einmal schlimme Folgen, nämlich ein Massensterben, gezeitigt haben. Ovid berichtet in seinen Fasten, die Totenseelen seien nachts ihren Gräbern entstiegen und hätten ein klägliches Jammergeheul angestimmt. Die vaganten Gespenster, die ihren Leiden entsprechend schauerlich anzusehen sind, finden als Lemuren keinen Frieden und zeigen sich immer wieder an bestimmten Orten. So berichtet Plinius von einem Spukhaus, in dem der Geist eines alten Mannes nicht zur Ruhe kommt, weil er dort ermordet wurde. Auch über das Grab des Caligula und das Gewölbe, in dem dieser grausame Kaiser gewaltsam zu Tode kam, werden Spukgeschichten berichtet. Die Grabstätte kommt erst zur Ruhe, als man den zunächst hastig verscharrten Kaiser anständig bestattet. Die Erscheinungen in dem Gewölbegang, der dem Kaiser als tödliche Falle diente, hören erst auf, nachdem das Bauwerk durch ein Feuer zerstört worden ist. Gründe für die Ruhelosigkeit eines Geistes sind ein zu frühes Ableben durch Krankheit, Unfall oder Mord, unerfüllte Pflichten, unerledigte Geschäfte, fehlende Bestattung oder ein Grab in nicht-römischer Erde und ein mangelhafter Totenkult.

Die ruhelosen Geister können regelrecht aggressiv und bösartig auftreten, wenn sie nach Rache für das ihnen zugefügte Unrecht gieren; dann spricht man von den Larven, die furiengleich die Lebenden und die anderen Toten plagen, sogar Besitz von Menschen ergreifen können, um sie in den Wahnsinn zu treiben und zugrunde zu richten. Die Geister von Mördern und generell böswilligen Menschen kann man sich nicht anders als in dieser furchterregenden Form vorstellen. Aber auch die Rachegeister sind sehr gefürchtet. Plutarch berichtet, dass Caesars Geist seine Mörder verfolgt habe, bis sie alle bestraft worden seien. Aus diesem Grund soll Cassius sich mit demselben Dolch ermordet haben, den er zur Hinrichtung Caesars benutzt habe.

Gerade in Krisenzeiten gehören Geistererscheinungen oder andere Spukphänomene zu den Prodigien, die von entscheidender warnender Kraft für den Staat sein können. Jenseitige Wesen, seien es Götter oder Gespenster, werden im Hinblick auf ihre divinatorische Qualität nicht unterschieden. Natürlich wird das Sehen eines Geistes, wie alle Prodigien, als ein grundsätzlich negatives Zeichen verstanden, das in mehrfacher Hinsicht erschreckend sein kann. Phlegon von Tralleis, ein griechischer Buntschriftsteller aus dem ersten und zweiten Jahrhundert, stellt in seinem Buch der Wunder einige übernatürliche Geschichten aus der griechisch-römischen Antike zusammen, in denen Geister nicht nur erscheinen, sondern zu den Menschen reden und weissagen, um Unheil von ihnen abzuwenden. Als Gewährsleute für diese Erzählungen führt Phlegon berühmte Persönlichkeiten wie den Philosophen Antisthenes oder den Mathematiker Hieron von Alexandria an. Die in diesem Zuge geschilderten Erscheinungen sind jedoch keineswegs nekromantische Beschwörungen, sondern unbestellte und völlig unerwartete Wahrsagungen von kurzzeitig wiederkehrenden Toten, also eigenständige Geisterorakel.

II.6.2. Das passivische Totenorakel

Die unerbetene Erscheinung von weissagenden Gespenstern, die Phlegon von Tralleis überliefert, ist eine ganz eigene Form der Nekromantie; sie wird hier als passivisches Totenorakel bezeichnet.

Inwieweit es sich bei Phlegons anekdotenhaften Berichten um Gegenstände echten Volksglaubens oder doch eher um unterhaltsame Gruselgeschichten handelt, ist aus heutiger Sicht schwer zu sagen. Die folgende Schilderung soll einen kurzen Eindruck der passivischen Totenorakel geben:

Der Konsul Acilius Glabrio (191 v. C.) führt bei den Thermopylen eine Schlacht gegen Antiochos III. und treibt seinen Gegner zum Rückzug nach Ephesus. Am Tag nach der Flucht des Feindes sind die Römer damit beschäftigt, ihre eigenen Gefallenen vom Schlachtfeld aufzusammeln, um sie ordnungsgemäß zu bestatten, und die Wertsachen der toten Feinde zusammenzuraffen. Da erhebt sich plötzlich ein gefallener syrischer Reiter namens Bouplagos und begibt sich zum Lager der Römer, um dort eine Rede zu halten. Er warnt die Soldaten davor, mit der Beraubung der Feinde fortzufahren, weil Zeus ihnen bereits zürne und er sonst ein feindliches Volk gegen Rom senden und dessen Macht ein Ende setzen werde. Nach dieser Rede fällt der Reiter wieder tot um.

Die nachhaltig beeindruckten Römer sorgen für eine ordnungsgemäße Bestattung des Bouplagos, bringen Zeus ein Opfer dar und entsenden eine Delegation nach Delphi, um göttlichen Rat für ihr weiteres Vorgehen einzuholen. Das Orakel warnt vor weiteren Kriegshandlungen. Die Römer gehorchen. So weit, so skurril. Doch die eigenartige Geschichte geht noch viel seltsamer weiter: Nach einem feierlichen Opfer in einem griechischen Tempel beginnt der Feldherr Publius plötzlich verrückt zu werden: Er weissagt in ekstatischer Verzückung und prophezeit Rom den Untergang. Irgendwann klettert er in seinem verzückten Zustand auf einen Eichenbaum und verkündet, ein roter Riesenwolf, der ihn fressen werde, solle als Zeichen für die Wahrhaftigkeit seiner Rede dienen. Tatsächlich erscheint daraufhin ein solches Tier. Der Römer lässt sich vom Baum fallen und verschlingen. Nur sein Kopf bleibt übrig. Als die entsetzten Umstehenden sich dem Kopf nähern wollen, um ihn zu begraben, hält der Kopf sie davon ab und prophezeit den schockierten Zuhörern erneut den Untergang Roms – weshalb auch immer.

Man hat hier den Eindruck, schon sehr deutlich in der Unterhaltungsliteratur angekommen zu sein. In seinen *Pharsalia* schildert Lukan, wie dem angespannten Pompeius vor dem Ausbruch des Bürgerkrieges, also in der letzten Ruhe vor dem Sturm, im Halbschlaf seine tote Gattin Julia in der Gestalt einer Furie, einer Rachegöttin erscheint – Lukan lässt offen, ob es sich lediglich um ein Traumbild oder um eine paranormale Erscheinung im Grenzbereich zwischen Schlaf- und Wachzustand handelt. Sie verweist durch ihre furchterregende äußere Erscheinung auf das bevorstehende Unheil, verkündet jedoch auch direkt, dass die Unterwelt bereits in höchste Geschäftigkeit versetzt sei, da so viele Tote zu erwarten seien: Charon besorge eine Flotte von Schiffen, um die Totenseelen in die Unterwelt zu transportieren, die Parzen freuten sich darauf zahllose Lebensfäden zu durchtrennen und die Eumeniden, die Rachegöttinnen, schwenkten aus Vorfreude schon ihre Fackeln.

Besonders eindrucksvoll wird die paranormale Heimsuchung des Brutus, des führenden Caesarmörders, geschildert: Er sitzt eines Nachts in seinem Feldherrnzelt, um nachzudenken, wie er es für gewöhnlich tut. Seine robuste, kaum auf Schlaf angewiesene Natur wird als Argument dafür herangezogen, dass es sich bei seiner nun folgenden Wahrnehmung keineswegs um einen Traum handle. Plötzlich hört er ein Geräusch vom Eingang, blickt sich um und wird im Zwielicht der verlöschenden Lampe einen dunklen riesenhaften Schatten gewahr, der stumm und bewegungslos vor ihm steht. Er fragt die Erscheinung, wer sie sei. Diese gibt ihm zur Antwort, sie sei sein böser Geist, den er bei Philippi wiedersehen werde. Der Schatten verschwindet. Während der Kämpfe, die Brutus dann bei Philippi gegen Marc-Anton und Octavian führt, erscheint ihm die nächtliche Gestalt zum zweiten Mal. Das Heer des Brutus verliert. Er selbst flieht auf eine Anhöhe und stürzt sich in sein Schwert.

Plinius der Jüngere, bekannt durch seine biographische Briefliteratur, und der Historiker Tacitus berichten beide von einer geisterhaften Erscheinung, die einem gewissen Curtius Rufus begegnet, als dieser Begleiter des afrikanischen Provinzstatthalters ist. Während er abends in einer leeren Säulenhalle umherwandelt, erscheint vor ihm eine übermenschlich große und überirdisch schöne Frau, die sich als Afrika vorstellt und ihm die Zukunft prophezeit, seine Karriere in Rom, seine Rückkehr nach Afrika als Statthalter und sein dortiges Ende. Man kann sich die Erscheinung, die eigentlich eine Personifikation der afrikanischen Provinz ist, wohl als Manifestation einer nationalen Schutzgottheit vorstellen.

II.6.3. Das aktivische Totenorakel in der Unterhaltungsliteratur

Das aktivische Totenorakel, also die gezielte Beschwörung von wahrsagenden Geistern, ist in der unterhaltenden Literatur ein sehr beliebter Topos – allerdings auch ein recht grausamer. Ohne Frage ist er von dem griechisch-homerischen Typus der Totenbefragung geprägt. Eine kurze Zusammenfassung wesentlicher Gemeinsamkeiten nekromantischer Darstellungen aus verschiedenen literarischen Quellen soll zunächst einen Grundeindruck von dieser düster wirkenden, magisch durchsetzten Mantik ermöglichen.

Grundsätzlich scheint ein örtlicher Bezug zur Unterwelt wichtig zu sein. Daher finden die Rituale oft an Gräbern statt, bisweilen auch an Flussquellen oder Seen, die für Eingänge zur Unterwelt gehalten werden. Nacht und Vollmond sind von Bedeutung; die Nacht zum einen, weil sie den Unterweltsgöttern, also den Adressaten des Rituals, gehört, zum andern, weil in ihrem Dunkel und in ihrer Einsamkeit die befremdlichen Riten ungestört durchgeführt werden können. Ein Totenopfer ist elementarer Bestandteil der Beschwörung; es handelt sich um ein schwarzes Tier, meist ein Schaf, dessen Blut als Opfergabe in eine Grube gegossen wird. Die Farbe Schwarz ist den Göttern der Unterwelt geweiht. Körperteile von Toten dienen als kraftvolles magisches Mittel zur Bindung der Geister. Es können allerdings auch Menschenopfer vollzogen werden. Besonders Kinder werden in diesem Rahmen getötet. Weitaus harmlosere Zutaten sind Kräuter, die magisch besprochen werden können. Die Kleidung derjenigen, die das Ritual vollziehen, darf nicht gegürtet oder geknotet sein, damit der magische Fluss der Handlung nicht blockiert wird. Daher wird das Haar auch offen getragen und auf Fußbekleidung verzichtet, wodurch zugleich ein engerer Kontakt zu den Erd- und Unterweltsgottheiten hergestellt wird. Effekthascherisch wird bei vielen Dichtern beschrieben, wie sich nach erfolgreicher Durchführung des Rituals die Erde auftut und die Bewohner der Unterwelt freigibt. In anderen Fällen erwacht ein Leichnam wieder zum Leben, um wahrsagen zu können. Als Ausführende der Totenbefragung werden keine gewöhnlichen Bürger, sondern Hexen oder fremdländische Priester geschildert. Diese Personen passen zu dem allgemeinen düsteren und unheimlichen Nimbus, der über den aktivischen Totenorakeln liegt.

In seinen Satiren beschreibt Horaz das nekromantische Ritual zweier alter Frauen, das auf einem Armenfriedhof auf dem Esquilin durchgeführt wird. Geschildert wird das Ganze aus der Sicht eines hölzernen Priapus, einer Gottheit, welche die Form eines aufgerichteten männlichen Geschlechtsteils hat; sie dient traditionell zur Abschreckung des Bösen und steht in römischen Vorgärten, um schlechte Geister und idealerweise auch Einbrecher abzuwehren. In der Darstellung des Horaz steht dieser Priapus auf dem alten Sklavenfriedhof und wird unfreiwillig Zeuge des unheimlichen Hexentreibens. Eine Frau namens Canidia, barfuß, mit offenem langem Haar und in einen schwarzen Umhang gekleidet, heult gemeinsam mit einer anderen Frau schaurige Hexengesänge. Sie kratzen den Erdboden mit ihren Fingernägeln auf, zerreißen ein schwarzes Lamm mit den Zähnen und gießen das Blut des Tieres in die Grube, um dadurch die Totengeister zur Wahrsagung herbeizurufen. Zur Verstärkung der Beschwörung bedienen sich die Frauen einer großen Wollfigur und eines Wachsbildnisses. Der Wolle wird eine bindende Macht zugeschrieben, es geht also beim Einsatz des wollenen Abbildes vermutlich um eine Bindung der zur Weissagung gerufenen Geister. Die

Wachsfigur steht für die Entität, die gebunden und beherrscht werden soll; so, wie das Wachs im Feuer schmilzt, soll die gebundene Wesenheit bildlich gesprochen zu Wachs in den Händen der Beschwörenden werden. Die eine Hexe ruft Hekate an, die Göttin der Unterwelt, die andere Tisiphone, eine Rachegöttin. Es erscheinen Schlangen und höllische Hunde, Schatten reden mit den Hexen. Die Frauen versenken den Bart eines Wolfes und den Zahn einer Fleckennatter in der Erde, werfen die Wachspuppe ins Feuer und ... da lässt der berichtende Priapus vor Entsetzen einen so krachenden Wind fahren, dass es ihn in der Mitte entzweireißt und die Hexen mit einem Schlag vertreibt. Sie verlieren dabei Gebiss und Perücke, aber auch Kräuter und Binden. An dieser Stelle wird deutlich, dass der heitere Horaz eben ein Satiriker ist. Die unheimlichen Elemente seiner Dichtung und die erwähnten Utensilien für den Weissagungszauber sind allerdings typisch für die mit diesem Thema befasste Literatur und haben wohl ganz reale Pendants.

Apuleius beschreibt in seinem Roman *Metamorphosen*, wie ein ägyptischer Prophet den Geist einen Toten für kurze Zeit in dessen Körper zurückkehren lässt, um die Ehefrau des Verstorbenen des Giftmordes an ihrem Gatten überführen zu lassen. Der Mann, der wie ein Isis-Priester beschrieben wird – kahler Kopf, weißes Leinenkleid, Palmsandalen – legt dreimal ein Kraut auf Brust und Mund des Leichnams und richtet ein Gebet in Richtung Sonnenaufgang. Der Tote richtet sich daraufhin auf und erzählt eher widerwillig, weil er sich auf seinem Weg ins Jenseits gestört fühlt, davon, wie seine Frau ihn ermordet hat.

Einen Höhepunkt detaillierter und ekelerregender Schilderungen schockierender nekromantischer Praktiken bietet Lukan in seinem düsteren Epos *Pharsalia*. In einer heute noch fesselnden, eine dichte und schaurige Atmosphäre erzeugenden Sprache führt er seine Leser in die Welt einer finsteren Hexe namens Erichtho, die in Gräbern haust, aus denen sie die ursprünglichen „Bewohner“ hinausgeworfen hat, um ganz mit der Unterwelt verbunden zu sein und sich auf die Stimmen der Hölle konzentrieren zu können. Sie ist blass, hager, hat langes wirres Haar und verlässt ihre Wohnstätte nur bei nächtlichem Unwetter. Sie verbreitet einen tödlichen Pestatem um sich und wo sie hintritt, wächst kein Gras mehr. Sie raubt Augen und Zungen von Leichnamen, beißt den Toten auch Nägel ab und stiehlt die verbrannten Überreste Verstorbener. Weitere geschmacklose Gräueltaten, die sie an den Leichnamen begeht, sollen hier nicht näher beschrieben werden, sie sind besser im Original nachzulesen; dort gibt es eine detaillierte Auflistung diverser Handlungen, die für empfindsamere Gemüter nicht zu empfehlen sind und an moderne Horrorfilme mit „Splatter"-Effekten erinnern. Erichtho vergräbt gelegentlich auch lebendige Menschen oder ermordet Kinder, die sie zuvor aus dem Mutterleib herausschneidet, und so fort, kurz zusammengefasst: Sie benötigt tote Menschen, um die Totengeister zu befragen.

Am Abend vor der Schlacht von Pharsalos erweckt sie einen gefallenen Soldaten kurzzeitig zum Leben, um ihn für Sextus Pompeius, einen Sohn des großen Pompeius, über die Zukunft zu befragen. Sie befüllt den Leichnam mit neuem Blut und fügt allerlei Ingredienzien hinzu, dann beschwört sie den Geist mit einer dämonisch hallenden Stimme und peitscht den toten Körper mit lebenden Schlangen, schließlich bedroht sie sämtliche Gottheiten, die ihrem Werk im Weg stehen könnten, und der Soldat erwacht zu neuem Leben, um Pompeius sein fatales Schicksal zu prophezeien. Literarisch gesehen ist die böse Erichtho ein Gegenmodell zur frommen Sibylle. Die Sibylle steigt z. B. mit dem gottesfürchtigen Aeneas in die Unterwelt hinab, indem sie ihn dem Unterweltsschiffer Charon als einen integren, verdienstvollen Mann vorstellt, Erichtho hingegen zwingt im Auftrag des als feige und charakterlos dargestellten Pompeius einen Schatten, widerwillig aus der Unterwelt heraufzusteigen, und stellt sich dabei gegen alle Götter. Diese negativ aufgeladene, dichte Atmosphäre der lukanischen Nekromantiedarstellung passt zum grundsätzlich düsteren, die unsagbaren Leiden und Übel des Bürgerkrieges und des Unterganges auf geniale Weise spiegelnden Schreibstil des jungen Dichters, dem selbst ein frühes und grausames Ende beschieden ist, da er, wie sein Onkel Seneca, wegen Kaiser Neros wahnhafter Säuberungsaktionen im Jahre 65 zur Selbsttötung gezwungen wird.

Ohne Frage treibt Lukan die grausige Darstellung der aktivischen Totenbefragung in seinem Epos auf die Spitze, aber die selbst in dem ansonsten eher heiteren Erzählstil des Horaz aufscheinende düstere und grauenvolle Atmosphäre der literarischen Nekromantie verweist sicherlich darauf, dass diese Privatmantik insgesamt mit einer negativen Aura ausgestattet ist. Ohne Zweifel folgen alle oben betrachteten nekromantischen Elemente und ihre gruselige Inszenierung einem literarischen Muster, das von den griechischen Nekromantiedarstellungen vorgegeben wird und sich von der *Nekyia* Homers über die aischyleische Totenbefragung der Perser bis zu den lukianischen Parodien und den fiktiven Romanen erstreckt. Allerdings scheinen viele Elemente des von den Dichtern mit der Nekromantie verbundenen Ritualhandelns durchaus zu realen Praktiken in Beziehung zu stehen, auch wenn diese einen weitaus unspektakuläreren Charakter als ihre literarischen Versionen besitzen. Die negative Darstellung der Totenbefragung durch die römischen Dichter ist sicher nicht nur dem literarischen Standard und einer auf Grusel zielenden Unterhaltungsabsicht zu schulden, sondern es scheint sich die Absicht einer klaren Diskriminierung und Abwertung derjenigen Personen abzuzeichnen, die im realen Leben mit nekromantischen Praktiken in Verbindung stehen.

II.6.4. Das aktivische Totenorakel in der Realität

Als berühmteste griechische Stätte für Totenbefragungen gilt Ephyra. Laut Homer befragt Odysseus auf seinen Irrfahrten dort den verstorbenen Seher Teiresias nach dem Heimweg. Für den römischen Kulturraum ist eine Orakelstätte, an der möglicherweise irgendwann vor dem ersten Jahrhundert v. C. Nekromantie praktiziert worden ist, die Sibyllenhöhle von Cumae. Daher dürfte der Mythos rühren, Aeneas treffe beim Besuch der Sibylle in der Unterwelt seinen verstorbenen Vater, der ihm dann die Zukunft Roms prophezeie. Im Unterschied zu der in der Literatur bzw. im Privaten durchgeführten Totenbefragung erscheint die Totenseele an der klassischen Orakelstätte nach einem obligatorischen Totenopfer und der Beschwörung aber nicht in einer äußerlich sichtbaren Manifestation des Geistes oder in der Wiederbelebung eines Leichnams, sondern im Traum. Teilweise wird dem Besucher einer nekromantischen Stätte auch das elementare Erlebnis des eigenen Sterbens ermöglicht, freilich nur auf symbolisch-rituelle Weise, indem der Besucher in einer theatralischen, mit Spezialeffekten ausgestatteten Inszenierung in einem Höhlengang in die Unterwelt hinabsteigt, um dort den Kontakt zur Geisterwelt zu suchen. So ist es teilweise für die Plutonia Kleinasiens überliefert. Derartige Gaukeleien wirken auf römische Gemüter jedoch eher befremdlich. Das vermeintliche Totenorakel von Cumae jedenfalls scheint spätestens zur Zeitenwende nur mehr eine geschichtliche Erinnerung zu sein und muss vielleicht seit jeher als kultische Randerscheinung gewertet werden.

Fakt ist jedoch: Totenbefragung wird praktiziert – im privaten Bereich, unabhängig von festen Orakelstätten. Lukan soll zur Darstellung seiner Totenbefragung in einem echten Zauberbuch recherchiert haben. Jüngere Zauberpapyri belegen den tatsächlichen Wirkmachtanspruch derartiger Praktiken. Übertriebene literarische Effekte wie die Auferstehung eines Leichnams haben in der Realität sicher keine Entsprechung. Dennoch weist die reale Nekromantie in der öffentlichen Wahrnehmung und Thematisierung starke Bezüge zu ihrer literarischen Inszenierung auf. So beschuldigt Cicero einen gewissen Vatinius, zum Zwecke von Totenbeschwörungen Kinderopfer darzubringen. Da der Besitz eines Gegenstandes oder eines Körperteils eines Toten als ein probates Hilfsmittel zur Machtergreifung über dessen Geist gilt, verbindet sich mit der Nekromantie der naheliegende Gedanke der Grabschändung, um sich auf diesem Wege willfährige Totendämonen zu beschaffen. Die Vorstellung, die mantische Kraft der Totenseelen sei deshalb besonders stark und zugänglich, weil den Geistern durch die Beziehung zu ihren

Leichnamen noch eine besondere Erdnähe eigne, erfährt dadurch eine Zuspitzung, dass man dies in noch erhöhter Weise von den ruhelosen Totenseelen glaubt: Diejenigen, die durch einen vorzeitigen Tod oder eine fehlende Bestattung in römischer Erde ihr Leben als noch nicht erfüllt ansehen, werden von ungemein starken Gefühlen wie Sehnsucht, aber auch Neid, Zorn und Hass auf die Lebenden an die irdische Welt gebunden. Kraft dieser Energie können sie zum Zwecke der Wahrsagung genutzt und, schlimmer noch, gezielt produziert werden: Daher werden Menschen zu mantischen Zwecken auch ermordet. Besonders der Kindermord ist in diesem Zusammenhang ein verbreiteter Topos; nichts ist grausamer – und nach der mantischen Vorstellung wirksamer – als die Ermordung eines Kindes, das sein Leben noch vor sich hat und durch diese Bindung an die Welt eine mantische Energie zur Verfügung stellt, die kein Erwachsenengeist aufbieten kann.

Wenn Cicero gegen Vatinius offen den Vorwurf des Kindermordes zu mantischen Zwecken ausspricht, weist dies darauf hin, dass entsprechende Verbrechen, mit denen die Römer aus der Unterhaltungsliteratur vertraut sind, auch in der Realität vorstellbar sind. Ein gewisser Sextus Pompeius, Sohn des Pompeius Magnus, wird von Lukan mit magischer Nekromantie in Verbindung gebracht. Der Augur Claudius Pulcher, ein Amtskollege Ciceros, soll immerhin spiritistische Seancen abgehalten haben. Cicero wird von seinem eigenen Bruder Quintus darauf angesprochen, dass dessen Freund Appius Geisterbefragungen abhalte, an welche er, Quintus, jedoch nicht glaube. Kaiser Nero soll in einer Beschwörung des Geistes seiner von ihm selbst ermordeten Mutter versucht haben, diese versöhnlich zu stimmen. Interessant ist die Frage, ob die nekromantischen Darstellungen der *Pharsalia* einen Bezug zu realen Totenbeschwörungsversuchen Lukans oder des Kaisers Nero haben könnten.

Es hat also den Anschein, als sei die Totenbefragung als private Form der Mantik zur Zeitenwende in höheren Kreisen der Gesellschaft recht beliebt und als schreckten Männer der gehobenen Schicht in diesem Kontext auch vor verbrecherischen Praktiken nicht zurück.

II.6.5. Die staatliche Ablehnung privater Nekromantie

In mehrfacher Hinsicht muss die Nekromantie aus Sicht der geistig-politischen Elite als schlimmer Aberglaube gelten: Zunächst einmal gilt das Grundbestreben, exakte Zukunftsvorhersagen einzuholen, in Rom als *superstitio.* Die Nekromantie hat – außer als Randerscheinung an den klassischen Orakelstätten, die ihrerseits zur Zeitenwende mit Misstrauen beobachtet werden – in der offiziellen Religion keinen Platz, sie stellt einen unnötigen kultischen Überschuss dar. Der von orientalischem Zauberwissen gefärbte Charakter der nekromantischen Riten, der sowohl auf die literarische als auch auf die reale Totenbefragung zutrifft, ist ein weiterer Grund, von Aberglauben zu reden. Passend zu den östlichen Wurzeln des Totenorakels erscheint der Wahnsinn als ein wesentliches Element dieser Weissagungsform. Er deutet sich bereits in den Kleidungsvorschriften an, die in der Dichtung für die Durchführung der Nekromantie vorausgesetzt werden: Offenes Haar und Nacktheit der Füße oder gar des ganzen Körpers der Beschwörerinnen wirken auf römische Betrachter fremd und barbarisch. In der Literatur sind die kultisch Handelnden so sehr vom Wahnsinn bestimmt, dass sie selbst zu dessen Abbildern und Personifikationen geraten, alten bösen Hexen. Auch die orientalischen, oft tiergestaltigen oder mischwesenartigen Götter und Göttinnen, die zu diesen Zeremonien beschworen werden, entsprechen in ihrem Erscheinungsbild dem Wahnsinn der Nekromantie. Gerade weibliche Gottheiten bzw. Dämoninnen wie Selene-Artemis, Persephone oder die Erinnyen sind für solche Beschwörungsrituale prädestiniert. Die Nekromanten bzw. Nekromantinnen unterwerfen sich aber nicht diesen Gottheiten, sondern versuchen, diese unter ihren Willen zu zwingen.

Ein augenscheinliches Kennzeichen dieser superstitiösen Mantik ist also, dass sie völlig im Dienst persönlicher Machtinteressen steht und dem Grundgedanken der Religion, den Willen der Götter zu erfüllen, diametral entgegengesetzt ist; hier werden Götter und Geister durch magische Riten dem egoistischen Willen einzelner Menschen verpflichtet, so dass die gesamte Nekromantie als Perversion des ordentlichen Kultes, der Religion, gelten muss. Durch die einseitige, auf hässliche und gemeine alte Weiber beschränkte Darstellung der Nekromantie in der Literatur werden sämtliche realen Nekromanten mit den unsympathisch und grotesk gezeichneten Frauenfiguren gleichgesetzt, so dass ihnen ein altweibischer Wahnsinn attestiert wird. Diese Nekromanten schrecken vor der Störung der Totenruhe ebenso wenig zurück wie vor Mord. Bei Apuleius belegt ist ein Brauch der Totenbewachung, mit der eine Leichenverstümmelung verhindert werden soll. Der umherreisende Held seiner Metamorphosen nimmt in einem Ort gegen gute Bezahlung den Auftrag an, nächtlichen Wachdienst neben einem aufgebahrten Leichnam zu halten. Vor dem Antritt seiner Arbeit wird protokollarisch festgehalten, dass der Tote dem Wächter unversehrt überlassen wird; die Vollständigkeit von Nase, Augen, Ohren, Lippen und Kinn wird betont, da diese Körperteile bevorzugt von Hexen geraubt werden. Der Umstand, dass diese verstörende Anekdote in Thessalien angesiedelt ist, das als Land der übersinnlichen und magischen Phänomene gilt, dürfte nichts daran ändern, dass man im römischen Volksglauben mit derartigen dunklen Aktionen fremdländischer Nekromanten auch in Rom rechnet. Verbrechen wie Leichenschändung oder die Ermordung von Kindern zu nekromantischen Zwecken traut man Ausländern und Frauen wohl am ehesten zu. Da die Nekromantie mit ihren kriminellen Elementen nur als ein hochgradig unmoralisches und sittenwidriges Vergehen empfunden werden kann, eignet sie sich hervorragend als Vorwurf zur Diskriminierung politischer Gegner, wie an Ciceros Vorgehen gegen Vatinius oder Claudius deutlich wird.

Es ist denkbar, dass die Nachtzeit und unheimliche, abgelegene Orte wie Friedhöfe nicht nur in der Literatur, sondern auch im realen Leben für obskure nekromantische Riten eine Rolle spielen, da nur hier, an den direkten Eingängen zur Unterwelt, und zu einer Zeit, die den finsteren Mächten gehört, unbehelligt von der Öffentlichkeit die notwendigen

Zauberriten durchgeführt werden können. Natürlich machen die Nacht und die Einsamkeit der Kultorte das gesamte Unterfangen höchst verdächtig. Die allgemeine Ablehnung der privaten Totenbefragung außerhalb der Literatur dürfte gerade dadurch verstärkt werden, dass man nichts Genaues über den realen Ablauf nekromantischer Handlungen weiß, sondern zu einem Gutteil der eigenen, von den Dichtern inspirierten Phantasie aufsitzt.

Mit den Horroreffekten, die Lukan durch seine Beschreibung des grausigen nekromantischen Treibens der abstoßend geschilderten Hexe Erichtho seinen Lesern darbietet, korreliert im echten Leben wahrscheinlich eine tiefe Verachtung und furchtsame Ablehnung entsprechender mantischer Handlungen und ihrer Vertreter, nicht nur aus den oben genannten Gründen, sondern auch deshalb, weil die Nekromanten einen Pakt mit den finsteren, gefürchteten Mächten der Unterwelt eingehen.

Im Zusammenhang mit dieser Ansicht scheint Furcht nicht unberechtigt zu sein. Setzt man nämlich den im Volk verbreiteten Glauben voraus, dass sich tatsächlich Totendämonen heraufbeschwören lassen, birgt die Nekromantie ein bedrohliches übersinnliches Potential in sich. Es ist ja aus römischer Sicht durchaus nicht auszuschließen, dass Nekromantie funktioniert; eine Trennung zwischen magischem, religiösem und medizinisch-naturwissenschaftlichem Denken, wie sie nach der europäischen Aufklärung üblich wird, ist in der Antike noch nicht selbstverständlich. Und wenn die Nekromanten wirklich Totendämonen sprechen lassen, besteht das Problem, dass man von diesen Wesenheiten generell nur Lügen und schädliche Aussagen zu erwarten hat, vor allem natürlich von den hasserfüllten, nach Rache gierenden Geistern Ermordeter oder zu früh aus dem Leben Geschiedener, die aus dem Wahnsinn sprechen und wahrscheinlich von demjenigen, der sie ruft, nicht wirklich beherrscht werden können. In seinem überheblichen Machtanspruch setzt sich der Nekromant also nicht nur bewusst über Recht und Gesetz hinweg, sondern überschätzt auch seine eigenen Fähigkeiten und gefährdet auf diese Weise zusätzlich die öffentliche Ordnung.

Spiritistische Seancen erscheinen im Vergleich mit den Mordvorwürfen zunächst als eine harmlosere Variante. Man sollte jedoch nicht vergessen, was eine solche private, auf Kommunikation mit Geistern versessene Versammlung aus Sicht der römischen Obrigkeit bedeutet: Überall, wo sich Menschen im Verborgenen zusammenfinden, besteht die Gefahr einer heimlichen Verschwörung. Die Geister könnten nach dem richtigen Nachfolger des Kaisers befragt werden. Selbst wenn sich die Spiritisten nur einbilden, Informationen aus dem Jenseits zu erhalten, können diese eine Eigendynamik entfalten, die zu umstürzlerischen politischen Handlungen antreibt.

II.6.6. Zusammenfassung

Der Glaube an Geister ist fest im römischen Volksglauben verankert und wird durch religiöse Feste zu Ehren der Totenseelen unterstützt. Die Römer rechnen mit Geistererscheinungen, die als potenzielle Staatsprodigien an den Senat gemeldet werden müssen. Da Geister, wie alle jenseitigen Wesen, die Fähigkeit besitzen, die Zukunft vorauszusagen und Weissagungen anzustellen, können unerwartete Geistererscheinungen mitunter auch zu den Menschen sprechen und sie vor konkreten Gefahren warnen. Doch verbreiteter als dieses passivische Totenorakel ist der Versuch, Geister gezielt heraufzubeschwören, um sie zu befragen. Das Motiv der Nekromantie, des aktivischen Totenorakels, ist ein beliebtes Element der Unterhaltungsliteratur, in der es auf schaurigste Weise ausgeschmückt wird. Dabei spielen unheimliche nächtliche Rituale, die Hexen auf Friedhöfen durchführen und mit Grabschändung, oft mit der Ermordung unschuldiger Opfer zu tun haben, eine Rolle. Die Totenseelen fahren dann aus ihren Gräbern und ergreifen Besitz von kindlichen Medien oder Leichname erwachen wieder zum Leben. Soweit die Literatur ... Aber auch in der Realität gibt es das Bestreben, sich Totengeister auf magische Weise dienstbar zu machen. Einige Zauberbücher geben konkrete Anleitungen für eine erfolgreiche Geisterbeschwörung, die mit bestimmten magischen Mitteln, z. B. Pflanzen, Steinen, Körperteilen, verbunden ist. Das, was bei diesen Zeremonien herauskommt, scheint meist den Ergebnissen heutiger Séancen zu ähneln. Aber auch der Gedanke, einen Menschen zu ermorden, um die Geistseele des Mordopfers als wahrsagenden Totendämon in die Gewalt zu bekommen, ist im echten Leben bei den Römern verbreitet. Der Staat steht realen nekromantischen Versuchen ablehnend gegenüber. Deshalb werden Geisterbeschwörungen auch nur im Geheimen durchgeführt, und wer damit in Verbindung gebracht wird, erleidet Schaden in seinem Ansehen. Ausschließlich an klassischen Orakelstätten, in deren Zentrum eine Verbindung zur Unterwelt steht, hat die Nekromantie einen offiziellen Platz. Dort wird sie im Zuge eines wohl eher symbolischen, vielleicht auch realistisch wirkenden, theatralisch in Höhlengängen inszenierten Unterweltganges zelebriert und steht in vielen Fällen mit der Trauminkubation, also einem heiligen Schlaf an einer chtonischen Stätte, in Verbindung.

II.7. Traumorakel

Das menschliche Bedürfnis nach erlebter Transzendenz, also nach einem Überschreiten oder Durchbrechen der Grenzen zwischen Diesseits und Jenseits, artikuliert sich in Rom besonders in einer religiösen Wertschätzung von Träumen, der, laut Volksglauben, natürlichsten Form von Divination. Auch heute noch spielen Träume für Menschen eine wichtige Rolle; sie werden allerdings eher psychologisch gedeutet und sollen dem Träumenden Aufschluss über seine geistig-seelische oder körperliche Verfassung und persönliche Entwicklungsmöglichkeiten geben. Die Wahrsagungs- oder Weissagungskraft der Träume besteht nach diesem Verständnis darin, wahre Erkenntnisse über die eigene Lebenssituation zu gewinnen und aufschlussreiche Einsichten über sich selbst zu erlangen. Prophetische Träume, die das reale Leben vorhersagen oder verborgene Fakten aufdecken können, sind für die Parapsychologie ein interessantes Forschungsobjekt, spielen aber für die breite Bevölkerung heutzutage keine große Rolle. Das verhält sich in der Antike ganz anders.

Die frühesten Quellen für die sogenannte Oneiromantik finden sich um die Mitte des zweiten Jahrtausends v. C. Traumbilder und deren Interpretationen erfahren bereits im 18. Jahrhundert v. C. im alten Babylonien große Wertschätzung, ebenso in der ägyptischen Ramseszeit im 13. Jahrhundert v. C.

Der Ansicht, dass Träume göttliche Botschaften mit offenbarendem und zukunftsenthüllendem Charakter sein können, tritt in Rom von öffentlicher Seite keine Ablehnung entgegen; es scheint sich hier, ähnlich wie bei den Haushaltsorakeln, um ein Stück volkstümlichen Glaubens mit allgemeiner Akzeptanz zu handeln. Ein heute unbekannter, Plutarch noch vertrauter Historiker namens Promathion berichtet in seiner italischen Geschichte von vielen Wahrträumen aus Roms Urzeit. Faktisch sind Menschen aus allen Gesellschaftsschichten von der divinatorischen Bedeutung ihrer Träume überzeugt, ganz gleich, ob es sich um Sklaven, Bauern, Intellektuelle oder Kaiser handelt (7.1.). Für spontan empfangene Wahrsageträume und ihre Deutung gibt es viele historiographische Beispiele, in denen die Traumbilder berühmter Persönlichkeiten überliefert werden (7.2.). Doch auch in der Dichtung spielen divinatorische Träume und ihre Interpretation eine große Rolle (7.3.). Sowohl selbsternannte Profis als auch Amateure der Traumdeutung beziehen ihr Wissen aus einschlägiger Fachliteratur (7.4.). Neben den spontanen, natürlichen Träumen gibt es, wie bei den Prodigien, gezielt herbeigeführte Träume. Diese erhält man in der Regel beim Besuch einer offiziellen Traumorakelstätte (7.5.). Aufgrund des allgemeinen Glaubens an Traumbotschaften werden Träume natürlich auch gezielt zu politischen Zwecken benutzt (7.6.). Es gibt allerdings ebenso kritisch-rationale, skeptische Stimmen zu den Traumorakeln (7.7.).

II.7.1. Römischer Traumglaube

Nach der stoischen Lehre des Poseidonios, von der auch Cicero beeinflusst ist, kann die divinatorische Qualität des Traumes darauf zurückgeführt werden, dass die Seele, sobald sie sich im Schlaf vom Körper gelöst hat, in direkter Verbindung mit ihrer göttlichen Herkunftssphäre steht, einem geistigen Reich hinter der materiellen Welt, in dem unsichtbare Wirkkräfte den gesamten Kosmos ordnend durchwalten und alles miteinander verbinden. Die Seele als Teil des Numinosen könne daher im Schlafzustand Zukünftiges erkennen, sei unbewusst empfänglich für Botschaften von Gottheiten oder kommuniziere direkt mit Göttern und Geistern.

So sieht der Politiker Helvius Cinna z. B. die Ermordung Caesars im Traum voraus, genauso wie Calpurnia, die Ehefrau des Betroffenen – laut Plutarch habe Caesar, durch einen heftigen Windstoß, der Türen und Fenster seines Schlafgemaches aufgestoßen habe, erwacht, seine Frau im Schlafe sprechen und weinen hören: Denn sie habe in ihrem Traum ihren ermordeten Gatten betrauert. Laut Sueton träumt Caesar selbst, er fliege über den Himmel und reiche Jupiter die Hand – ein Hinweis auf seine bevorstehende Vergöttlichung. Den Warnungen seiner Frau und einiger Opferschauer zum Trotz läuft Caesar der feindlichen Verschwörung direkt ins Messer. Plautus nutzt vorhersagende Träume als häufiges Motiv in seinen Komödien. Plutarch erwähnt, dass die Leute auf Symposien von den Rednern besonders gern durch Traumberichte unterhalten werden.

Ein typisch römisches Traummotiv ist die Erscheinung eines Vorfahren, in der Traumwelt werden die Grenzen zum Jenseits durchbrochen. Dieses Element schlägt sich literarisch in Vergils *Aeneis* nieder: In Sizilien angekommen, leidet der trojanische Held nach Jahren der Irrungen und Wirrungen zu Lande und zu Meer unter Schwermut und wird von starken Zweifeln geplagt. Es will nicht so recht vorangehen mit seiner Mission, dabei soll er doch die Grundlagen für ein neues Weltreich legen.

Die Frauen zünden die Schiffe an, weil auch sie des Reisens überdrüssig sind, und ein Jahr zuvor hat Aeneas seinen Vater Anchises, eine beratende Instanz und moralische Stütze, verloren. Da erscheint dieser dem verzagten Sohn im Traum und fordert ihn auf, mit der Sibylle in die Unterwelt hinabzusteigen, um dort seinem Vater noch einmal persönlich zu begegnen und einen Blick auf die glänzende Zukunft Roms und damit auf den Zweck und das Endziel seiner Mission zu werfen. Während des Unterweltsganges des Aeneas beschreibt der Dichter, nach den Vorbildern Homers und Hesiods, eine unterirdische Traumwelt. Dabei weiß der Dichter mythisch-poetisch zwischen wahren, also wertvollen, und falschen, wertlosen Träumen zu unterscheiden: Im *vestibulum Orci*, im Vorhof der Unterwelt, haben sich die falschen Träume in der blätterreichen Krone einer riesenhaften Ulme eingenistet. Die wahren verlassen ihren Herkunftsort, die Unterwelt, durch ein Tor aus Horn, die falschen aber durch ein Tor aus Elfenbein. Der spöttische Satiriker Lukian ergänzt im zweiten Jahrhundert noch Tore aus Eisen und Tonziegel, aus denen die Alpträume kommen. Wenn sich der Dichter Statius allerdings wünscht, sein verstorbener Vater möchte ihm im Schlaf als ein Traumbild erscheinen, das seinen Weg durch die hörnerne Pforte gefunden habe, so bedeutet dies wohl eine ganz ernst gemeinte Sehnsucht nach einer realen Offenbarung aus dem Jenseits.

Dabei können die Wahrträume klare Botschaften enthalten oder verschlüsselt sein. Dann bedürfen sie einer oft komplizierten Dekodierung. Sie können auch schlicht das Gegenteil von dem bedeuten, was sie anzeigen. Dafür liefert der berühmte Briefautor Plinius der Jüngere einen Beleg: Vor einem schwierigen Prozess, den er gegen die mächtigsten Männer des Staates führen will, erscheint ihm im Traum seine Schwiegermutter und fleht ihn auf Knien an, nicht vor Gericht zu ziehen. Pflichtbewusst und mutig, wie er sich selbst gern inszeniert, führt Plinius dennoch den Prozess – und gewinnt. Tatsächlich werden Träume gern vor Gericht genutzt, um das Anliegen der eigenen Seite zu unterstützen. Im ersten Jahrhundert werden sie so inflationär verwendet, dass die starke manipulative Wirkung, die sie ursprünglich auf Richter auszuüben scheinen, sich allmählich ins Gegenteil verkehrt.

Natürlich ist nur den wenigsten Träumen von Menschen eine divinatorische Qualität beschieden. Der Wert eines Traumes wird in Abhängigkeit von vielen natürlichen Umständen gesehen, vor allem von der Zeit des Träumens und dem Zustand des Träumenden; demnach ist ein Traum, der mit dem ersten Schlaf, nach ausgiebigem Wein- und Speisegenuss, erscheint, nicht besonders ernst zu nehmen, da durch die Völlerei laut Sokrates der tierische, triebhafte Teil der menschlichen Seele aufgestachelt worden sei, der vernünftige, verständige Teil der Seele jedoch schlummere und entsprechend wirre Traumbilder den Geist heimsuchten. Träume können laut Plutarch durch physische und psychische Ursachen gestört sein; auch ein unsittlicher Lebenswandel könne dazugehören. Ebenso abergläubische Traumangst, durch welche Alpträume erst entstünden, wirke sich kontraproduktiv und verfälschend aufs gute und richtige Träumen aus. Im späten Herbst sollen Träume am wenigsten verlässlich sein, vielleicht durch die zunehmenden kalten Winde oder die veränderte Ernährung. Im Morgengrauen sei beim Schlafenden ein Zustand erreicht, in dem eine Empfänglichkeit für bedeutsame, von den Göttern gesandte Träume grundsätzlich angenommen werden könne. In diesem Sinne stellt bereits der Dichter Ennius fest: *Aliquot somnia vera, sed omnia non necesse est – Einige Träume sind wohl wahr, aber nicht alle.*

Den Menschen, die sich selten oder gar nicht an ihre Träume erinnern können, stehen einige Hilfsmittel zur Verfügung: Gewisse Steine wie das Ammonshorn, benannt nach dem ägyptischen Traumgott Ammon-Re, werden einfach unter das Kopfkissen gelegt, oft ist ein Zauberspruch oder ein Zauberbild in den Stein eingraviert. Zur Abwehr von schlechten Träumen, die von Hekate oder bösen Totengeistern ausgehen, sind, vergleichbar mit den heute verbreiteten Traumfängern schamanischer Herkunft, verschiedene Hausmittel bekannt: Dies können Körperteile von Tieren, bestimmte Pflanzen oder Steine sein, ebenso kleine Zauberstatuen und magische Zeichnungen; ein bewährtes Mittel scheint auch

Lilienöl zu sein, in dem ein Tier ertränkt worden ist; dahinter steht wohl die magische Vorstellung, dass die geistige Kraft des getöteten Lebewesens an die Flüssigkeit gebunden werde und diese somit zu Abwehrzwecken nutzbar sei.

In seinem religionskritischen Werk über die Weissagung lässt Cicero seinen Bruder Quintus als stoisch geprägten Befürworter des Traumorakels auftreten. Die Stoa geht davon aus, dass der von unsichtbaren Kräften geordnete und durchwaltete Kosmos die Wahrsagung im Schlaf ermöglicht. Quintus führt zwei ihm bekannte Wahrträume als Beleg dafür an: Nachdem ein gewisser Simonides für die Bestattung eines Unbekannten gesorgt hat, begegnet ihm der Tote im Traum, um ihn vor einem Schiffbruch zu warnen. Simonides verzichtet auf die Seefahrt, das Schiff, das er beinahe bestiegen hätte, geht unter. Nach dem zweiten Bericht übernachten zwei befreundete Reisende an unterschiedlichen Orten: Der eine bei einem Gastfreund, der andere in einer Herberge. Im ersten Tiefschlaf erscheint dem einen der andere im Traum und bittet ihn, er möge ihn vor dem Gastwirt retten, der es auf ihn abgesehen habe. Der mit Schrecken Erwachte sortiert seine Gedanken und legt sich in der Gewissheit, nur von einem Alptraum heimgesucht worden zu sein, wieder hin. Doch der Freund erscheint ihm ein zweites Mal im Schlaf. Diesmal berichtet er, der Gastwirt habe ihn umgebracht und auf einem Fuhrkarren unter einer Ladung Stroh versteckt, um ihn aus der Stadt zu fahren. Das Traumbild fordert den Schlafenden dazu auf, den Karren aufzuhalten, um das Verbrechen des Gastwirts aufzudecken. Der Träumer folgt der Aufforderung, und es stellt sich heraus, dass sich tatsächlich alles so zugetragen hat, wie es der ermordete Freund im Traum berichtet hat.

Diese Beispiele belegen, dass der Glaube an spontane Traumorakel in Rom verbreitet ist. Es gehört sogar zur Staatspflicht eines römischen Bürgers, Träume, die von Bedeutung für die öffentliche Ordnung sein könnten, an den Senat zu melden, ganz im Sinne des offiziellen Vorzeichenglaubens. Laut Cicero berichten sämtliche Historiker, dass 491 v. C. ein römischer Bürger ein wiederholtes Traumbild an den Senat gemeldet habe. Von einem Negativbeispiel bürgerlichen Pflichtgefühls berichtet Livius in seinem Geschichtswerk: Am Morgen vor dem Beginn der *ludi Romani*, der Römischen Spiele, zu Ehren des kapitolinischen Jupiter, treibt ein Mann seinen ins Gabelkreuz gesteckten Sklaven unter Schlägen durch den Circus. Die Leute sind zwar empört über diesen unwürdigen Akt vor dem feierlichen Festumzug, die Spiele beginnen aber dennoch. Einem Bürger namens Titus Latinius erscheint daraufhin im Traum der kapitolinische Jupiter. Der Gott teilt dem Träumenden seinen Unmut über die Störung der Spiele mit und befiehlt ihm, dem Senat zu melden, dass die Spiele wiederholt werden müssten. Der einfache Mann aus dem Volk traut sich jedoch nicht, an die hohen Beamten heranzutreten, und tut nichts. Darauf stirbt sein Sohn, und Jupiter erscheint ihm erneut ihm Schlaf, um ihn darauf hinzuweisen, dass dies eine Strafe für seinen Ungehorsam sei. Als der Schläfer noch immer nicht gehorcht, wird er krank. Als Gelähmter meldet er dann endlich seine Träume an den Senat. Danach gesundet er spontan, und der Staat wiederholt die Spiele. Diese Geschichte dürfte ein verbreitetes Muster des römischen Volksglaubens spiegeln.

II.7.2. Träume in der Geschichtsschreibung

Ein Vorbild für die divinatorische Traumauffassung einfacher Leute sind stets prominente Träumer, deren Schlafgesichte der römischen Bevölkerung vor allem durch die Historiker vermittelt werden.

Im Jahre 340 v. C., während eines Krieges Roms gegen die Latiner, erscheint beiden amtierenden Konsuln im Traum eine riesenhafte würdevolle Gestalt, die ihnen ankündigt, dass diejenige Seite den Sieg davontragen werde, deren Feldherr sich in der Schlacht opfern würde. Die zwei Konsuln einigen sich darauf, dass derjenige von ihnen, dessen Heeresflügel vor den Latinern zuerst zurückweichen müsse, sich opfern solle. So geschieht es: Der Konsul Decius greift allein die vorrückenden

Feinde an und wird tödlich verwundet; aber das Heer der Latiner stiebt verwirrt auseinander und wird besiegt; der Konsul geht in die römische Geschichte ein.

Der Historiker Coelius Antipater (ca. 180–120 v. C.) berichtet in seiner nur fragmentarisch erhaltenen Monographie über den Zweiten Punischen Krieg von zwei schicksalhaften Träumen Hannibals: Dieser plündert bei Krates das Heiligtum der Juno Lucinia. Die Göttin erscheint ihm daraufhin im Traum und droht ihm völlige Blindheit an. Hannibal lenkt ein. Nach der Eroberung von Sagunt sieht sich der Feldherr im Traum in die olympische Götterversammlung versetzt; Jupiter höchstpersönlich empfängt ihn. Er rät ihm, Italien zu überfallen, verbietet ihm jedoch, sich auf seinem Kriegszug durch Italien umzuschauen. Sofort steht Hannibal in Italien und marschiert im Eiltempo auf Rom zu. Er kann der Versuchung sich umzusehen jedoch nicht widerstehen. Als er zurückschaut, lähmt ihn das Entsetzen: Hinter ihm bahnt sich ein grässliches riesiges Ungeheuer seinen Weg durch die norditalische Landschaft und zermalmt alles, was ihm in die Quere kommt. Hannibal erwacht schweißgebadet und begreift, dass dieses Monstrum für die Verwüstung Italiens und die Vernichtung des Römischen Reiches steht – kurz, für das, was er, der karthagische Feldherr, den vor Panik und Grausen erstarrten Römern zu bringen droht. Doch da Hannibal im Traum genau das getan hat, wovor Jupiter ihn ausdrücklich gewarnt hat, nämlich, sich umzusehen, kann der Träumende bereits erahnen, dass sein Kriegszug letztlich nicht zur Vernichtung des römischen Gegners führen wird. Antipater greift in dieser Darstellung auf psychologisch interessante Weise das historische Trauma seiner römischen Zeitgenossen auf: Der schreckliche Hannibal, zunächst scheinbar durch Jupiter, den höchsten Gott persönlich, dazu ermächtigt, Rom zu besiegen, bringt seine Erfolgsserie schließlich doch nicht zu Ende, bleibt vor den Toren Roms stehen, geht nicht den letzten, vernichtenden Schritt – weil er möglicherweise Angst vor seiner eigenen Macht, seiner eigenen Courage bekommen hat? ... so kann man den Schrecken, der Hannibal im Traum vor dem hinter ihm herziehenden

Ungetüm erfasst, zumindest deuten ... oder schlicht, weil Hannibal weiß, dass er im Traum die Weisung Jupiters nicht konsequent befolgt hat und daher den letzten Sieg unmöglich erringen kann bzw. darf? Durch diesen Traum jedenfalls gelingt es Antipater, Hannibal als einen einerseits von Jupiter begünstigten Feldherrn – wie sonst wären seine Erfolge zu erklären? –, andererseits als einen nicht ausreichend frommen und zu wenig geradlinigen, ängstlichen Menschen zu charakterisieren. Zu diesem Bild passt der historische Verzicht Hannibals auf die Eroberung Roms zugunsten eines eher ziellos wirkenden Marodierens um die Hauptstadt herum, das vielen Römern Rätsel aufgibt. Heutige Forscher sind der Meinung, dass diese scheinbare Ziellosigkeit und Unentschlossenheit Hannibals in Wahrheit mit einem Masterplan und einer eher noblen Gesinnung des siegreichen Feldherrn in Zusammenhang stehen: Hannibals Ziel ist nicht die völlige Vernichtung Roms, vor allem nicht die Zerstörung und Unterjochung der römischen Hauptstadt und ihrer Bürger; er will das Römische Reich in dessen Allmachtsphantasien und maßlosen Ausdehnungsbestrebungen lediglich zügeln und auf Normalgröße zurechtstutzen. Daher greift er Italien an, um die römische Bundesgenossenschaft, zu der eine Vielzahl italischer Stämme gehört, zu entzweien und das System Rom zu schwächen. Leider dankt ihm das Römische Imperium diese Nachsicht gegenüber der Hauptstadt nicht: Am Ende des Dritten Punischen Krieges wird Karthago von den Römern dem Erdboden gleichgemacht und Salz wird auf dem Boden der ehemaligen Stadt ausgestreut, um den Äckern für Jahrhunderte ihre Fruchtbarkeit zu nehmen und jegliche Grundlage für einen Wiederaufbau Karthagos zu zerstören.

Der politische Reformer Gaius Gracchus, der ungefähr zehn Jahre nach seinem Bruder Tiberius Gracchus dessen Nachfolger als Volkstribun werden will, erfährt in einem Traum, dass ihm nicht nur dasselbe Amt, sondern auch dasselbe gewaltsame Ende beschieden sei.

Im Jahr 9 n. C. werden im Teutoburger Wald drei römische Legionen unter der Führung des Varus von dem Cherusker Arminius aus einem

Hinterhalt angegriffen und vernichtet. Sechs Jahre später wird der Angreifer von einem gewissen A. Caecina Severus besiegt. Die unheimliche fremde Landschaft und der gefährliche, unberechenbare Feind aus den dunklen Wäldern bereiten dem Römer jedoch Alpträume: Er beobachtet, wie sich der getötete, blutverschmierte Varus aus dem sumpfigen Morast erhebt und ihm seine Hand entgegenstreckt. Ein Hilferuf? Eine Bekundung der Brüderlichkeit? Der traumgläubige Römer sieht in der nächtlichen Erscheinung mehr als einen Alptraum: Varus scheint ihn rufen zu wollen, und würde er die Hand des Dahingemetzelten ergreifen, zöge dieser ihn mit sich hinab in die Tiefe. Deshalb hat er im Schlaf genug Verstand – oder Furcht, die Geste des Varus zurückzuweisen. Caecina erwacht. Nachdem er Arminius besiegt hat, ist er ganz sicher: Varus im Traum nicht die Hand gereicht zu haben, hat ihm angezeigt, möglicherweise auch garantiert, dass er nicht wie Varus enden, sondern dessen Tod rächen werde.

Besonders den Kaisern wird im ersten Jahrhundert eine rege Traumtätigkeit oder eine besondere Empfänglichkeit für fremde Traumbotschaften zugeschrieben. Der grausame Kaiser Caligula z. B. träumt, dass er neben einer Kolossalstatue des kapitolinischen Jupiters stehe. Dieser schnippe ihn jedoch mit dem rechten großen Zeh davon, als sei er eine Fliege – ein Traumbild, das dem größenwahnsinnigen Herrscher, der sich selbst mit dem Göttervater auf eine Stufe stellt, das nahe Ende seiner Herrschaft ankündigt. Sein Nachfolger Claudius lässt aufgrund fremder Träume, in denen bestimmte Personen ihm nach dem Leben trachten, die entsprechenden Personen hinrichten, ohne auch nur einen Moment zu zögern oder die möglichen Motive der angeblichen Traumempfänger zu hinterfragen. Nach der Ermordung seiner herrschsüchtigen Mutter Agrippina wird Kaiser Nero für den Rest seines Lebens von Alpträumen geplagt, in denen ihn der schattenhafte Geist seiner Mutter und die Furien, die wilden Rachegöttinnen, mit Fackeln und Peitschen verfolgen; seine Gattin Octavia zieht ihn in die Unterwelt hinab, die Statuen der besiegten Völker am Pompeiustheater versperren ihm den Weg und kesseln ihn ein; er lenkt ein Schiff und jemand entreißt ihm das Steuerrad – alles Traumbilder, die auf das nahende und gewaltsame Ende seiner Regierung hinweisen. Sein Nachfolger Galba will die tuskulanische Fortuna mit einem Halsschmuck ehren. Spontan entscheidet er sich jedoch, das kostbare Geschmeide der kapitolinischen Venus zu schenken. In der folgenden Nacht erscheint ihm im Traum die geschmähte Fortuna und verkündet, auch ihm werde ein Geschenk, das er von ihr erhalten habe, wieder genommen. Damit ist die Herrschaft gemeint, die Galba tatsächlich kurz darauf mit seinem Leben verliert.

Eine weitere Anekdote über Kaiser Nero belegt, wie leicht der Glaube an Wahrträume menschliches Handeln bewegen und Erwartungen enttäuschen kann: Ein Punier namens Caesellius Bassus, der wegen einer Traumvision nach Rom kommt, behauptet, niemals falsche Träume gehabt zu haben. Naiv, wie er zu sein scheint, verspricht er dem leichtgläubigen Kaiser Nero, er könne diesem aufgrund eines Traumes die verschollenen Schätze der karthagischen Königin Dido verschaffen; sie seien nämlich auf seinem afrikanischen Grundstück vergraben und müssten dort nur gehoben werden. Nero geht interessiert auf das aufwändige Unternehmen ein. Aber die Ankündigung des punischen Träumers erfüllt sich nicht. Zur Entschädigung lässt Nero den Besitz des Caesellius konfiszieren; dieser selbst begeht möglicherweise Suizid.

Plutarch ist ein Meister in der Charakterisierung historischer Personen und ihrer Biographien durch Träume: Gut 50 Traumgesichte sind bei ihm zu finden. Sulla stellt er als größtes Vorbild für den Traumglauben dar, indem er ihn seinem jungen Freund Lucullus den Rat erteilen lässt, nichts sei so verlässlich wie die Hinweise, die den Menschen von den Göttern im Traum gegeben würden. Plutarch selbst wird laut Artemidorus in zwei Träumen auf seinen eigenen Tod vorbereitet: Zuerst träumt er von Hermes geführt in den Himmel aufzusteigen; dann erfährt er, in einem zweiten Traum in der folgenden Nacht, die Deutung des ersten Gesichtes, nämlich, dass er zu den Glückseligen gehören werde.

Der Rhetorikkünstler Lukian schildert in seinem autobiographischen Werk *Über den Traum*, wie er als Jugendlicher einen Berufungstraum hat, der ihn, nach dem Vorbild der berühmten Allegorie des *Herkules am Scheideweg*, zwischen zwei Frauengestalten stellt, die um ihn streiten und versuchen, ihn auf ihre jeweilige Seite zu ziehen; die eine Frau steht für die Bildhauerkunst, ein mühsames und wenig geachtetes Handwerk, das der junge Lukian nach der Familientradition erlernen soll, die andere für die Bildung, die dem Jungen einen Weg in Freiheit, Tugendhaftigkeit, Ruhm und Ehre ebnen kann. In einer flammenden Rede, die bis heute nichts von ihrer überzeugenden Kraft und ihrem sprachlichen Glanz verloren hat, versucht die Bildung den Jungen von ihrem Weg zu überzeugen. Natürlich entscheidet sich Lukian für sie. Er erzählt von diesem Traum, nachdem er als ein berühmter und hoch angesehener Mann in seine Heimatstadt zurückgekehrt ist und sich die Prophezeiungen der zweiten Frau für alle sichtbar an ihm erfüllt haben; er richtet sich mit der Beschreibung seines Traumbildes an die Jugendlichen, um diese ebenfalls zur Bildung zu ermutigen. Lukian nimmt an, dass nicht zuletzt die Schläge, die er als Jugendlicher an seinem ersten Ausbildungstag in der Bildhauerlehre empfangen hat, diesen Traum in seinem Geist angestoßen haben.

II.7.3. Träume in der Dichtung

Neben den historiographischen Traumberichten, die zur Charakterisierung prominenter Träumer in biographische Darstellungen eingeflochten werden, sind Träume oft künstlerische Darstellungsmittel in der Dichtung. Die griechische Literatur ist auch hier wieder Vorbild: Bei Homer z. B. erscheint der gefallene Patroklos dem Achilles im Traum. Der römische Dichter Ennius wiederum erfährt in einer Traumerscheinung des Homer, dass er dessen Wiedergeburt sei – gewiss ein angenehmer Werbeeffekt für den römischen Poeten. Interessanter Weise müsste man, wenn man in diesem Fall wirklich an eine Wiedergeburt glaubte, annehmen, die Seele Homers, die ja mit der Seele Ennius übereinstimmte, habe in einem Wahrtraum zu sich selbst gesprochen.

Die römische Dichtung bietet dem Leser eine wahre Fülle prophetischer Träume. Auch wenn die in diesem Zusammenhang überlieferten Traumbilder in der Regel fiktiv sind und schon von den römischen Lesern als Phantasieprodukte behandelt werden, so kann in der künstlerischen Verarbeitung von Traummotiven und vom Umgang mit diesen doch ein Spiegel realer gesellschaftlicher Vorstellungen und Konventionen gesehen werden. Und wenn man bedenkt, dass der Dichter nach römischem Verständnis immer auch ein Seher ist, der von höheren Mächten inspiriert schreibt, dann können gerade die fantastischen Traumdarstellungen der Poeten als besondere Offenbarungstexte der Gottheiten verstanden werden.

Roms siebtem und letztem König, Tarquinius Superbus, wird vom Tragödiendichter Accius folgender Traum zugeschrieben: Ein Hirte treibt ihm eine Herde auffallend schöner Schafe zu. Der König wählt ein Zwillingspaar von Widdern aus und opfert das schönste der zwei Tiere auf dem Altar. Daraufhin greift ihn der übriggebliebene Bock an und stößt ihn zu Boden. Auf dem Rücken liegend blickt Tarquinius in den Himmel und sieht, wie die Sonne sich auf einer neuen Bahn voran bewegt. Der Traum wird so gedeutet: Der aggressive Bock steht für einen vom König geistig unterschätzten Mann, der ihn vom Thron stoßen wird. Die Sonne auf der neuen Bahn prophezeit einen positiven politischen Wandel für das römische Volk. Der Umstürzler ist der berühmte Königsneffe Brutus, der sich dumm gestellt hat, um den politischen Morden seines Onkels zu entgehen.

Der Dichter Vergil baut in sein Nationalepos mehrere schicksalhafte Träume ein: Als die Griechen aus dem berüchtigten hölzernen Pferd klettern und die Trojaner arglos schlafen, erscheint dem Trojaner Aeneas im Traum der gefallene Hektor als schreckliche Trauergestalt – sein Leichnam wurde von Achilles um die Stadt geschleift und sieht dementsprechend mitgenommen aus. Der Held fordert Aeneas zur Flucht auf. Der vorbildhafte Aeneas folgt dieser Aufforderung, indem er seinen Vater Anchises auf die Schultern, seinen Sohn Julus an die Hand nimmt und die Penaten, kleine Statuen der Hausgötter, auf dem Arm aus der eroberten Stadt davonträgt. Auf Kreta erscheinen ihm dann die Hausgötter im Schlaf: Sie erwachen im Traum zum Leben und offenbaren ihm, dass nicht Kreta, sondern Italien das Ziel seiner Bestimmung sei. Auf Sizilien erscheint ihm sein inzwischen verstorbener Vater Anchises im Traum, um ihm Mut zu machen und ihn zur weiteren Befolgung seiner Schicksalsmission anzutreiben. Als Aeneas im italischen Latium ankommt, versteht er sich mit König Latinus und dessen Tochter Lavinia ausgesprochen gut – zum Leidwesen des Rutulerfürsten Turnus, der als Schwiegersohn des Königs vorgesehen ist. Im Traum erscheint dem gehörnten Turnus die Furie Allecto; sie stachelt ihn zuerst in Gestalt einer Juno-Priesterin gegen die Trojaner auf. Er solle nicht tatenlos zusehen, wie die Migranten ihm seine zukünftige Frau und das Königreich des Latinus wegnähmen. Doch Turnus nimmt die alte Frau nicht ernst und meint, sich auf Juno, die er als Feindin der Trojaner auf seiner Seite weiß, verlassen zu können. Sie werde schon dafür sorgen, dass es nicht so weit komme. Da offenbart sich ihm Allecto in ihrer wahren, furchterregenden Gestalt; sie herrscht ihn an, er müsse kämpfen, und stößt ihm eine brennende Fackel in die Brust. Aus dem Alptraum erwacht ist Turnus der Hass auf die Trojaner ins Herz gepflanzt; er sucht nach dem Dolch, mit dem er Aeneas töten will.

Tatsächlich endet der Krieg zwischen Turnus und Aeneas damit, dass der – bis dahin immer friedfertige und gnädige – Trojaner dem schon besiegt am Boden liegenden Rutulerfürsten unnötigerweise den Dolch in die Brust bohrt – eine Wiederaufnahme des symbolischen Traumgeschehens: Der in die Brust gepflanzte Hass kann nur durch den Stoß des feindlichen Messers wieder ausgelöscht werden. Dem Aeneas hingegen erscheint im Traum Tiberinus, die göttliche Personfikation des Tiber, als gütiger, bärtiger alter Mann, um den Helden zu ermutigen, seine Mission zu vollenden. Er sagt Aeneas voraus, dass in 30 Jahren sein Nachkomme Ascanius die Stadt Alba Longa, den Vorläufer Roms, gründen werde, und fordert den Trojaner zum Bündnis mit dem Arkaderfürsten Euander auf dem Aventinischen Hügel auf; er verrät Aeneas auch, dass die zornige Juno sich milde stimmen lassen werde. Als Zeichen für die Wahrheit seines Traumgesichtes erblickt Aeneas eine weiße Wildsau mit dreißig Jungen, die er sogleich der Juno zum Opfer bringt.

In seinem düsteren Bürgerkriegsepos *Pharsalia* erzählt Lukan, wie Pompeius vor der entscheidenden Schlacht gegen Caesar von einem Alptraum heimgesucht wird: Im Schlaf erscheint ihm Julia, seine verstorbene Frau und Caesars Tochter. Sie weist ihn wegen des Krieges zwischen ihm und ihrem Vater zurecht und lässt verlauten, dass in der Unterwelt bereits hektisches Treiben herrsche, weil die Vorbereitungen für so viele Tote getroffen werden müssten. Ferner klagt sie über Cornelia, die neue Frau des Pompeius, die ihn nur ins Unglück stürze, und sie schwört, dass sie ihn jede Nacht in Alpträumen verfolgen werde. Pompeius erwacht schweißgebadet – und tut den Alptraum als nichtiges Trugbild ab ... zu seinem Leidwesen, wie jeder römische Leser weiß. Doch auch den Bürgerkriegssieger Caesar verschont Lukan in seinem Epos nicht vor dem Alpdruck: Nach dem Sieg in Pharsalos 48 v. C. rauben Caesars Soldaten die Leichname der gefallenen Feinde aus. In der Nacht werden sie dafür von der lebhaften Erinnerung an das Kampfgetümmel gequält. Die erschlagenen Feinde, selbst römische Bürger, stellen sich ihnen entgegen, ihre eigenen Brüder und Väter klagen sie an. Caesar persönlich findet sich im Schlaf von der versammelten Unterwelt umringt und wird von sämtlichen Monstern des Hades ausgepeitscht – was seinen Charakter allerdings nicht zu brechen vermag; eine Stelle, an der mehr als deutlich wird, dass der Dichter keine besondere Sympathie für Caesar aufbringt.

Properz erzählt in mehreren Träumen von seinen Liebesnöten. So erscheint ihm z. B. seine verstorbene Geliebte, um ihn zu trösten. Ovid schildert in einem seiner Liebesgedichte einen Traum, den er einem *augur imaginis noctis*, einem Deuter nächtlichen Bildes, zur Interpretation übergibt: In einer idyllischen Hirtenlandschaft beobachtet das lyrische Ich, ermattet von der brütenden Mittagshitze, eine schöne, blendend weiße Kuh und ihren Gefährten, einen Stier. Als dieser einschläft, setzt sich eine Krähe auf die Brust der Kuh und rupft ihr ein Stück Fell heraus, sodass ein dunkler Fleck auf ihrer weißen Brust zurückbleibt. Darauf verlässt die Kuh die Szenerie, um sich einer Gruppe grasender Stiere in der Ferne anzuschließen. Der Traumdeuter legt das Traumgesicht folgendermaßen aus: Der Träumende ist der Stier, die überwältigende Hitze steht für die Liebe, die der Mann für eine bestimmte Frau empfindet. Die weiße Kuh symbolisiert seine Geliebte. Die Krähe verweist auf eine alte Kupplerin, die den Sinn der Frau manipuliert, sodass diese sich anderen Liebhabern zuwendet – angedeutet durch die Gruppe Stiere in der Ferne. Natürlich bedeutet diese Traumauslegung für den – im wahrsten Sinne des Wortes – gehörnten Liebhaber einen Schock. Obgleich es sich um ein Liebesgedicht handelt, könnte die professionelle Interpretation eines Traumes im realen Leben genauso aussehen.

II.7.4. Traumhandbücher

Neben den poetisch verarbeiteten Traummotiven ist in Rom eine analytische, wissenschaftliche Traumliteratur verbreitet, die dem Privatbürger zum Nachschlagen der Bedeutung bestimmter Traumbilder dient, vor allem jedoch als Arbeitswerkzeug professioneller bzw. selbsternannter Traumdeuter fungiert. Erhalten ist ein Traumlexikon aus dem zweiten Jahrhundert, das der griechische Traumexperte Artemidorus nach eigenen Angaben auf den Wunsch Apollos verfasst. Sein Werk umfasst nahezu 1400 Traumbilder und 3000 verschiedene Interpretationen, thematisch geordnet nach Körperteilen, Lebensmitteln und Alltagsbeschäftigungen. Der Autor weist darauf hin, dass es keine pauschale Deutung eines Traummotivs gebe, sondern dass Charakter, seelische Verfassung und aktuelle Lebensumstände eines

Träumenden ebenso wie gesellschaftliches Umfeld und kulturelle Prägung berücksichtigt werden müssten und jedes Detail eines Traumes eine wichtige Rolle spiele, weshalb ganz genau auf die Einzelheiten eines Traumgeschehens geachtet werden müsse, wolle man einen Traum korrekt auslegen. Daher können überlieferte Auslegungsregeln und Traummotivdeutungen auch nur bedingt bei der Interpretation eines Traumes helfen.
Artemidorus spricht sich explizit dagegen aus, auf die Schnelle den Rat eines Traumdeuters einzuholen, der sich mit flüchtigen und bruchstückhaften Informationen über einen Traum zufriedengibt. Auf diese Weise könne die Traumdeutung nicht als seriöses Handwerk betrieben werden. Neben profunden Fachkenntnissen, die durch Handbücher zu erwerben sind, Berufserfahrung, guter Allgemeinbildung und einer gewissen Kombinationsfähigkeit benötigt der vertrauenswürdige Traumdeuter eine besondere Begabung, eine intuitive Veranlagung zur richtigen Auslegung jenseitiger Botschaften. Mit seiner skrupulösen, auf einen hohen wissenschaftlichen Anspruch gegründeten Berufsehre beeindruckt der antike Autor im 20. Jahrhundert sogar den Tiefenpsychologen Sigmund Freud.

Kommt ein Klient zu ihm, müsse der Traumdeuter zunächst unterscheiden, ob es sich um einen Traum mit divinatorischem Potenzial oder um einen gewöhnlichen Traum handelt. Allein dies ist sicherlich eine nicht leichte Aufgabe und erfordert einen kompetenten und erfahrenen Traumkenner. Wird der Traum als bedeutungsvoll beurteilt, stellt sich im nächsten Schritt die Frage, ob es sich bei ihm um einen theorematischen, d. h. unverschlüsselten Traum mit direkter und klarer Botschaft, oder um einen allegorischen, d. h. verschlüsselten Traum mit einer symbolisch-bildhaften Aussage, handelt. Die zweite Art von Träumen ist die häufigste und stellt für den Traumdeuter die größte Herausforderung dar. Denn die allegorischen Träume müssen richtig dekodiert werden. Bei ihnen unterscheidet Artemidorus fünf Traumklassen: Erstens persönliche Träume, deren Botschaft nur für den Träumenden von Bedeutung sei, zweitens fremde Träume, in denen einem Träumer Informationen für eine ihm vertraute Person gegeben würden, drittens allgemeine Träume, die sich auf das erweiterte Umfeld des Träumenden bezögen, viertens politische Träume, die staatsrelevant seien und unbedingt an einen höheren Beamten gemeldet werden müssten, und fünftens kosmische Träume, von welchen die ganze Welt betroffen sei. Meistens handelt es sich jedoch um persönliche Träume. Hier beginnt die Hauptarbeit des Traumdeuters: Er muss unter Berücksichtigung sämtlicher oben genannter Faktoren versuchen, die divinatorische Aussage des Traumgebildes herauszuarbeiten.

Ohne Frage liefert Artemidorus mit seinem ausführlichen und genauen Handbuch nicht nur interessante Einblicke in die antiken Lebensverhältnisse und geistigen Auffassungen, sondern er legt auch eine Grundlage für die moderne, psychologische Traumforschung. Nach vier Büchern mit kategorisierten Traumbildern fügt Artemidorus ein fünftes Buch hinzu, das sich an seinen Sohn als den Nachfolger seines Geschäftes wendet und Fallbeispiele für korrekt ausgedeutete Traumvorhersagen auflistet. Einige Beispiele seien hier genannt.

So träumt ein Mann, sein Sklave habe sich in eine Laterne verwandelt. Kurz darauf erblindet der Träumer und der Sklave, von dem er geträumt hat, führt ihn fortan durch den für ihn nun dunkel gewordenen Alltag. Ein anderer erfährt im Traum, wie eine Lanze vom Himmel fällt und seinen Fuß durchbohrt. Ein wenig später wird er in der Realität an ebendieser Stelle, die im Traum durchbohrt wurde, von einer Lanzenschlange gebissen. Ein Dritter verspricht dem Heilgott Asklepios einen Hahn als Opfergabe, sofern der Gott ihn im nächsten Jahr vor Krankheiten verschone. Am folgenden Tag will er dem Gott noch einen weiteren Hahn weihen, wenn Asklepios ihn vor einer schlimmen Augenentzündung bewahre. Darauf erscheint ihm Asklepios im Traum und sagt, dass ihm ein Opfer genüge. Der Bittsteller erkrankt an einer Augenentzündung, bleibt aber vor anderen Leiden verschont. Ein Sportler träumt, ihm sei nach einer Selbstkastration der Siegeskranz verliehen worden. Tatsächlich feiert er großartige Erfolge im Sport, solange er sich von Frauen fernhält. Als er sich aber auf eine Liebesbeziehung einlässt, verliert er.

II.7.5. Die Tempelinkubation

In der praktischen Frömmigkeit des Volkes spielt die Tempelinkubation eine Rolle. Dabei sucht der Gläubige im Schlaf die Nähe der Gottheit, von der er sich im Traum eine Offenbarung, die Beantwortung einer Frage erhofft. Es geht also um eine gezielte Herbeiführung wahrsagerischer Träume. Dieses Ziel kann der Gläubige grundsätzlich durch den Schlaf im Tempel seines Lieblingsgottes verfolgen, allerdings ist unklar, inwieweit diese Möglichkeit tatsächlich jedem römischen Bürger freisteht, ohne dass dadurch öffentliches Ärgernis erregt wird. Von großen Römern werden entsprechende Tempelschlaferlebnisse erzählt. Ein zur Zeit des Komödiendichters Plautus für Traumoffenbarungen sehr beliebter Tempel ist der des Jupiter Capitolinus.

Für den gewöhnlichen Bürger dienen zur Traumoffenbarung spezielle, mit Schlafmöglichkeiten ausgestattete Heiligtümer. Man kann sie sich elementar in Form eines Tempels oder eines höhlenartigen Ortes vorstellen, den der Besucher, der Inkubant, barfuß betritt, um sich in der Nähe der Gottheit zum Schlafen auf die Erde zu legen. Durch den direkten Kontakt zum Erdboden wird eine starke Nähe zu den chtonischen, also den Erd- oder Unterweltsgöttern, geschaffen, die ja durch ihre Verbundenheit mit der Unterwelt und damit dem Totenreich besondere divinatorische Kräfte innehaben. Ovid und Vergil erwähnen ein Traumorakel bei Rom, das dem Gott Faunus geweiht ist. Berühmt ist die von Vergil inszenierte Traumbefragung des Gottes Faunus durch den legendären König Numa: In einem Heiligtum bei Albunae sucht nicht nur der Inkubant die Erdnähe, sondern auch der Tempelpriester liegt auf dem Widderfell eines Opfertieres auf dem Boden. Er soll wohl dem eigentlichen

Inkubanten als Ausleger der gesehenen Traumbilder dienen. Der Opferwidder muss zuvor gekauft werden. Möglicherweise gibt es an bestimmten Orakelstätten bestimmte rituelle Vorschriften, z. B. Fasten über einen gewissen Zeitraum vor der Konsultation des Traumorakels, und Lustrationshandlungen am Kultort, sodass die Traumdivination fest in einen kultischen Kontext eingebunden ist, der durch religiöse Experten kontrolliert wird. Es ist fraglich, wie viele solcher allgemeinen Traumorakelorte um die Zeitenwende noch existieren.

Repräsentativ für die römischen Inkubationsorakel sind vor allem die Heilstätten des Gottes Aesculap, der in Rom auf der Tiberinsel residiert. Dort suchen Kranke Träume zu erlangen, in denen der Gott ihnen erscheint, um sie spontan zu heilen oder ihnen Rezepte zu verordnen. Dass Träume und Heilmedizin in einem engen Zusammenhang stehen können, wird auch daran deutlich, dass der berühmteste Arzt der Antike, Galenus, seine Berufung in einem Traum erhalten haben will. Als bekanntester Hypochonder der Antike ist ein gewisser Aelius Aristeides aus dem zweiten Jahrhundert in die Geschichte eingegangen: Er hat in seinem Werk *Die Heiligen Berichte* über seine diversen Krankheiten und Genesungen genauestens Buch geführt. Die Texte gelten deshalb als heilig, weil ihr Verfasser ein unerschütterliches Vertrauen auf die göttlichen Heilträume und den dahinterstehenden Gott Aesculap hat. Teilweise leiten ihn dessen Traumerscheinungen über Monate hinweg zu medizinischen Handlungen an, im Zweifel zieht Aristeides dem Rat der Ärzte die Anweisung der Gottheit vor. Aristeides wird aufgrund seiner ungewöhnlichen Frömmigkeit zum immer wieder geheilten Heiligen des Gottes Aesculap. Der Gott erscheint dem Träumenden in der Gestalt eines gütigen, mittelalten Mannes mit braunem Bart, der oft von seinen heiligen Tieren, einem Hund oder einer Schlange, begleitet wird. Diese können kranke Körperteile eines Menschen gesund lecken – ein Traumbild, mit dem oft Spontanheilungen erklärt werden, die sich bei Kranken nach einer Übernachtung im Heiltempel einstellen. Häufig erteilt der Gott dem

Patienten medizinische Anweisungen, die sich auf einen längeren Behandlungszeitraum erstrecken.

Diese Hinweise erfolgen in einer klaren, einfachen Sprache, an der nicht herumzudeuteln ist. Der Reiseschriftsteller Pausanias, der das Heiligtum des Aesculap beschreibt, bezeugt diverse Stelen mit Inschriften, auf denen ausgewählte Heilungserfolge für alle Besucher ausgestellt werden. Sie beinhalten Namen, Diagnose und Heilmittel. Vermutlich haben die Priester des Heiligtums diese Kompilation bereits im vierten Jahrhundert v. C. erstellt. Im Jahr 1883 sind vier solcher Stelen von Archäologen ausgegraben worden, zwei davon unbeschädigt. Man kann dort lesen, dass einem Heraieus von Mytilene, der einen gewaltigen Kinnbart hat, sich aber für seinen Kahlkopf schämt, nach einer im Traum erlebten Kopfsalbung durch den Gott die Haare wieder sprießen. Eine Frau namens Arate sucht stellvertretend für ihre wassersüchtige Tochter den Tempel auf. Sie träumt, der Gott nehme ihrer Tochter den Kopf ab und hänge sie mit den Füßen nach oben an der Decke auf, um das Wasser aus ihrem Rumpf auslaufen zu lassen. Danach montiert er den Kopf wieder an den Körper. Als die Frau nach Hause zurückkehrt, ist das Mädchen geheilt. Des Weiteren werden Verlauste von ihren Plagegeistern befreit, Unfruchtbare empfangen Kinder, Blinde sehen, Lahme gehen. Skeptiker oder Spötter werden in ihren Träumen vom Heilgott selbst mit sanftem Nachdruck von ihrem Irrtum überzeugt. Im Großen und Ganzen finden sich nachvollziehbare, mit psychosomatischen Reaktionen erklärbare Heilungserfolge auf den Tafeln, aber auch einige kuriose, teilweise unglaubwürdige. Eine gewisse Aristagora wird im Traum von den Söhnen des Aesculap behandelt, da der Vater gerade nicht anwesend ist. Die Söhne nehmen der Kranken irrtümlicherweise den Kopf ab, wissen dann aber nicht mehr weiter und schicken nach ihrem Vater. So weit, so glaubwürdig, soweit sich alles auf einer Traumebene abspielt. Dann wird jedoch berichtet, ein Priester habe am folgenden Morgen im Wachzustand die Frau ohne Kopf gesehen. Er muss sich nicht weiter darum gekümmert haben, denn in der nächsten Nacht träumt die Frau, Aesculap komme zu ihr und setze ihr den Kopf wieder zwischen die Schultern. Am Ende kehrt die Patientin geheilt nach Hause zurück.

Plautus verballhornt die Tempelinkubation in seiner Komödie *Curculio*: Ein Kranker träumt, dass der Heilgott Aesculap sich bei ihm nur in der Ferne blicken lasse – kein gutes Traumbild, für dessen Deutung der arme Kranke dann verzweifelt einen Interpreten sucht. Ein Sklave, der sich zunächst großspurig als Divinationsmeister ausgibt, verweist diesen schwierigen Fall nach eigenem Scheitern an einen hauptberuflichen Koch, der dann letztlich nur zu sagen weiß, dass der Gott schon wisse, was er tue. Dieser komödiantische Text steht mit der hilflosen Reaktion des Kranken der allenthalben bezeugten Einfachheit der von Aesculap vermittelten Traumbotschaften entgegen. Vielleicht treibt Plautus einfach nur Schabernack mit dem allgemeinen Trend der Heilinkubation. Er könnte allerdings auch andeuten, dass nicht jeder Besucher eines Inkubationsorakels auch automatisch die kultorteigenen Priester zur Beratung hinzuzieht und sich stattdessen an einen einfachen, großspurigen Sklaven wendet – möglicherweise, weil das nötige Geld für eine professionelle Beratung fehlt.

II.7.6. Träume als Propagandamittel

Die Großen und Mächtigen lassen sich seit jeher gern mit bedeutungsvollen Träumen in Verbindung bringen. So hat der junge Caesar als Quästor im spanischen Gades einen Traum, der ihn zutiefst verstört: Er vollzieht gewaltsam den Beischlaf mit seiner Mutter. Die Lebensumstände, in denen ihn dieser Traum ereilt, sind die eines Zweifelnden und Suchenden: Nachdem er in einem Herkules-Tempel eine Statue Alexanders des Großen betrachtet hat, befällt ihn das Gefühl eines schwer gekränkten Egos, weil er in einem Alter, in dem Alexander bereits die ganze Welt erobert habe, noch nichts Großes erreicht habe. Der Inzesttraum soll laut Caesars Traumauslegern nun bedeuten, dass er, nach dem Vorbild Alexanders, die Mutter Erde, also die gesamte Welt, unterwerfen werde. Damit ist Caesars Ego getröstet.

Augustus' Mutter Atia träumt angeblich vor der Geburt ihres Sohnes, ihre Eingeweide seien zu den Sternen aufgestiegen und hätten sich über Himmel und Erde ausgebreitet. Sein Vater Octavius sieht seinen Sohn im Traum in der Gestalt des Jupiter Optimus Maximus, des „größten und besten" Göttervaters, mit einem Prachtgewand in einem Triumphwagen, der von zweimal sechs leuchtenden weißen Pferden gezogen wird.

Nach der Weihung des Kapitols träumt ein gewisser Q. Catulus von einer Gruppe spielender Kinder. Jupiter persönlich ruft einen der Jungen zu sich und gibt ihm ein Staatsmodell in die Hand. Nach einer anderen Version bitten die spielenden Kinder Jupiter um einen Anführer. Der Göttervater zeigt auf den erwählten Knaben, reicht ihm den Finger zum Kuss und drückt den geküssten Finger dann wiederum auf seinen Göttermund. In einem zweiten Traum sitzt derselbe Knabe auf dem Schoß des Göttervaters. Als der Träumende aus Ehrfurcht vor dem Götterbild das Kind dort wegnehmen will, wird er von Jupiter persönlich ermahnt, dies nicht zu tun, weil der Knabe auf den göttlichen Knien zum Beschützer des Staates heranwachse. Freilich ist der auserwählte Knabe kein anderer als Augustus.

Während Cicero Caesar zu einem Opfer auf dem Kapitol begleitet, berichtet der große Redner von einem prophetischen Traum, den er selbst gehabt haben will: Er habe gesehen, wie ein adlig aussehender Knabe an einer Goldkette vom Himmel herabgelassen worden sei und sich vor das Tor des kapitolinischen Jupitertempels gestellt habe. Dort habe der Knabe vom Göttervater persönlich eine Geißel empfangen. Nach der Erzählung dieses merkwürdigen Traumes kommen Cicero und Caesar auf dem Kapitol an. Dort begegnet ihnen der zu dieser Zeit noch eher unbekannte Octavian, weil er seinem Großonkel Caesar bei der Opferung assistieren soll, und Cicero erkennt in ihm prompt den Knaben aus seinem Traum.

Auch Augustus beachtet eigene und fremde Träume, sofern er selbst darin eine Rolle spielt. So rettet ihm in der Schlacht von Philippi der Traum eines Freundes das Leben, weil dieser ihn dazu bringt, trotz Krankheit das Zelt zu verlassen. Als seine Sänfte leer ist, wird sie von einem Feind durchbohrt. Im Frühjahr wird Augustus stets von schrecklichen Träumen geplagt, die sich aber in der Regel nicht erfüllen. Im restlichen Jahr hat er seltener Träume, dafür werden sie öfter Wirklichkeit, so berichtet es jedenfalls Sueton. Immerhin ist Apollo, der Lieblings- und Identifikationsgott Octavians, neben Hermes ein klassischer Traumverkünder.

Cicero, der eifrigste Liebhaber der alten Republik, betreibt mit Hilfe des Traumglaubens auch Propaganda für sein Ideal, die traditionelle Mischverfassung, und für echten römischen Patriotismus, der sich in selbstlosem politischem Engagement für das Gemeinwohl ausdrückt: In seiner staatsphilosophischen Schrift *De re publica* (Über die Republik), die Cicero im Jahr 129 v. C. spielen lässt, also in der Zeit, die mit der Ermordung des Volkstribuns Tiberius Gracchus das Jahrhundert der Bürgerkriege einläutet, lässt der Autor angesehene Römer auftreten, die mit Scipio dem Jüngeren, dem Zerstörer Karthagos und Sieger des Dritten Punischen Krieges, über die ideale Staatsform diskutieren. Cicero, während der Abfassung des Werkes zwischen den Jahren 54 und 51 v. C. selbst aufs politische Abstellgleis geschoben, spiegelt in der Schrift im Grunde den krisenhaften Zustand, in dem Rom sich zu seiner eigenen Zeit befindet. Der Rednerfürst und Anwalt Cicero fühlt sich von den Herrschenden verraten, sieht seine Dienste für den Staat mit Füßen getreten, fürchtet um die Republik und sicher nicht zuletzt auch um sein politisches Vermächtnis. Nicht grundlos hat sich der frustrierte Politiker Cicero ins philosophische Exil zurückgezogen, um wenigstens durch die Literatur weiterhin einen gewissen staatsmännischen Einfluss auf die Öffentlichkeit ausüben zu können. Im sechsten und letzten Buch seiner

Staatsschrift entfaltet er also das berühmt gewordene *Somnium Scipionis*, einen Traum des Kriegshelden Scipio des Jüngeren, in dem diesem enthüllt wird, dass jegliche Mühe für den Staat zwar nicht unbedingt im Diesseits, in jedem Fall aber im Jenseits belohnt werde und allein dieser Umstand Grund genug sei, um sich, allen irdischen Widerständen zum Trotz, mit aller Kraft für das Gemeinwohl einzusetzen.

Cicero schildert, wie Scipio der Jüngere in Afrika als Militärtribun ankommt und vom numidischen König aufs herzlichste empfangen wird, weil das Königshaus mit Scipios Familie und weil der König mit Großvater Scipio dem Älteren, dem Sieger des Zweiten Punischen Krieges, freundschaftlich verbunden ist. Der ganze Abend wird in schwelgerischen Erinnerungen an den alten Scipio zugebracht. Als Scipio der Jüngere dann zu Bett geht, erscheint ihm sein Großvater von einem hohen, sternenübersäten, leuchtenden Ort aus, der Milchstraße, dem paradiesischen Sitz der guten, patriotischen Römer. Er weist seinen Enkel darauf hin, dass Karthago, das einst von ihm besiegt wurde, noch immer keine Ruhe gebe und wieder aufrüste. Er prophezeit seinem Enkel, dass dieser als Konsul Karthago endgültig besiegen werde. Seine gesamte Karriere wird ihm detailliert vorausgesagt. Danach wird allgemein festgehalten, dass jeder Einsatz für den Staat im Jenseits reichlich entlohnt werde. Wie zur Bestätigung dieser Aussage werden dem jüngeren Scipio dann seine bereits verstorbenen Familienmitglieder, allen voran der Vater, gezeigt. Scipio der Jüngere möchte am liebsten sofort dortbleiben und fragt sich, weshalb man überhaupt das mühsame Leben auf der Erde führen müsse; da wird ihm erklärt, er habe, wie jeder Mensch, eine Aufgabe in der Welt, die er gewissenhaft und pflichtbewusst zu erfüllen habe. In seinem Falle sei dies vor allem die Vernichtung Karthagos.

Ein literarisches Vorbild für diese Traumdarstellung ist ein Mythos, den Platon ans Ende seiner Schrift *Politeia* setzt: Dort erzählt ein gefallener Soldat namens Er, wie er nach seinem irdischen Tod im Jenseits erwacht und vor dem Totengericht steht, wo über seine guten und schlechten Taten geurteilt wird, und wie er anschließend auf eine neue Verkörperung vorbereitet wird. Die platonische Lehre von der Seelenwanderung bzw. Wiederverkörperung (Reinkarnation) ist den Römern gut bekannt. Immer wieder muss der Einzelne in neuer Gestalt an einer Verbesserung seiner Seele einerseits und der Welt andererseits arbeiten. Der Traum Scipios malt eine paradiesische Idealvorstellung als Belohnung für ein engagiertes, selbstloses Ringen um das Gemeinwohl. In diesem Heldenhimmel ist von Wiederverkörperung nicht die Rede; die Seelen sind dort angekommen, wohin sie gehören. Der Erdenruhm, der von dem vergöttlichten Scipio auf sehr unrömische Weise relativiert und kleingeredet wird, habe letztlich keine Bedeutung verglichen mit der Belohnung, die den guten Römer im Elysium der Milchstraße erwarte.

Man kann sich nicht des Eindrucks erwehren, dass der von seiner politischen Kaltstellung hart getroffene Cicero sich seine Situation auf diese Weise schönreden und seiner eigenen Seele einen Funken Hoffnung und ein Quantum Trost verschaffen will. Vor allem aber will er wohl die Mächtigen dahingehend beeinflussen, dass sie sich im Sinne des Heldentraumes und nach dem Vorbild des jüngeren Scipio für die Republik aufopfern, um sie zu erhalten, anstatt sie zu zerstören: Sie sollen die traditionelle Mischverfassung einer neuen, monarchistischen Staatsform, die ja durch das Machtstreben Caesars und anderer zu befürchten ist, vorziehen.

II.7.7. Kritische Stimmen zu den Träumern

Die schärfste Kritik an den Traumorakeln artikuliert sich wohl in der materialistisch-rationalen Sicht des Epikureers Lukrez, der für eine völlige mantische Bedeutungslosigkeit von Träumen plädiert. Es gehört zu seinem aufklärerischen Kampfprogramm, mit dem er den Menschen jegliche Angst vor der Wirkung übersinnlicher Kräfte nehmen will, indem er diese rigoros verneint. Außerdem gibt es das philosophisch geprägte Bildungsbürgertum, an dessen Spitze Cicero steht, das bestimmten

Träumen anscheinend ein gewisses divinatorisches Potential zuerkennt, die volkstümliche Traumdeutung und deren Vertreter aber ablehnt, ja geradezu verachtet.

Nach der Vorstellung Demokrits und Epikurs ist die Luft von Bildern erfüllt, die von den Atomen abstrahlen. So kann man beispielsweise einen Baum nur deshalb sehen, weil dessen kleinste Teile Bildpunkte verströmen, die für das menschliche Auge die Wahrnehmung eines Baums ergeben. Die Seele als inneres Empfangsgerät kann solche Bilder in sich aufnehmen und daraus Phantasievorstellungen und Träume generieren. Der römische Aufklärer Lukrez greift dieses Bild auf, um zu erklären, dass Träume in der Regel nichts als nichtige Atombilder, also Schäume, sind, die der Geist, wenn er schläft, jedoch nicht als Trug entlarven kann, weshalb er sie für reale und bedeutungsvolle Erscheinungen hält. Verständlicherweise lehnt die epikureische Philosophie, deren höchstes Ideal die Seelenruhe ist, jegliche Wertschätzung von Traumgebilden ab. Sie bereiten den Menschen, die solche Nichtigkeiten ernst nehmen und ihnen einen tieferen Sinn beilegen, nur unnötige Sorgen und Ängste.

Auf der anderen Seite rühmt sich der große Aufklärer Lukrez damit, in seinen Träumen die Natur zu untersuchen und dann im Wachzustand neue Erkenntnisse aufzuschreiben. Damit greift er ein altes medizinisches, in der Tradition des Hippokrates stehendes Argument auf, nach dem Träume nicht nur unter dem Einfluss von Ernährung und Stoffwechsel stehen, sondern auch die Verarbeitung erlebter Tageseindrücke und das Abbild oder die Fortführung der bei wachem Bewusstsein angestellten Betrachtungen und Überlegungen sind, also sogenannte *reliquiae rerum*, Reste der Dinge, wie Cicero sie nennt. Allerdings überhöht Lukrez seine persönlichen Alltagsverarbeitungsträume zu bewussten und zielgesteuerten Akten des Forschens, die zu neuen Erkenntnissen führen, er nutzt den Schlaf also zu produktiver Arbeit und inszeniert sich dadurch als große Forschernatur. Sogar im Schlaf lässt er seinen kritisch-rationalen, analytischen Geist weiterarbeiten, deshalb wird er, als seltene Ausnahme, auch kein Opfer nächtlicher Trugbilder. Vielleicht könnte man ihn aus heutiger Sicht als Meister des luziden Träumens sehen. Mit Wahrsagerei im eigentlichen Sinne hat das Träumen laut Lukrez jedoch nicht das Geringste zu tun.

Cicero als akademischer Skeptiker fragt sich, weshalb Träume, die angeblich von Göttern gesandt werden, meist keine klaren, verständlichen Botschaften enthielten, sondern erst mühsam entschlüsselt werden müssten, wobei dies, je nach Ausleger, zu ganz unterschiedlichen Ergebnissen führen könne. So werde beispielsweise der Traum eines Wettläufers, er fahre auf einem Wagen, der von vier Pferden gezogen werde, von dem einen Traumdeuter als Sieg, von dem anderen als Niederlage interpretiert.

Unter Berufung auf Beispiele berühmter Männer aus der Geschichte, denen durch ihre Träume göttliche Offenbarungen zuteilwurden, scheint jedoch auch der Skeptiker Cicero einen gewissen Anteil von Wahrträumen nicht ganz ausschließen zu können; immerhin nutzt er in seinem *Traum Scipios* die Vorstellung göttlich inspirierter Träume, um bei seinen Lesern den Glauben an ein paradiesisches Jenseits für politisch engagierte Bürger zu unterstützen. An gegebener Stelle weiß Cicero sogar von einem zeichenhaften Wahrtraum zu berichten, der ihn in eigener Sache ereilt haben soll: Er träumt in der Verbannung, dass er vom großen Feldherrn Marius, dem Gegner Sullas, getröstet werde. Ciceros Freund Sallust weiß den Traum so zu deuten, dass dieser Ciceros Rückkehr nach Rom ankündige. Und tatsächlich beschließt der Senat zeitgleich mit Ciceros Traum, dass Cicero zurückkehren darf, und diesen Beschluss fasst er an keinem anderen Ort als im Tempel des vergöttlichten Marius. Allerdings relativiert bzw. entmystifiziert und entzaubert Cicero gleich im Anschluss sein eigenes Traumbild, indem er behauptet, dass er nur deswegen von Marius geträumt habe, weil er sich im Exil sehr stark mit diesem Mann beschäftigt habe; er stammt nämlich, wie Cicero, aus Arpinum, hat seinerzeit, wie Cicero, als *homo novus*, also Emporkömmling, in der Politik Karriere gemacht und wird wegen der standhaften Erduldung seines Schicksals bewundert – eine Eigenschaft, die Cicero auch gern für sich, den politisch in Ungnade Gefallenen und Verbannten, beanspruchen will. Die Beschlussfassung im Tempel des Marius wäre demnach nichts als reiner Zufall. Den berühmten Traum des Dichters Ennius, in dem dieser von seinem großen Vorbild Homer erfährt, dass er dessen Wiederverkörperung sei, führt Cicero ebenfalls darauf zurück, dass Ennius sich im Wachzustand sehr intensiv mit dem griechischen Dichter beschäftigt habe.

Zu diesen kritischen Betrachtungen passt, dass Cicero sich im zweiten Buch seines Dialoges *Von der Wahrsagung* bemerkenswert frei zu seiner akademischen Ablehnung jeglicher Zukunftsvorhersagen äußert. In diesem Zuge spricht er sich auch entschieden gegen das allzu leichtgläubige Wahrsagen aus Träumen aus, das er als eine *superstitio anilis*, einen „Altweiberglauben" bezeichnet. Hat Cicero also in seinem Alterswerk *Von der Wahrsagung* jegliche Bereitschaft, an Wahrträume zu glauben, verloren? Oder hat er wohl primär die volkstümliche, von mehr oder weniger professionellen und vorrangig pekuniär orientierten Zeichendeutern bestimmte Traummantik im Blick? Wahrscheinlich nimmt er in seinem Alterswerk schlicht die radikale Haltung des akademischen Skeptikers ein, die allzu leicht in polemisches Negieren jeglicher Glaubensvorstellungen umschlagen kann. Sein *Traum Scipios* deutet an, dass Cicero zumindest diejenige Traumdivination für möglich hält, die als ein außergewöhnliches, meist unerwartetes Geschenk von den Göttern dargeboten wird. Eine solche Gabe ist natürlich am ehesten für hervorragende Persönlichkeiten der römischen Gesellschaft zu erwarten, Männer, die aufgrund ihrer großen Aufgabe und ihrer besonderen Lebensführung den Göttern näherstehen als gewöhnliche Menschen, Männer, zu denen er sich selbst auch gern gezählt wissen möchte. Auch wenn Cicero seinen persönlichen Wahrtraum von Marius rational hinterfragt und widerlegt, heißt dies nicht, dass er beim Publikum nicht doch den Glauben, ihm, Cicero, sei einer der raren Wahrträume beschieden gewesen, provozieren möchte.

Außerhalb seines akademisch-kritischen Manifestes über die Wahrsagung dürfte Cicero sich, auch aufgrund der allgemeinen Akzeptanz von

Wahrträumen, dem Grundgedanken der Traumdivination wohl nicht grundsätzlich entgegenstellen, aber er scheint die Exklusivrechte für diese Divination ausschließlich für einen bestimmten, herausragenden Kreis von Personen mit besonderer Lebensführung und -aufgabe reservieren zu wollen, was den einfachen Leuten die Option dieser Divination grundsätzlich entzieht. Damit errichtet Cicero eine klare Grenze zwischen ernst zu nehmender und anzuerkennender religiöser Divination auf der einen Seite und superstitiöser Mantik auf der anderen: Auf die erste Seite gehören die in den religiösen Kultapparat integrierte Tempelinkubation und diejenige Traumdivination, welche, gleichsam als Geschenk der Götter, nur Personen des öffentlichen Lebens zuteilwird und nicht an bestimmte Kultformen gebunden ist. Auf die andere Seite gehört die mit abergläubischer Einbildung verbundene Traummantik des einfachen Volkes, der ein übertriebenes Achtgeben auf die eigenen Träume zugrunde liegt und die von fremdländischen und fragwürdigen Traumdeutern bedient wird, die sich auf öffentlichen Plätzen und Veranstaltungen tummeln und dort ihre Dienste feilbieten.

Eine übersteigerte Ängstlichkeit in Bezug auf persönliche Träume und ihre vermeintlich übernatürlichen Botschaften, die Cicero in seiner Zeit erlebt und voller Verachtung als Aberglauben bezeichnet, scheint mit der allgemeinen Zeichenangst der spätrepublikanischen Krise und mit den starken individualistischen Strömungen dieser Zeit in Verbindung zu stehen. Daher ist vorstellbar, dass Angehörige der geistig-politischen Elite wie Cicero ablehnend auf die bürgerliche Überbewertung des eigenen, individuellen Schicksals in der Traummantik reagieren, weshalb sogar die Ausübung der offiziellen Tempelinkubation zu wahrsagerischen Zwecken als Aberglaube bezeichnet werden kann.

Wo Privatpersonen mit Hilfe eines Zauberpapyrus bemüht sind, Riten durchzuführen, die einen magisch manipulierten Traumschlaf mit mantischer Qualität herbeiführen sollen, wird der Boden der Religion endgültig verlassen: Man vertraut sich weder der Obhut des offiziellen Kultpersonals an, noch hält man die in der religiösen Tempelinkubation verpflichtenden Rituale ein. Man gibt sich auch nicht in die Hand einer Tempelgottheit, sondern versucht mit Hilfe magischer Formeln und Mittel bestimmte Gottheiten oder Dämonen zu mantischen Diensten zu zwingen. Zu diesem Zweck geht man, mittels des Zauberpapyrus, eine unheilige Allianz mit magischen Praktiken aus dem östlichen Kulturkreis ein. Ein Papyrus des British Museum, PGM VII, beinhaltet einige derartige Rezepte, unter anderem angeblich von Pythagoras und Demokrit. Artemidorus rät explizit davon ab, zur Herbeirufung eines Traumes frevelhafte, d. h. magische Worte zu gebrauchen, da sich Gottheiten nicht zwingen ließen, Offenbarungsträume zu senden – schließlich gehorchten Menschen auch nicht gern unverschämten, drohenden Forderungen, als welche die magischen Formeln betrachtet werden müssten. Tatsächlich können nach der Vorstellung mancher Zauberbücher nicht nur Gottheiten, sondern auch die Seelengeister verstorbener oder sogar lebendiger Menschen in Träume hineingezogen werden, damit sie dort weissagen. Als begleitende magische Hilfsmittel fungieren Zauberstatuetten und -steine, Zeichnungen, Körperteile von Tieren, brennende, mit magischen Bildern versehene Leuchter und Rauchopfer. Besonders das zauberische Räucherwerk lehnt Artemidorus scharf ab und scheint damit einen offensichtlichen Missstand in traummantischen Praktiken mancher römischen Bürger anzuprangern. Denn übliche Mittel zur Erzwingung von Träumen sind Pflanzen, die beim Verbrennen narkotische Dämpfe hervorbringen und faktisch mit Haschisch- oder Opiumkonsum gleichzusetzen sind. Es geht also um die Erzeugung von Rauschzuständen – hier winkt wieder einmal der Wahnsinn des Orients. Als konkretes Beispiel für eine verbreitete Traumdroge nennt Plinius der Ältere den Samen des Leontopodion, der in Trankform zu sich genommen geisterhafte Träume verursache. Doch auch bestimmte Steine sollen durch einen Glüh- oder Verdampfungsvorgang eine ähnliche Wirkung erzielen. Die Praxis, sich durch Traumpflanzen oder -steine zu berauschen, steht der römischen Auffassung von Recht und Ordnung diametral entgegen.

Verlassen wird der Boden der offiziellen Religion auch da, wo man sich privaten Traumexperten östlicher Herkunft oder Prägung zuwendet. Für die Ausdeutung von Träumen durch selbsternannte Traumdeuter findet sich ein großer Markt, der von Gebildeten belächelt und von politischen Führern wachsam beobachtet wird oder eben – wie beispielsweise durch Cicero – ausdrückliche Verachtung erfährt. Dabei werden private und fremdländische, also „unrömische", Mantiker wieder einmal in einen Topf geworfen. Mit den privaten Traumdeutern scheint sich ein klares Feindbild der römischen Elite abzuzeichnen. Daher lässt Cicero in seinem Werk *Über die Wahrsagung* sogar seinen Bruder Quintus, der sich in diesem Dialog eigentlich für die Wirksamkeit von Mantik ausspricht, nach dem Vorbild des Ennius die Traumdeuter des Aberglaubens bezichtigen. Ein deutlicheres Zeichen gegen die privaten Mantiker und ihre Lehren bzw. Dienstleistungen als dieses abwertende Urteil eines Fürsprechers der Divination ist nicht zu setzen.

Der Anspruch der *coniectores*, mit der Professionalität einer Wissenschaft aus Träumen zukünftige oder verborgene Ereignisse exakt herauslesen zu können, stößt bei der geistigen Elite auch aus rationalistischen Gründen auf Skepsis und Ablehnung. Schon in Griechenland, von wo die Traumdeutung nach Rom gekommen ist, werden die vermeintlichen Experten dieser Disziplin kritisch betrachtet, sogar verspottet aufgrund ihrer tatsächlichen Dummheit, die sie durch ihre Geldgier hinter einer wissenden Miene verbergen können. Diese herablassende Kritik könnte allerdings weniger auf einer aufgeklärt-rationalen Haltung im modernen Sinne beruhen: Die Anhänger einer seriösen Traumdeutung lasten den fremdländischen „Experten" vielmehr an, sie seien aufgrund ihrer mangelnden Vertrautheit mit der Region gar nicht in der Lage, Träume von Klienten adäquat auszudeuten, selbst wenn sie meinten, dazu befähigt zu sein. Also nicht die Unmöglichkeit einer mantischen Traumausdeutung an sich, sondern die fremdländischen Wurzeln der Traumdeuter werden als Hindernis für ihre Sachkompetenz gesehen. Ihre vermeintlichen Fertigkeiten sinken dabei aus römischer Sicht zu Formen eines

Altweiberglaubens, eines nur scheinbaren, in Wahrheit auf Irrtümern und Einbildung beruhenden Wissens herab. Trotzdem scheinen aus dem Ausland stammende Vertreter mantischer Künste gerade aufgrund ihrer exotischen Ausstrahlung für das römische Volk besonders attraktiv zu sein. Die Nachfrage am Markt ist groß. Unter den flavischen Kaisern sind besonders Seherinnen aus Germanien gefragt. Natürlich werden den fremdländischen Traumdeutern nicht nur fehlerhafte Selbsteinschätzungen, sondern auch betrügerische, auf den eigenen finanziellen Vorteil ausgerichtete Absichten zugeschrieben.

Zu allem Überfluss können Träume bzw. Trauminterpretationen dafür sorgen, dass die öffentliche Ordnung auf den Kopf gestellt, Machtverhältnisse untergraben und Regierungen gestürzt werden: Ohne Frage besitzen Traumerscheinungen, die für bare Münze genommen werden, politisches Gefährdungspotenzial und können anarchistische, umstürzlerische Kräfte freisetzen. Nicht grundlos achtet Augustus sowohl auf seine eigenen als auch auf fremde Träume, sofern er darin eine Rolle spielt. Kaiser Claudius lässt sich laut Sueton durch fälschliche Traumberichte zu Hinrichtungsurteilen verleiten. Tacitus berichtet von einem vornehmen Römer namens M. Scribonius Libo Drusus, der durch den schlechten Einfluss eines Freundes auf Traumdeuter, *somniorum interpretes*, gehört habe und infolgedessen in den Dunstkreis einer angeblichen Verschwörung gegen Kaiser Tiberus geraten sei. Als ihm der Prozess gemacht worden sei, habe er Suizid begangen, obwohl er unschuldig gewesen und lediglich einer Intrige zum Opfer gefallen sei.

II.7.8. Zusammenfassung

Nach römischer Auffassung können Träume wahrsagerische Botschaften enthalten. Hierzu passt der Gedanke, dass sie aus der Unterwelt, also aus dem Jenseits, zu den Menschen kommen. Die umgekehrte

Vorstellung ist, dass die Geistseelen der Schlafenden das Jenseits besuchen. Daher können Götter und Vorfahren zu den Träumenden sprechen. Doch nicht jeder vermeintliche Wahrsagetraum ist tatsächlich einer. Es hängt stark von den Umständen des Schlafenden ab: Nicht nur dessen körperlicher und seelisch-geistiger Zustand, sondern auch die nächtliche Stunde und sogar die Jahreszeit spielen z. B. eine Rolle. Wenn es sich bei einem Traum tatsächlich um eine Wahrsagung handelt, ist zu klären, ob die Botschaft in klarer oder in verschlüsselter Form vorliegt. Im zweiten Falle ist die Kodierung korrekt zu entschlüsseln. Kurz: Das Erforschen von Wahrsageträumen ist eine komplexe und diffizile Wissenschaft. Der Glaube an divinatorische Träume ist im römischen Alltag sehr verbreitet, und der Bedarf an kompetenter Traumdeutung ist hoch.

Auch die Geschichtsschreibung überliefert eine große Fülle an Wahrsageträumen berühmter Persönlichkeiten. Ebenso in der Dichtung sind divinatorische Traumbilder ein populäres Motiv. Diese literarischen Belege zeigen, dass der Glaube an Wahrträume in der römischen Gesellschaft eine große Kraft besitzt. Daher gibt es selbsternannte Fachleute und Handbücher, mit deren Hilfe die Träume korrekt dekodiert werden sollen. Herausragend ist hier das fünfbändige Traumkompendium des Artemidorus, in dem dieser die Wissenschaft der Traumdeutung und ihrer strengen Grundsätze und Maßstäbe genau erläutert.

In der offiziellen Religion gibt es für die Traumdeutung eine Nische: Die Tempelinkubation, d. h.: Der Tempelschlaf. Grundsätzlich kann dieser an jeder heiligen Stätte erfolgen, für die Allgemeinheit existieren zu diesem Zweck jedoch spezielle Heiligtümer, die von kultischen Experten betreut werden. Dort legt man sich auf den Erdboden, um wahrsagerische Träume zu empfangen. Diese werden dann mit Hilfe des Tempelpersonals ausgedeutet. Eine verbreitete Form des Tempelschlafes ist die Inkubation an Heilstätten des Aesculap. Dort erscheint der heilende Gott den Kranken im Traum, um ihnen ein Rezept oder eine Kur zu verschreiben; gelegentlich erfolgt auch eine Spontanheilung.

Die Politiker nutzen den allgemeinen Traumglauben gern zu propagandistischen Zwecken aus. So deuten z. B. viele Träume auf die große historische Rolle des Augustus hin. Doch es gibt in Rom auch eine traumkritische Front, die von der geistig-politischen Elite gestellt wird. Neben einer rationalistischen Kritik, die auf der Grundlage des epikureischen Materialismus die Möglichkeit mantischer Träume anzweifelt, richten sich die Vorwürfe vor allem gegen fremdländische und private Traumdeuter, denen mangelnde Fachkompetenz und betrügerische Absichten zugeschrieben werden. Auch Versuche, mantische Träume mit Hilfe magischer Mittel, zu denen auch Rauschdrogen gehören, herbeizuzwingen, werden scharf kritisiert.

II.8. Astrologie

Der Glaube an die wahrsagerische und schicksalsbestimmende Kraft der Gestirne, die Astrologie, ist in Rom höchst populär. Doch der Tenor im öffentlichen Umgang mit der astrologischen Lehre weist eine interessante Ambivalenz auf: Der Staatsmann und Augur Cicero verurteilt Astrologie als reinen Aberglauben; der Friedensherrscher und oberste Religionsvertreter Augustus veröffentlicht sein persönliches Horoskop.

II.8.1. Wurzeln der Astrologie

Im biblischen Schöpfungslied (1. Buch Mose 1,1–2,4a), bekannt als der erste Schöpfungsbericht im Alten Testament (obwohl es sich eigentlich um ein Lied handelt), erschafft der Gott des jüdischen Volkes in sechs Tagen die Erde, am siebten Tag ruht er aus – die Begründung für die Heiligung des siebten und letzten Wochentages, die in allen drei monotheistischen Religionen bis heute von Bedeutung ist. Am vierten Tag erschafft Gott die Gestirne. Das Licht entsteht jedoch bereits als Werk

des ersten Tages. Erst durch die Abwechslung von Licht und Dunkelheit, von Tag und Nacht, können Tage überhaupt unterschieden und gezählt werden, mit der Erschaffung des Lichtes und des ersten Tages entsteht also auch die Zeitrechnung. Das Licht, von dem in der Bibel die Rede ist, kommt folglich nicht von der Sonne oder von den Sternen, sondern von Gott. Die Gestirne, die am vierten Tag am Himmelsgewölbe aufgehängt werden, sind nichts weiter als Lampen und Orientierungspunkte für die Menschen. Diese klare Funktionsbestimmung der Gestirne ist ein kultureller und religiöser Seitenhieb der Israeliten gegen die babylonische Religion. Denn die jüdischen Priester dichten das berühmte Schöpfungslied mit dem 6-Tages-Rhythmus in Babylonien: Im Jahr 586 v. C. wird die israelische Oberschicht ins babylonische Exil verschleppt und ist in den folgenden fünf Jahrzehnten verzweifelt darum bemüht, in einer fremden Kultur, in welcher der unsichtbare jüdische Gott JHWH unbekannt ist und stattdessen eine Vielzahl männlicher und weiblicher Gottheiten in sinnenfrohen Festen gefeiert wird, nicht unterzugehen – eine von etlichen Gestirnsgottheiten, mit denen die Juden im Exil konfrontiert sind, ist die Göttin Ishtar.
Die Babylonier glauben, dass mit jedem Stern eine göttliche Wesenheit verbunden ist, die Einfluss auf das Leben der Menschen hat. Und sie verknüpfen jeden Wochentag mit einem bestimmten Stern bzw. Planeten, der nach ihrem Glauben eine bestimmte Gestirnsgottheit verkörpert. Deshalb formulieren die Israeliten in der Verbannung ein religiöses Bekenntnis- und Protestlied, in dem sie die Gestirne bewusst zu Lampen herabstufen, die von ihrem, dem jüdischen Gott, an den Himmel gehängt werden, um den Menschen zu dienen – ein deutlicher Schlag gegen den babylonischen Sternenglauben, nach welchem die Menschen als Sklaven der Götter erschaffen wurden.

Nach einem halben Jahrhundert ist das Exil vorbei, die Juden können nach Israel zurückkehren, in dem Glauben, ihr Gott habe sie befreit, weil sie so streng an ihm festgehalten und ihn gegen die fremden Götter verteidigt haben, mehr noch, weil sie seine Verehrung im Exil gesteigert haben: Denn nun verkündigen sie ihren Gott als den einzigen seiner Art; die anderen Götter, die vor dem Exil noch als existent gedacht wurden, sind aus jüdischer Sicht nun reine Illusion, der jüdische Gott wird als der alleinige Erschaffer der Welt und somit als der unsichtbare, aber allgegenwärtige Vater aller Menschen gesehen. So bezeugt es das Schöpfungslied, das die Juden bei ihrer Rückkehr nach Israel im Gepäck haben. Doch trotz des jüdischen Versuches, die Sterne als göttliche Wirkmächte unglaubwürdig zu machen, hat sich der Glaube an die Macht der Gestirne bis heute gehalten: In Form der Astrologie, der bereits im Römischen Reich ein so großes allgemeines Interesse entgegengebracht wird, dass sich diese antike Wissenschaft äußerst erfolgreich bis in die postmoderne abendländische Kultur hinübergerettet hat.

II.8.2. Fruchtbarer Boden für Astrologie in Rom

Es verwundert kaum, dass gerade die Römer, die an allen Ecken und Enden, in menschlichen Gefühlsregungen wie in sämtlichen Naturerscheinungen göttliche Einflüsse vermuten und die Kräfte der Natur mit superstitiöser Genauigkeit beobachten, um praktische Einsichten nach Art eines Bauernkalenders davon abzuleiten, für die Vorstellung göttlich beseelter Gestirne empfänglich sind. Die Lieblingsphilosophie der Römer, die Stoa, unterstützt den Gedanken einer von Gottheiten bewohnten Milchstraße, in der jeder Lichtpunkt die Manifestation einer vergöttlichten Menschenseele sein kann. Schließlich macht die alltägliche Erfahrung, dass Sonne und Mond das Wachstum und die Gezeiten auf der Erde und damit die natürliche Lebensgrundlage des Menschen sichtlich beeinflussen und bestimmen, die Annahme solcher göttlichen Wirkhintergründe plausibel. Allein dem Mond werden außer der Hervorbringung von Ebbe und Flut noch weitere Wirkungen zugeschrieben: So füllt sich, laut antiker Erkenntnis, bei zunehmendem Mond wieder die von Würmern zerfressene Bohne, das Blut der Menschen vermehrt sich, kurz, alles, was zunehmen und sich vermehren soll, wird durch den wachsenden Mond gefördert, was klare Richtlinien in der römischen Agrarwirtschaft hervorbringt; der Vollmond bringt eine reichere Honigernte ein als jede andere Mondphase. Aussaat und Pflanzung werden generell bei zunehmendem Mond, Ernte und Rodung bei abnehmendem Mond empfohlen. Folglich ist auch ein Haarschnitt in Rom nur bei abnehmendem Mond empfohlen; Kaiser Tiberius lässt sich die Haare ausschließlich bei Neumond schneiden. Doch nicht nur der Mond – alle Himmelskörper sind nach römischer Vorstellung grundsätzlich in der Lage, Einfluss auf die Erde und die Menschen auszuüben.

Nicht umsonst werden die wichtigsten Planeten schon in der Antike nach bekannten Gottheiten benannt, und auch die Namen der Wochentage gehen auf die alten Gottheiten zurück: Der Mondtag steht in der altbabylonischen Religion unter dem Schutz des Mondes, einer der mächtigsten Gestirnsgottheiten; die Römer übernehmen diese Verbindung mit ihrer Bezeichnung *dies lunae*, Tag des Mondes; der Dienstag untersteht in der römischen Woche dem Kriegsgott, Mars (*dies Martis*), der Mittwoch dem Götterboten und Gott der Reisenden, Händler und Diebe, Merkur (*dies Mercurii*), der Donnerstag dem Blitze schleudernden Göttervater, Jupiter (*dies Iovis*), der Freitag der Göttin der Schönheit und der Liebe, Venus (*dies Veneris*), der Samstag dem Vater Jupiters, dem archaischen Gott des Ackerbaus, Saturn (*dies Saturni*), der Sonntag dem Sol, der unbesiegbaren Sonne (*dies Solis*). Nicht nur die italienischen oder die französischen Bezeichnungen der Wochentage lassen den Bezug zu den antiken Gottheiten heute noch deutlich erkennen. Auch die deutschen Namen der Wochentage stehen in einer direkten Verbindung zu den römischen Tagesgottheiten; die Götter wurden nur teilweise gegen ihre germanischen Pendants ausgetauscht; so steht z. B. der Donnergott Thor, die Entsprechung zum Blitze schleudernden Jupiter, Pate für den Donnerstag (im Englischen Thursday, Thors Tag). Die banale Bezeichnung „Mittwoch" für den Tag Merkurs bzw. Wotans ist einem erfolgreichen Vorgehen der Kirche gegen die „heidnischen" Wochentage zu verdanken. Im ersten Jahrhundert v. C. wird das Konzept einer Götterwoche in Rom festgeschrieben. Dahinter steht einerseits die Idee, dass die sichtbaren, leuchtenden Himmelskörper mit den Gottheiten verbunden sind bzw. identifiziert werden können, andererseits der Gedanke, dass jeder Wochentag unter dem besonderen Einfluss einer bestimmten Gottheit bzw. ihres Sternes steht. Kein Wunder, dass die Römer sich von der Astrologie begeistern lassen.

Wie alltagstauglich die divinatorische Sternenkunde in Rom ist, wird z. B. daran deutlich, dass Petron in seinem *Satyricon* seinen Helden Trimalchio anhand einer zwölfteiligen Torte über den Tierkreis fachsimpeln und ihn anmerken lässt, dass ein Astrologe ihm exakt die ihm noch verbleibende Lebenszeit ausgerechnet habe.

II.8.3. Astrologie als Aberglaube

Cicero steht anscheinend in einer astrologiefeindlichen Linie, die bereits beim Dichter Ennius belegt ist. Allerdings bezieht sich diese Polemik nicht unbedingt auf die Sternenkunde an sich – zwischen Astronomie und Astrologie wird nämlich in der Antike noch nicht unterschieden –, sondern auf den naiven Glauben, aus den Sternen sei die Zukunft herauszulesen. Die vielen selbsternannten Straßen- und Winkelastrologen, die mit solchen Vorhersagen für leichtgläubige Menschen ihr Geld verdienen und meist als Chaldäer bezeichnet werden, sind ebenso Zielscheibe der Polemik.

Ciceros philosophischer Hintergrund als akademischer Skeptiker spielt für seine kritische Haltung eine maßgebliche Rolle. Die Skepsis der akademischen Schule ist eigentlich ein methodisches Werkzeug für die Suche nach der Wahrheit; mit Hilfe einer grundsätzlichen kritischen Fragehaltung, die alles, was nicht mathematisch beweisbar ist, in Zweifel zieht, versucht man, der objektiven Sicht auf die Dinge so nahe wie möglich zu kommen – auch wenn Objektivität, wenn es um menschliche Wahrnehmung geht, eine irrtümliche Grundannahme ist. Faktisch wird das vermeintlich objektive Frageinstrument allzu leicht und unbemerkt in den Dienst eines bestimmten inhaltlichen Standpunktes gestellt, was die an sich neutrale Methode zu einer subjektiven, einseitig verwendeten Waffe herabwürdigt – kurz: Der Anwender der akademischen Skepsis hinterfragt nicht sich selbst als Fragesteller – auch heute ein häufiges Problem im Diskurs vermeintlich objektiver Wissenschaftler; oft geht es eher um Angriff und Demontage der gegnerischen Position als um eine konstruktive Suche nach der Wahrheit. Tatsächlich erfolgt die stärkste Anfeindung der mantischen Astrologie vonseiten des akademischen Skeptikers Karneades von Kyrene, der im Jahr 156 v. C. nach Rom kommt. Seine rationalen Vorbehalte gegen die Zukunftsvoraussage aus den Sternen sind unter anderem auch heute noch geläufige Argumente: Er fragt, weshalb Personen mit dem gleichen Horoskop so viele verschiedene Schicksale hätten, und merkt an, dass man Geburt und Ort der Empfängnis nicht immer genau bestimmen könne, was für ein korrektes Horoskop jedoch unabdingbar sei usw. Mit seiner hartnäckigen Auflistung zahlloser, teils banaler Fragen bringt er laut Cicero sogar den Stoiker Panaitios zum Schweigen, der sich im Sinne seiner Philosophie für eine Glaubwürdigkeit der mantischen Astrologie auszusprechen versucht.

Cicero versäumt es nicht, höchstselbst gegen den Glauben an die weissagenden Sterne zu argumentieren: Gleich zu Beginn beruft er sich auf einen Schüler Platons namens Eudoxus, den er als den Ersten der großen Astrologen bezeichnet; dieser selbst habe betont, dass man den Chaldäern bei der Berechnung von Schicksalen aufgrund des Geburtstages auf keinen Fall glauben dürfe. Auch Archelaos und Kassandros, die bedeutsamsten Astrologen zur Zeit des Panaitios, hätten um die prophetische Weissagung stets einen Bogen gemacht. Der Stoiker Diogenes räume der Astrologie zwar ein, dass sie in Grundzügen die natürliche Veranlagung eines Individuums und sein Entwicklungspotenzial bestimmen könnte, eine faktische Voraussage zukünftiger Lebenswege und Entscheidungen könne die Astrologie jedoch unmöglich leisten. Das sehe man auch daran, dass Zwillinge, die unter demselben Stern und unter den gleichen Voraussetzungen geboren würden, ganz unterschiedliche Lebensläufe entwickelten. Doch nicht einmal den von Diogenes eingeräumten astrologischen Einfluss auf charakterliche Grundeigenschaften will Cicero gelten lassen: Er begründet dies mit den immensen interstellaren Leerräumen und den unterschiedlichen Sternenhimmeln auf verschiedenen Teilen der Erde. Es seien eher die Länder, die bestimmte Eigenschaften, z. B. Aussehen oder Sitten, der Menschen hervorbrächten als die Sterne. Kurz: Das Urteil des skeptischen Akademikers Cicero über die astrologische Wahrsagung fällt vernichtend aus.

Es gibt aus römischer Sicht verschiedene Aspekte, die Astrologie zur Zeit Ciceros als Aberglauben ersten Grades qualifizieren: Zunächst einmal ist die babylonische, also östliche Herkunft der Lehre zu nennen, die mit einer Einführung über den ägyptischen Kulturraum und mit Gestirnsgottheiten orientalischen Zuschnitts verbunden ist. Der Umstand, dass diese Lehre zuerst durch „leichte" Halbweltdamen östlicher Herkunft nach Rom importiert worden sein soll, unterstreicht den Anteil orientalischen Wahnsinns und den vermeintlich sittenlosen Charakter der Astrologie. Konsequenterweise werden die Vertreter der fremdländischen Mantik, nach ihrer babylonischen Herkunft Chaldäer genannt, als kleinkriminelle Scharlatane charakterisiert, die an unseriösen Plätzen wie dem Circus ihr Geschäft betreiben und deren Kunden aus den untersten sozialen Schichten stammen. Die selbsternannten Astrologen ziehen auch als fahrende Gaukler umher und bieten ihre Dienste auf der Straße an. Optisch treten sie als Philosophen mit langen Bärten in Erscheinung – eine Mode, die spätestens auf Römer des ersten Jahrhunderts v. C. barbarisch im eigentlichen Wortsinne wirkt, denn *barba* ist zufällig das römische Wort für *Bart.* Oft werden solche unglaubwürdigen ausländischen Zeichendeuter mit Kriegsgefangenen, z. B. aus Syrien, ins Reich gespült. Es verwundert nicht, dass Cato in seinem Werk über die Landwirtschaft seinen Gutsverwalter, einen ehrlichen, bodenständigen Römer, ausdrücklich anweist, sich auf keinen Fall mit solchen Leuten einzulassen, die auf das einfache römische Volk doch immer wieder einen verlockenden Reiz auszuüben scheinen.

Abgesehen von dem anrüchigen und fremdländischen Charakter dieser unseriösen, auf Profit ausgerichteten Astrologie handelt es sich bei der selbsternannten Wissenschaft um eine Mantik, die weder formal noch inhaltlich etwas mit der offiziellen Divination gemein hat: Sie wird nicht von autorisiertem Kultpersonal durchgeführt und steht nicht im Dienste der Götter, sondern einer exakten, persönlichen Zukunftsvorhersage bzw. Schicksalsbetrachtung. Wenden sich Bürger dieser Forschung zu, könnte dies aus konservativ-römischer Sicht faktisch mit einer Abkehr von der etablierten Religion und ihrer offiziellen Divinationspraxis gleichgesetzt werden, da hier ganz neue, „unrömische" Wege der Mantik beschritten und konkrete Voraussagungen eingeholt werden. Dieses religiös deviante Verhalten erhält eine besondere Brisanz dadurch, dass es sich bei einem Großteil der Kunden astrologischer Dienstanbieter um Leute aus den ärmsten Schichten handelt, denen stets ein revolutionäres Potential zuzuschreiben ist.

Folgerichtig werden die sogenannten Chaldäer oder auch ausländischen Mathematiker im Interesse der öffentlichen Ordnung mehrfach, unter anderem 139 v. C., aus Rom ausgewiesen. Im Jahr 52 wiederholt sich die Vertreibung. Volkswahrsager sind für die Regierung immer mit der Gefahr von Unruhe und Verschwörung verbunden; denn wie die umlaufenden Schriftorakel können astrologische Prognosen sich zu einer echten Bedrohung für die öffentliche Ordnung bzw. für die herrschende Klasse entwickeln. Tatsächlich binden bei den Sklavenaufständen die Anführer der Unfreien ihre Anhänger unter anderem mit Hilfe astrologischer Prognosen an sich. In der Kaiserzeit erscheint gerade im Hinblick auf die Stärkung individualistischer Interessen einzelner Adliger, die durch das Kaisertum Einbußen an Status und Selbstwertgefühl erlitten haben, die Astrologie als eine Gefahr für das Herrscherhaus, die es zu unterbinden gilt. Nicht von den Vertreibungen betroffen sind jedoch die syrischen oder griechischen Sklaven und Freigelassenen, die im Verborgenen weiterhin der Astrologie huldigen und sie verbreiten. So ist der Sternenglaube nicht auszumerzen.

Ohne Zweifel gewinnen die Chaldäer ab 50 v. C. einen nie zuvor gekannten Zulauf in Rom. Der Wahn des Volkes ist stark: Juvenal warnt vor ältlichen Frauen, die mit gelben Büchlein durch die Gegend rennen und gefährliche Wahrsagungen machen. Der Epigrammatiker Lukillios amüsiert sich über einen Astrologen, der sich nach der Berechnung seines eigenen Sterbedatums erhängt habe. Octavius, ein Führer der Optimaten im Bürgerkrieg, wird im Jahr 86 v. C. von den Häschern des Marius getötet. Bei seinem Leichnam wird ein Stundenhoroskop gefunden, das ihm geraten hat, in Rom zu bleiben, und dadurch seinen Untergang besiegelt hat. Das Horoskop hat folglich das Gegenteil seines Zweckes erfüllt. Es nimmt also nicht wunder, dass rationale Zweifel und Abscheu vor dem menschlichen Wahnglauben kritische Geister wie Cicero gegen diese Auswüchse der Volksastrologie einnehmen.

Unter den 2000 prophetischen Büchern, die Augustus um 12 v. C. dem Feuer übergibt, finden sich auch astrologische Werke. Im Jahre 11 verbietet Augustus Privatleuten, sich irgendein Todesdatum errechnen zu lassen; diese Vorsichtsmaßnahme wendet sich natürlich gegen Prognosen, die das Herrscherhaus betreffen könnten. Unter Kaiser Domitian haben die Astrologen es auch nicht leicht: In den Jahren 89 und 93 werden sie erneut vertrieben. Der Grund: Einer von ihnen hat Domitian einen frühen gewaltsamen Tod prophezeit. Daraufhin fragt Domitian den betreffenden Astrologen Askletarion, ob dieser auch sein eigenes Ende kenne. Der Seher antwortet, er werde von Hunden zerrissen werden. Der Kaiser lässt ihn enthaupten und verbrennen, um seine Wahrsagung zu entkräften und damit zu beweisen, dass er überhaupt nichts voraussagen könne, auch nicht den Tod des Kaisers. Als der Tote auf dem Scheiterhaufen liegt, erfasst jedoch ein Windstoß die Scheite, Askletarion fällt zu Boden und wilde Hunde eilen herbei, um ihn zu zerfleischen. Damit bewahrheitet sich seine Voraussage doch. Seit diesem Ereignis lebt der

Kaiser in großer Furcht. Tatsächlich kann er seinem eigenen gewaltsamen Ende nicht entkommen, wie der Astrologe es ihm prophezeit hat – auch wenn wahrscheinlich eher sein schlechter Charakter als irgendeine prophezeite Vorausbestimmung der Grund dafür ist. Kurzzeitkaiser Vitellius setzt den Astrologen im Jahr 69 ein Ultimatum: Bis zum 1. Oktober sollen sie aus Rom verschwinden. Die Astrologen kontern mit einer öffentlichen Inschrift: Bis zum 1. Oktober sei Vitellius bereits verschwunden. Tatsächlich kann der Kaiser sich nicht lange auf dem Thron halten.

II.8.4. Astrologie als Wissenschaft

Sicher ist, dass auch Cicero sich im Zuge seiner philosophischen und wissenschaftlichen Arbeiten mit der Astrologie befasst, zumal kosmologische und astronomische Themen gerade zu seiner Zeit sehr beliebt in Rom sind. Da der ehrgeizige Cicero den Anspruch hat, der römischen Welt ein umfassendes Kompendium der griechischen Philosophie zu hinterlassen, kommt er um dieses Thema nicht herum, auch wenn es nicht zu seinen besonderen Favoriten zählt. So übersetzt er z. B. die *Phainomena* (*Himmelserscheinungen*) des Griechen Arat ins Lateinische. Zu seinen engen Freunden zählt Cicero Gelehrte wie Nigidius Figulus und M. Terentius Varro, die sich beide ganz ernsthaft, und weitaus intensiver als Cicero selbst, mit astrologischen Berechnungen beschäftigen. Nigidius Figulus könnte aus heutiger Sicht als wissenschaftlicher Grenzgänger mit allgemein bekannter Vorliebe für das Paranormale bezeichnet werden. Er soll unmittelbar nach der Geburt Octavians vorausberechnet haben, dass mit diesem der neue Herr der Welt geboren sei. Ein weiterer astrologisch versierter Freund Ciceros, Tarutius Firmanus, wird darum gebeten, das Geburtsjahr Roms und seines Gründers Romulus zu berechnen. Ein vierter astrologiekundiger Freund Ciceros ist der Senator Fonteius Capito.

An diesem illustren Zirkel scheint auf den ersten Blick deutlich zu werden, dass sich Ciceros vehemente Ablehnung der Astrologie weniger auf die Lehre als vielmehr auf die östlichen Experten dieser Mantik und den einfachen Sternenglauben des Volkes bezieht. Allerdings scheut Cicero in seiner Generalabrechnung mit der Mantik, seinem Alterswerk über die Wahrsagung, nicht davor zurück, die Berechnung des Geburtstages Roms durch seinen Freund Firmanus als einen der unzähligen astrologischen Irrtümer zu kritisieren. Er macht also ohne Rücksicht auf persönliche Beziehungen deutlich, dass er von der mantischen Astrologie nichts hält. Ist dies der ungeschminkte persönliche Standpunkt Ciceros oder geht er im zweiten Teil seines Werkes über die Weissagung nur voll und ganz in seiner Rolle als akademischer Skeptiker auf? Hat sein Freund Firmanus diese Passage vielleicht mit einem Schmunzeln gelesen, wissend, dass der Mensch Cicero in nicht ganz so konsequenter Weise der akademischen Skepsis folgt? Immerhin ist Cicero auch für seine Neigung zum Eklektizismus bekannt, also zum bewussten Auswählen vernünftiger Ansichten aus verschiedenen philosophischen Schulen, besonders aus der Stoa, die der mantischen Astrologie durchaus nicht ablehnend gegenübersteht. Es ist allerdings gut möglich, dass Cicero sich tatsächlich weitestgehend mit seiner Rolle im Buch über die Wahrsagung identifiziert hat, ungeachtet jedweder Meinungsverschiedenheiten mit Freunden. Zu diesem Bild passt jedenfalls, dass seine eigene astrologische Schrift *Himmelserscheinungen* sich im Wesentlichen auf astronomische Erkenntnisse bezieht, d. h. die Anordnung der Sternenbilder, die Lage der Wendekreise usw. Der Teil *Prognostica*, in dem es wohl um das mantische Element der Astrologie geht, ist kaum erhalten, was man vielleicht als Hinweis darauf deuten könnte, dass Cicero dieser Teil so wenig am Herzen lag, dass er auch von der Überlieferung vernachlässigt wurde und deshalb heute nur bruchstückhaft vorliegt.

Der Grund, weshalb sich die Astrologie – in scharfer Abgrenzung von ihren populären Vertretern – so nachhaltig in den höchsten Kreisen Roms durchsetzen kann, liegt wohl in ihrem rational und wissenschaftlich gefärbten Anspruch: Die Verbindung mesopotamischer Astrologie mit griechischer Astronomie und Mathematik zu einer Lehre der rationalen, auf Erkennen des logischen Zusammenhanges aller natürlichen Dinge begründeten Zukunftserforschung ist eine reizvolle Weiterführung der stoischen Vorstellung einer alles umfassenden und vom Logos festgelegten Weltordnung. Auch die Göttlichkeit der Gestirne in ihrer feurig-ätherischen Logos-Substanz ist ja aus stoischer Perspektive kein abwegiger Gedanke. Daher sind viele Angehörige der geistig-politischen Elite unter den ersten Anhängern der Astrologie zu finden, die, vielleicht in Ermangelung einer religiösen Erfüllung und Sicherheitsvermittlung durch den offiziellen Kult, in dieser Lehre Orientierung und Seelentrost zu finden hoffen. Da die Astrologie als faktische Ersatzreligion zum religiösen Kult aber gar nicht in Beziehung gesetzt wird, sondern als Wissenschaft mit dem Mantel der Vernunft umkleidet ist, geraten ihre prominenten Anhänger nicht in Gefahr, einem Aberglauben anzuhängen, da es schließlich nicht um Glauben, sondern um Wissen geht.

Der sonst gern so spöttische Autor Lukian verfasst mit seiner Schrift *Über die Astrologie* ein beherztes Plädoyer für die alte Wissenschaft, die seiner Meinung nach zuerst von den Äthiopiern, dann von den Ägyptern, Libyern, Babyloniern und Griechen entwickelt und gepflegt worden sei. Der sternenklare weite Himmel Äthiopiens habe die Betrachtung und Analyse des Himmels gefördert. Die Erforschung der siderischen Naturen und Wirkkräfte sei dort zu einer groben Wissenschaft geworden, die dann von den Ägyptern verfeinert worden sei. Diese hätten den Himmel in zwölf Abschnitte eingeteilt, also den Zodiakus, den Tierkreiszeichen erfunden.

Lukian nimmt die astrologische Wissenschaft in Schutz vor den zahlreichen Scharlatanen und Möchtegernastrologen, die nicht wirklich die Kunst der Sternendeutung beherrschen. Er selbst lässt keinen Zweifel an seiner kritisch-rationalen Sicht auf die Welt. Die mythische Vorstellung eines gewissen Bellerophon, der ein geflügeltes Pferd besessen habe, erklärt Lukian damit, dass dieses vermeintliche Wundertier nichts anderes als eine abergläubisch missverstandene Allegorie sei, welche die erhabene, dem wissenschaftlichen Fortschritt Flügel verleihende Sternenkunde des Bellerophon zum Ausdruck bringe. Sogar die Geschichte vom Flug des Daedalus will Lukian auf diese Weise symbolisch interpretieren; in der Realität sei Daedalus ein begabter Astrologe gewesen, der erfolgreich nach den Sternen gegriffen habe, sein aus kindlichem Übermut abgestürzter Sohn Ikarus stehe für den Leichtsinn und die Maßlosigkeit weniger ehrenhafter Astrologen, die sich zu übertriebenen Deutungen und unangemessenen Aussagen hinreißen lassen und damit in ein symbolisches Meer von haltlosen Ansichten stürzen. Den jungen Gott Phaeton, der dem Mythos nach durch die unvorsichtige Lenkung des Sonnenwagens seines Vaters Sol ebenfalls zugrunde geht, deutet Lukian als einen historischen Astrologen, der sich auf die Erforschung der Sonne spezialisiert habe und vor dem Gewinn großer Erkenntnisse verstorben sei. Es wird deutlich, dass Lukians betont rationalistische und aufgeklärte Interpretation der mythischen Figuren aus heutiger Sicht ein wenig über das Ziel hinausschießt; überall in der Mythologie wittert er reale Vertreter der Astrologie.

Der von Jupiter gefesselte und in den Tartarus gestürzte Saturn beschreibe auf mythologische Weise die langsame, von der Erde aus kaum wahrnehmbare Bewegung des Planeten Saturn, und der Tartarus sei einfach ein Bild für die Untiefen des Alls. Den griechisch-römischen Glauben an Halbgötter, der z. B. Aeneas zu einem Sohn der Venus macht, erklärt Lukian damit, dass diese vermeintlich halbgöttlichen Menschen lediglich unter dem Stern einer bestimmten Gottheit geboren seien, die ihre Tutanden dann besonders gefördert hätten; Aeneas habe also unter dem Einfluss der Venus gestanden, deshalb sei er auch von so großer körperlicher Anmut gewesen.

Um seinen Lesern plausibel erscheinen lassen, dass die Gestirne ohne Zweifel einen Einfluss auf die Menschen haben, verweist Lukian u. a. auf das Feuer, dessen Licht und Wärme unwillkürlich auf die Menschen einwirke, auch wenn Skeptiker sagen könnten, dass das Feuer an sich nicht für den Menschen brenne und auch nicht im Sinn habe, irgendeinen Einfluss auf sie auszuüben. Das Gleiche gelte für die Sterne. Dem Argument, astrologische Erkenntnisse nützten doch nichts, weil sie ohnehin nur vorherbestimmte Dinge aufdeckten, die nicht geändert werden könnten, setzt Lukian die Meinung entgegen, positive Prognosen würden einen immerhin erfreuen und negative Voraussagungen würden einen auf Schlimmes vorbereiten – eine Argumentation, die als Zweckbestimmung einer astrologischen Wissenschaft freilich etwas schwach erscheint. Dennoch lässt Lukian insgesamt keinen Zweifel daran aufkommen, dass er von der Wissenschaftlichkeit astrologischer Wahrsagung tief überzeugt ist.

II.8.5. Astrologie als Propagandamittel

Es ist wohl kein Zufall, dass die Astrologie des Nigidius Figulus mit einer Vorhersage des Erfolges Octavians bzw. Augustus' in Zusammenhang steht; und die Berechnungen, die dem Astrologen Firmanus aufgegeben werden, kommen bemerkenswerterweise zu dem Ergebnis, dass Augustus, der Neubegründer der Republik, im Zeichen des Romulus, also des Gründers Roms, geboren sei. Die politische Färbung der von Mitgliedern der geistig-politisch-religiösen Elite Roms akzeptierten Astrologie ist hier mit Händen greifbar.

Wie sehr das politische Moment bei der Unterscheidung zwischen Aberglauben und Wissenschaft eine Rolle spielt, dürfte auch der Umstand bezeugen, dass Nigidius Figulus, nicht nur ein prominenter, gebildeter Anhänger der Astrologie, sondern auch ein extremer Optimat und römischer Senator, als echter Republikaner und Patriot mit Cicero, einem Kritiker der Astrologie, befreundet ist. So spricht dieser von Nigidius als *mihi certe amicissimo*, einem *mir ganz gewiss sehr lieben Freunde.* Er kommt nicht im Entferntesten auf den Gedanken, diesen seinen Freund als abergläubisch zu bezeichnen, obwohl dieser esoterisch veranlagte Mann in seiner persönlichen Philosophie neupythagoreische, etruskische und astrologische Lehren vermischt; die Kreation eines Neuen aus unrömischen, orientalischen und philosophischen Gedanken und der Umstand, dass der Pythagoreismus skeptisch vom Staat betrachtet wird, böten Cicero eigentlich Grund genug, von einem Aberglauben des Nigidius zu reden. Dass dies nicht der Fall ist, hat schlicht mit dem Faktum zu tun, dass Nigidius Figulus eine allgemein anerkannte und geachtete Persönlichkeit ist, die in einem Atemzug mit dem Universalgelehrten Varro genannt wird. Seine Gelehrsamkeit und Gedankenwelt besitzt für die Gebildeten eine unantastbar seriöse Einkleidung, mit der er quasi ein freigeistiges, aber wissenschaftliches Gegenstück zu dem von akademischer Skepsis geprägten Cicero ist. Auch an Varro wird die typische Haltung der römischen Oberschicht zu der östlichen Mantik deutlich: Die unseriösen Anbieter der Astrologie, die Chaldäer, verspottet er ebenso wie Cicero, die Astrologie an sich aber nimmt er durchaus ernst. Im Jahre 33 v. C. lässt Agrippa Astrologen ausweisen, obwohl er selbst der Astrologie ergeben ist.

In den ersten Regierungsjahren des Augustus, der sich persönlich an die Astrologie wendet, erlebt diese in Rom schließlich einen Höhepunkt. Interessanter Weise präsentiert Augustus in demselben Jahr, in dem er Privatleuten astrologische Berechnungen über Todesdaten verbietet, sein persönliches Horoskop der Öffentlichkeit. Diese Maßnahme dient natürlich einer Unterstützung seiner Politik und seiner Herrschaft und stützt sich nicht auf solche Astrologen, die Bedürfnisse des einfachen Volkes befriedigen und den von Cicero beklagten Aberglauben befördern.

Der Astrologieergebenheit Octavians liegt ein legendenhaftes Schlüsselerlebnis des ersten Kaisers zugrunde: In der Einöde von Apolloia besucht der 18-jährige Octavian gemeinsam mit Agrippa das Observatorium des Astrologen Theogenes. Agrippa lässt sich sein Horoskop erstellen und erhält große Voraussagen. Daraufhin traut sich Octavian nicht, seine eigenen Geburtsdaten anzugeben, da er fürchtet, im Vergleich mit Agrippa schlecht dazustehen. Nach gutem und vielem Zureden verrät er dann doch seine Geburtsdaten – und Theogenes fällt vor ihm auf die Knie. Später lässt Augustus sein Horoskop sogar öffentlich machen. Sicherlich ist diese astrologische Offensive des Augustus auch eine vorbeugende Maßnahme gegen die mögliche Erstellung anderer Horoskope über sein politisches Geschick. Der Kaiser lässt sogar eine Silbermünze mit seinem Sternzeichen, dem Steinbock, prägen. In Folge dieses augusteischen Bekenntnisses zur Astrologie ist nicht zu verhindern, dass die Astrologie immer beliebter wird und nach und nach sogar andere Formen der Divination ersetzt.

Dass die Herrschaft des Augustus mit gewissen Erkenntnissen der Astrologie gefestigt wird, ist oben ersichtlich geworden. So gefährlich also auf der einen Seite astrologische Berechnungen, die von den einfachen Volksmantikern ausgehen, für den Staat sein können, so hilfreich können auf der anderen Seite solche Voraussagungen sein, die von den Hofastrologen bzw. von den Vertretern der geistig-politischen Elite selbst gemacht oder in Auftrag gegeben werden. Nachdem schon zur Zeit Ciceros politische Persönlichkeiten wie Sulla, Caesar und Maecenas der Astrologie gehuldigt haben, ist sie im ersten Jahrhundert als Wissenschaft in den höheren gesellschaftlichen Kreisen einschließlich des Kaiserhauses etabliert. Die große astrologische Abhandlung *Astronomica*, von einem ansonsten unbekannten Manilius verfasst, könnte sogar von Augustus persönlich in Auftrag gegeben worden sein; vielleicht ist Manilius ein Pseudonym des Astrologen Navigius Fronto. In seinem Werk macht er die himmlischen *templa*, die astrologischen Häuser populär, die in Verbindung mit dem Tierkreiszeichen schicksalhafte Auswirkungen auf die Menschen haben sollen. Außerdem distanziert sich der Autor in seinem zweiten Buch nachdrücklich von den vielen Volksastrologen und Scharlatanen.

Natürlich handelt es sich bei den Hofastrologen, die von der politischen Führungsschicht konsultiert werden, um eine andere Klasse von Astrologen als die vom Volk zu Rate gezogene. Auch noch in der Kaiserzeit wird diese ideologische Schere an den kaiserlichen „Leibastrologen" einerseits und den verbotenen und verfolgten Chaldäern andererseits deutlich.

Tiberius, der Nachfolger des Augustus, lässt sich von einem gewissen Scribonianus schon früh sein späteres Amt prophezeien. Auf Rhodos lernt Tiberius den Astrologen Thrasillos kennen, der zum engen Vertrauten des menschenscheuen Kaisers wird. Er wird gezielt zur astrologischen Aufdeckung möglicher Verschwörungen gegen das Kaiserhaus eingesetzt. Der Sohn jenes Thrasillos, genannt Balbillus, wird unter den Kaisern Claudius und Nero zum Hofastrologen. Als unter Neros Regierung ein Komet erscheint, der Unheil für den Herrscher ankündigt, weist Balbillus Nero darauf hin, dass die Könige die Gefahr durch die Exekutierung ausgesuchter Adliger von sich abgewendet hätten, woraufhin Nero einige der angesehensten Römer hinrichten lässt, was er praktischerweise mit der Erledigung der Pisonischen Verschwörung verbinden kann. Entgegen dem gewöhnlichen Lebensverlauf der Vertrauten Neros, die vom verfolgungswahnsinnigen Kaiser gern zum Suizid gezwungen werden, zieht Balbillus sich rechtzeitig nach Ephesus zurück. Kaiser Vespasian stützt sich auf den Hofastrologen Seleukos. Auch im berühmten Dreikaiserjahr, in dem Galba, Otho und Vitellius für kurze Zeit den Kaiserthron besteigen, mischen sich die Astrologen sehr aktiv in das politische Geschehen ein. Es ist z. B. die Rede von einem Pompeius Seleukos, der Otho gegen Galba aufstachelt. Kurz: Die divinatorische Astrologie erstrahlt im ersten Jahrhundert so hell wie nie zuvor in Rom. Ihr Erfolg wirkt bis heute nach.

II.8.6. Zusammenfassung

Die Wurzeln der Astrologie liegen in Babylonien. Der babylonische Glaube an die Macht der Gestirnsgottheiten, die mit den sichtbaren Sternen gleichgesetzt und mit den sieben Tagen der Woche verbunden werden, wirkt in der römischen Welt nach und sorgt dort ebenfalls für die Entstehung einer Woche, in der jeder Tag im Zeichen einer anderen Gottheit steht. Die Vorstellung, dass die Sterne aufgrund ihrer Göttlichkeit das Leben der Menschen beeinflussen, wird in Rom sehr dankbar aufgegriffen, weil die Römer ein animistisches Naturverständnis haben: Sie glauben, dass der ganze Kosmos göttlich beseelt sei und sich hinter sämtlichen natürlichen Erscheinungen, einschließlich menschlicher Gefühlsregungen, Gottheiten verbärgen. Auch die stoische Philosophie unterstützt den Glauben an die Astrologie. Dennoch gibt es in Rom kritische Stimmen der Vernunft, die sich gegen astrologische Wahrsagung aussprechen. Zu diesen Kritikern gehört auch Cicero. Da in der Antike noch nicht zwischen Astronomie und Astrologie unterschieden wird, betrachtet er den einen Teil der Astrologie, nämlich die Erforschung der Sternenbahnen und der Planeten, die auch in der heutigen Astronomie betrieben wird, als Wissenschaft, den anderen Teil der Astrologie, namentlich die Erkundung der Bestimmung zukünftiger Ereignisse und menschlicher Charaktere durch die Sterne, als Aberglauben. Einen Zusammenhang zwischen den Sternen und dem Schicksal der Menschen kann er nicht sehen. Weitere Argumente für die Verkehrtheit des Sternenglaubens sind die orientalische Herkunft der Astrologie und die zahlreichen fremdländischen Sternendeuter, Chaldäer genannt, die als fahrende Gaukler durch die Straßen ziehen und dem Volk ihre fragwürdigen Prognosen verkaufen. Mehrmals werden diese Astrologen von höchster Stelle aus Rom ausgewiesen, da sie durch ihre Vorhersagen die öffentliche Ordnung gefährden. Doch letztlich sind sie nicht aus Rom zu vertreiben, zumal es auch in höchsten Kreisen der römischen Gesellschaft zahlreiche Anhänger des divinatorischen Sternenglaubens gibt.

Viele Politiker lassen sich von versierten Astrologen beraten. Natürlich unterscheiden sie zwischen seriösen Vertretern der astrologischen Wissenschaft und den fragwürdigen Volksastrologen, die sie nicht ernstnehmen. Augustus lässt Prognosen, die das Kaiserhaus betreffen, verbieten, und veröffentlicht sein eigenes, von einem angesehenen Astrologen erstelltes Geburtshoroskop, das er damit offiziell autorisiert. Auch seine Nachfolger halten sich, nach augusteischem Vorbild, ihre Leibastrologen, deren Ratschläge sie in ihrer Amtsführung beachten, mit deren Hilfe sie aber auch gezielt ihre Herrschaft zu unterstützen suchen.

III. Schlussgedanken

Die vorangegangenen Betrachtungen haben gezeigt, wie stark die Menschen im alten Rom von der Sehnsucht nach Transzendenz geleitet sind, von dem Wunsch, den einen oder anderen Blick hinter die Fassaden der Realität zu erhaschen, um sich des Fatums, einer höheren Ordnung, eines überirdischen Schicksalsplans, einer sinnstiftenden göttlichen Weltenlenkung zu vergewissern und daraus Hoffnung und Halt für die eigene Existenz zu ziehen. Das geistige Bollwerk der Religion ist dabei eng mit dem Streben nach Wahrsagung verbunden – zwei menschliche Orientierungspunkte, die in der christlich-abendländischen Tradition auf keinen gemeinsamen Nenner zu bringen, ja, vielmehr als feindliche Gegensätze zu bezeichnen sind. Sie bilden in der römischen Religion eine Einheit, sofern sie nicht zu stark von den institutionalisierten Formen der Zeichendeutung und der inspirierten Orakel abweichen oder individualistischen Interessen dienen, die sich indirekt oder ganz offensiv gegen den Staat und die öffentliche Ordnung richten. Der Zeichenglaube und die Beachtung möglicher Prodigien sind selbstverständlich, sofern sie nicht zur Hysterie ausarten. Schriftorakel besitzen ihre Glaubwürdigkeit und Daseinsberechtigung, insoweit sie vom Staat anerkannt und verwaltet werden. Prophetische Ekstatiker werden gern belächelt oder ausgelacht, wenngleich toleriert, sofern sie sich innerhalb etablierter religiöser Formen bewegen; allerdings werden sie von der Obrigkeit aufmerksam beobachtet, wo sie eine politische Gefahr darstellen können. Das Gleiche gilt für sämtliche privaten Zeichendeuter und Wahrsager, von denen Roms Straßen und Winkel erfüllt sind, ganz gleich, ob es sich um Trauminterpreten oder Handlinienleser handelt; bei dieser kritischen Betrachtung durch die geistige und politische Elite spielt es eher keine Rolle, ob die Künste der Wahrsagenden einen Bezug zu Roms religiösen Institutionen aufweisen oder ob sie gänzlich fremde Wurzeln haben. Sie gelten grundsätzlich als mögliche politische Unruheherde. Klare Ablehnung erfahren die Totenbeschwörer, da deren orientalische Praktiken mit Kapitalverbrechen in Verbindung gebracht werden. Roms Verhältnis zu den klassischen, vom östlichen Kulturraum geprägten Orakelstätten ist schwierig; zwar besteht eine geschichtliche Verbindung zwischen Römern und griechisch-römischen Orakelorten, doch kühlt diese Beziehung zur Zeitenwende drastisch ab; da Rom sich unter Augustus von den orientalischen Einflüssen der traditionellen Orakelstätten absondert und einem neuen römischen Nationalbewusstsein frönt, verlieren die Orakel nach und nach ihre Stimme. Dafür erstarkt die Astrologie, die allgemein als Wissenschaft anerkannt wird, sofern sie von den richtigen, seriösen Leuten betrieben wird.

Der Überblick über die römische Divination wird somit zu einem Kaleidoskop divinatorischer Praktiken, die sich bis heute, bis in unsere modernen Gesellschaften hinein gehalten haben. Doch auch der skeptisch-rationale, alle divinatorischen Ansichten anzweifelnde Blick der sogenannten Aufklärung ist bereits ein wichtiger Teil des römischen Betrachtungsspektrums. Denn die Aufforderung, sich selbstständig seines Verstandes zu bedienen und allem gegenüber kritische Vernunft walten zu lassen, ist keine Erfindung der Neuzeit. Cicero als römischer Hauptvertreter der akademischen Skepsis entlarvt erstaunlich offen die Divination wie den gesamten religiösen Apparat als fadenscheiniges politisches Mittel. Daran lässt er in seiner Altersschrift *De divinatione* keinen Zweifel. Es ist ein Fakt: Die Griechen haben vor 3000 Jahren die Skepsis heutiger Wissenschaftler erfunden. Sie war im Mittelalter nur für eine historisch überschaubare Zeit wieder in Vergessenheit geraten – wurde aber in den Klöstern, also an den Orten, die traditionell für die kirchliche Bevormundung des freien und kritischen Denkens stehen, gut gehütet und in die Neuzeit überliefert. Dennoch propagiert Cicero die Aufrechterhaltung der Tradition und des religiösen Kultes – als eines politischen Erziehungs- und Bindemittels, wobei er eine nicht näher bestimmbare, in ungekannter Form waltende Göttlichkeit nicht ausschließen kann und den alten Kult als die einzige angemessene Form betrachtet, mit dieser unbegreiflichen göttlichen Sphäre zu kommunizieren. Der Mensch ist eben mehr als eine Maschine, die mit Fakten gefüttert werden kann und dann ordnungsgemäß funktioniert. Er ist kein durchweg rationales Wesen, ebenso, wie er kein völliger Schwärmer ist; auch Menschen, die an höhere, empirisch nicht nachweisbare Wahrheiten glauben, können kritische und skeptische Denker sein, ebenso wie selbsternannte Kritiker oder Skeptiker in ihrem Denkvermögen durchaus eingeschränkt sein können, wenn in ihrer Welt nichts existieren darf, was sie nicht verstehen oder erklären können, und sie sich Unerklärliches so zurechtbiegen, dass sie es verstehen können – auch wenn ihre Erklärung eigentlich jeder vernünftigen Grundlage entbehrt. Menschen, die so sehr an das Rationale glauben wollen, dass sie dabei irrational werden, scheinen letztlich nur eine psychologische Konstante des menschlichen Geistes zu belegen: Dass der Mensch dazu neigt, fest an etwas glauben zu wollen, um eine Größe zu haben, an der er festhalten, auf die er sich unbedingt verlassen kann. Und sämtliche in diesem Buch zusammengestellten Versuche der Wahrsagung bedienen im Grunde nur dieses eine Bedürfnis, Trost und Halt in der Erkenntnis einer höheren Ordnung zu finden, ganz gleich, ob diese als Götterspruch (Fatum), Schicksalslos (Sors) oder Glück (Fortuna) bezeichnet wird.

IV. Anhang

IV.1. Belegstellen aus der Quellenliteratur

II.1.1. Liv. 1, 20, 7

II.1.1.3. Liv. 43, 13, 6; Liv. 39, 22, 3; Liv. 45, 16, 5; Liv. 42, 20, 5; Obs. 24; Obs. 53; Liv. 32, 29, 2; Obs. 14; Obs. 43; Liv. 27, 37, 5; Herod. 1, 175

II.1.1.4. Plin., *Nat. hist.* 7, 47; Plin., *Nat. hist.* 8, 83; Suet., *Caes.* 59; Plin., *Nat. hist.* 28, 25/29; Suet., *Aug.* 90, 1; Suet., *Tib.* 69; Cic., *De div.* 1, 46, 103

II.1.1.5. Plin., *Nat. hist.* 28, 17; Liv. 22, 1, 14; Liv. 34, 55, 1f.; Liv. 27, 37, 5; Plut., *Aem. Paul.* 17, 4

II.1.1.6. Cic., *De div.* 2, 18, 43

II.1.1.7. Liv. 22, 1, 8–10; Cic., *De div.* 1, 43, 97; Liv. 22, 1, 10; Cic., *De div.* 1, 45, 101

II.1.1.8. Plin., *Nat. hist.* 2, 200; Liv. 27, 23, 2; Liv. 43, 13, 1

II.1.1.9. Suet., *Aug.* 92; Plin., *Nat. hist.* 2, 21; Suet., *Aug.* 94, 11; Sil. Ital. 7, 172; Plin., *Nat. hist.*, 28, 25/29

II.1.1.10. Suet., *Caes.* 32; Suet., *Aug.* 94, 2; Suet., *Aug.* 94, 4; Cass. Dio 45, 1; Suet., *Aug.* 94, 7; Suet., *Aug.* 92, 2; Suet., *Aug.* 93, 3; Suet., *Aug.* 94, 5; Suet., *Aug.* 94, 6; Cass. Dio 45, 2; Suet., *Aug.* 94, 10; Suet., *Aug.* 94, 11; Suet., *Aug.* 95; Suet., *Aug.* 96; Suet., *Aug.* 97, 1f.; Obs. 70

II.1.2. Val. Max. 1, 1, 1; Cic., *De div.* 1, 42, 92; Liv. 5, 33, 9

II.1.2.1. Cic., *De nat. deor.* 3, 5; Plin., *Nat. hist.* 10, 36; Plin., *Nat. hist.* 10, 19; Plin., *Nat. hist.* 10, 28; Plin., *Nat. hist.* 10, 42; Plin., *Nat. hist.* 10, 41; Plin., *Nat. hist.* 10, 20; Plin., *Nat. hist.* 10, 21; Plin., *Nat. hist.* 11, 140; Cic., *De div.* 2, 33, 70; Cic., *De div.* 2, 33, 71; Cic., *De div.* 2, 33, 70

II.1.2.2. Serv., *Aen.* 6, 198; Cic., *De div.* 1, 35, 77; Cic., *De div.* 2, 34, 72; Cic., *De div.* 2, 34, 73

II.1.2.3. Cic., *De div.* 2, 12, 28–36; Cic., *De div.* 2, 24, 51

II.1.2.4. Cat., *De agricult.* 5, 4; Cic., *De nat. deor.* 1, 20, 55; *De div.* 1, 58, 132; Cic., *De div.* 1, 1, 3; Hor., *Sat.* 16, 113f.; Plin., *Nat. Hist.* 35, 11; Acc., *trag.* 169R; Enn., *scen.* 319; Cic., *De* *div.* 2, 36, 76; Artem. 2, 69; Cass. Dio 56, 25; Cic., *De div.* 2, 11, 85

II.1.2.5. Petr., *Satyr.* 137, 10; Verg., *Aen.* 8, 608–731; Amm. Marc. 29, 1, 28–33; Tertull., *Apol.* 23; Lukian, *Philops.* 38

II.2. Suet., *Aug.* 35, 3

II.2.1. Paus. 7, 25, 10

II.2.2. Cic., *De div.* 2, 41, 85; Val. Max., *epit.* 1, 3, 2; Suet., *Tib.* 63

II.2.3. Cic., *De div.* 2, 41, 85

II.3.1. Plin., *Nat. hist.* 13, 27, 88; Lact., *div. inst.* 1, 6; Cic., *epist.* 8, 4, 1; Liv. 27, 36; Dion. Halic. 4, 62, 6; Cic., *De div.* 2, 54, 111; Suet., *Aug.* 31, 1; vgl. *Tib.* 2, 5, 65ff.

II.3.2. Serv., *Ecl.* 9, 46;

II.3.3. Verg., *Aen.* 6, 637–892

II.4.1. Verg., *Aen.* 6, 77–102; Sen., *Agam.* 710–778; Suet., *Aug.* 93

II.4.2. Apul., *De mundo* 327; Apul., *Met.* 8, 27f.

II.5.1. Plut., *Sulla* 17

II.5.2. Hom., *Odyssee* 10, 515–539; Plin., *Nat. hist.* 2, 207; Apul., *De mundo* 327; Paus. 9, 39; Paus. 1, 34, 5; Verg., *Aen.* 7, 87/94; Ov., *Fast.* 4,653f.

II.5.3. Verg., *Aen.* 3, 44; Verg., *Aen.* 6, 42f.

II.5.4. Cic., *De div.* 2, 57, 117; Suet., *Tib.* 63, 1; Suet., *Nero* 40, 3

II.5.5. Juv., *sat.* 6, 555; Lukian, *Philopatris* 82, 5

II.6.1. Suet., *Calig.* 59

II.6.2. Plut., *Caes.* 69; Tac., *Ann.* 11, 21; Plin., *Ep.* 7, 27, 1–3

II.6.3. Hor., *Sat.* 1, 8; Apul., *Met.* 2, 29, 1–3; Luk., *Phars.* 6, 507–569; Luk., *Phars.* 605–826

II.6.4. Cic., *De div.* 1, 58, 132; Suet., *Nero* 34, 4

II.7.1. Plut., *Caes.* 63; Suet., *Caes.* 81, 1/3; Plut., *De aud.* 3; Verg., *Aen.* 6, 659–661; Lukian, *Ver. hist.* 2, 32–35; Plin., *Ep.* 1, 18; Quint., *inst.* 4, 2, 94; Cic., *De div.* 1, 19, 60; Plut., *De san. tuend.* 14; *De virt. et vit.* 2; Plut., *De superst.* 3; Plut., *quaest. conv.* 8,10; Cic., *De div.* 2,127; Suet., *Nero* 31, 4; Tac., *Ann.* 16, 1–3

II.7.2. Liv. 8, 6–9; Cic., *De div.* 1, 48f.; Cic., *De div.* 1, 26, 56; Tac., *Ann.* 1, 65, 2; Suet., *Calig.* 57, 3; Suet., *Claud.* 37;

Suet., *Nero* 34, 4; 46, 1f.; Suet., *Galba* 18, 2; Plut., *Luc.* 23; *Sull.* 6

II.7.3. Hom., *Ilias* 23, 65–91; Cic., *De div.* 1, 22, 45; Verg., *Aen.* 2, 268-302; Verg., *Aen.* 3, 147–178; Verg., *Aen.* 5, 720–740; Verg., *Aen.* 7, 413-461; Verg., *Aen.* 8, 27–66; Luk., *Phars.* 3, 8–40; Luk., *Phars.* 7, 764–794; Prop. 4, 7, 1–4

II.7.4. Artemid. 1, 9; Artemid. 1, 12; Artemid. 4, 3; Artemid. 1, 2

II.7.5. Plaut., *Curc.* 266f.; Verg., *Aen.* 7, 81

II.7.6. Suet., *Caes.* 7, 2; Suet., *Aug.* 94, 6; Suet., *Aug.* 94, 8; Suet., *Aug.* 94, 9; Suet., *Aug.* 91, 1

II.7.7. Cic., *De div* 2, 67, 140; Cic., *De div.* 2, 70, 144; Hor., *Sat.* 1, 6, 114, Juv. 6, 588; Plin. *Nat. hist.* 36, 34, 1; Cic., *De div.* 1, 58, 132; Suet., *Claud.* 37; Tac., *Ann.* 2, 27–32

II.8.2. Plin. *Nat. hist.* 2, 221; Plin. *Nat. hist.* 18, 119; Plin. *Nat. hist.* 11, 38; Varro 1, 37, 2; Plin. *Nat. hist.* 16, 194

II.8.3. Cic., *De div.* 2, 42, 88; Cic., *De div.* 2, 43, 90f.; Cic., *De div.* 2, 45, 94; Cic., *De div.* 2, 46, 97; Cato, *De agric.* 5, 4; Juv. 6; Suet., *Dom.* 14; Suet., *Vitell.* 14, 4

II.8.4. Suet., *Aug.* 94, 5; Cic., *De div.* 2, 47, 98

II.8.5. Cic., *Ep. ad fam.* 4, 13, 3; Suet., *Nero* 36, 1; Tac., *hist.* 1, 22

IV.2. Abkürzungsverzeichnis zu den Autoren

Acc.	Accius	Herod.	Herodot
Amm. Marc.	Ammianus Marcellinus	Hom.	Homer
Apul.	Apuleius	Hor.	Horaz
Artem.	Artemidorus	Iuv.	Juvenal
Cass. Dio	Cassius Dio	Lact.	Laktanz
Cat.	Cato	Liv.	Livius
Cic.	Cicero	Luk.	Lukan
Dion. Halic.	Dionysios v. Halikarnassos	Obs.	Obsequens
Enn.	Ennius	Ov.	Ovid
Herakl.	Heraklit	Paus.	Pausanias

Petr.	Petron	Sil. Ital.	Silius Italicus
Plaut.	Plautus	Suet.	Sueton
Plin.	Plinius	Tac.	Tacitus
Plut.	Plutarch	Tert.	Tertullian
Quint.	Quintilian	Val. Max.	Valerius Maximus
Sen.	Seneca	Verg.	Vergil
Serv.	Servius		

IV.3. Kurzinfos zu den Autoren und ihren Werken

Accius (ca. 170–90 v. C.): Römischer Tragödiendichter, der im 1. Jahrhundert v. C. sehr geschätzt wird. Er hat überwiegend griechische Tragödien ins Lateinische übertragen. Nur ca. 700 Verse seines umfangreichen Werkes sind in Fragmenten erhalten.

Ammianus Marcellinus (ca. 330–395): Historiker, der aufgrund seiner Konzentration auf die Darstellung der jüngsten, von ihm selbst miterlebten Zeitgeschichte als besonders wichtige Informationsquelle zur Erforschung des vierten Jahrhunderts dient.

Apuleius (ca. 123-170): Redner, Philosoph und Autor des berühmten Romans *Metamorphosen oder Der goldene Esel.*

Artemidorus (2. Jahrhundert): Kaiserzeitlicher Traumdeuter, der seine Wissenschaft in fünf Büchern erläutert hat.

Cassius Dio (ca. 163–235): Römischer Konsul und Historiker, der eine römische Gesamtgeschichte in 80 Büchern verfasst hat, die sich von den mythischen Ursprüngen Roms bis zur Zeit seines Konsulats erstreckt. Der Mittelteil des Werkes, der sich mit dem Ende der Republik und dem Beginn der Kaiserzeit beschäftigt (Bücher 37–60), ist fast vollständig erhalten.

Cato der Ältere (ca. 234–149 v. C.): Römischer Feldherr und Schriftsteller, der für seine konservative Haltung berühmt ist und als Vater der lateinischen

Geschichtsschreibung gilt. Mit seinem Lehrwerk *De agricultura* (*Über die Landwirtschaft*) appelliert er an das bodenständige, urrömische Selbstverständnis seiner Mitbürger.

Cicero (106–43 v. C.): Römischer Politiker, Anwalt, Schriftsteller, Philosoph und Redner. Er hat der Nachwelt zahlreiche Schriften hinterlassen, unter anderem sein rhetorisches Werk *De oratore* (*Über den Redner*) und seine weltanschaulichen Betrachtungen *De natura deorum* (*Über die Natur der Götter*) und *De divinatione* (*Über die Wahrsagung*).

Dionysios von Halikarnassos (ca. 54–7 v. C.): Redner und Historiker, der eine römische Geschichte verfasst, die zum großen Teil erhalten ist.

Ennius (239–169 v. C.): Dichter der literarischen Frühzeit Roms. Gilt als Vater der römischen Poesie.

Heraklit (ca. 520–460 v. C.): Griechischer Philosoph, dem das Zitat „Alles fließt“ zugeschrieben wird. Seine sentenzartigen Lebensbetrachtungen sind fragmentarisch in den Werken anderer Autoren überliefert.

Herodot (ca. 490–420 v. C.): Griechischer Geograph, Völkerkundler und Historiker. In seinen Historien stellt er die Geschichte des Perserreiches dar. Cicero bezeichnet ihn als Vater der Geschichtsschreibung.

Homer (8. Jh. v. C.): Berühmtester Dichter der Griechen, bekannt für die Epen *Ilias* und *Odyssee*. In der *Ilias* schildert er den Trojanischen Krieg, in der *Odyssee* die Irrfahrten des vom Trojanischen Krieg heimkehrenden Griechen Odysseus.

Horaz (65–8 v. C.): Großer römischer Dichter der augusteischen Zeit, der unter anderem wegen seiner Satiren beliebt ist.

Juvenal (1./2. Jh.): Römischer Satiriker, der für seine scharfzüngigen Spottgedichte bekannt ist.

Laktanz (ca. 250–325): Lateinischer Rhetoriker und christlicher Schriftsteller. In seinen *Institutiones Divinae* (*Göttliche Unterweisungen*) setzt er sich aus christlicher Sicht mit den alten Philosophien, Mythologien und Religionen auseinander.

Livius (59 v. C.–17 n. C.): Römischer Historiker, der in seinem 142 Bücher umfassenden Werk *Ab urbe condita* (*Von der Stadtgründung an*) eine bis zu seiner Zeit reichende Geschichte Roms vorlegt. Das Werk beinhaltet eine Reihe anschaulicher römischer Sagen. Nur ein Viertel der Bücher ist erhalten.

Lukan (39–65): Römischer Dichter, Neffe des berühmten Philosophen Seneca. Ein für seine kurze Lebenszeit sehr produktiver Schriftsteller, dessen Werk zum größten Teil jedoch verloren gegangen ist. Erhalten ist das unvollendete Epos *Pharsalia*, in dem er den Bürgerkrieg zwischen Caesar und Pompeius thematisiert. Mit Facetten dieses Werkes kann Lukan als antiker Vater des Horror-Genres gesehen werden.

Lukian (ca. 120–200): Griechisch-römischer Rhetorikkünstler und Satiriker mit einem umfangreichen Lebenswerk von ca. 80 Büchern. Neben gesellschafts- und religionskritischen Schriften verfasst er sachliche Abhandlungen zu grundsätzlichen Fragen, beschreibt Sehenswürdigkeiten und Menschen. In seinem fiktiven Reisebericht *Wahre Geschichten* parodiert er die unkritische und mythologische Geschichtsschreibung seiner Zeit, indem er schildert, wie er mit abenteuerlustigen Freunden eine Reise unternimmt und sein Boot durch einen starken Wind auf den Mond geschleudert wird, wo er auf außerirdische Lebensformen trifft und Zeuge intergalaktischer Auseinandersetzungen wird. Damit kann Lukian als antiker Begründer des Science-Fiction-Genre gesehen werden.

Obsequens (4. Jh.): Als Person unbekannter Autor, der ein *Liber prodigiorum* (*Buch der Vorzeichen*) zum Zeitraum von 190–11 v. C. veröffentlicht hat. Er trägt seine Informationen aus dem Geschichtswerk des Livius zusammen.

Ovid (43 v. C.–17 n. C.): Einer der größten römischen Dichter. Er ist bekannt für seine verspielte Muse und seinen augenzwinkernd-ironischen, innovativen Umgang mit literarischen Formen und gesellschaftlichen Traditionen. Neben seinen Liebesgedichten *Amores* (Liebeleien), seinem erotischen Ratgeber *Ars*

Amatoria (Liebeskunst), seinen *Heroides* (Klagebriefe berühmter Frauen) und seinen autobiographisch angelegten *Tristia* (Traurigkeiten) und *Epistulae ex Ponto* (Briefe vom Schwarzmeer), eigenen Klagen aus der politischen Verbannung, hat er vor allem mit seinen Metamorphosen (Verwandlungsgeschichten) ein Stück Weltliteratur geschaffen, das aus 15 Büchern mit jeweils 700–900 Versen besteht und, unter der Überschrift des steten Wandels alles Seins, 250 Sagen der griechisch-römischen Mythologie zu einem kunstvoll ausgefeilten Epos komponiert, das für die Nachwelt ein bedeutsames Kompendium antiker Sagen darstellt.

Pausanias (ca. 115–180): Ein griechischer Geograph und Reiseschriftsteller, der als vielseitig interessierter Wahrnehmer und genauer Beschreiber der von ihm bereisten Landschaften, Orten und der mit diesen verbundenen Geschichten eine bedeutsame Quelle für die heutige Sicht auf das antike Griechenland ist.

Petron (14–66): Ein römischer Senator, Konsul und Autor des satirischen Schelmenromans *Satyricon*, in dem er Vertreter des einfachen Volkes und der vermeintlich besseren Gesellschaft mit derbem römischem Humor aufs Korn nimmt.

Plautus (254–184 v. C.): Der beim römischen Volk beliebteste Komödiendichter. Er hat Ideen und Figuren aus der griechischen Neuen Komödie auf die römische Lebenswelt übertragen, das Sprechtheater durch Gesang und Flötenmusik bereichert und mindestens 21 (laut Volksmund angeblich 130!) Stücke auf die Bühne gebracht.

Plinius der Ältere (ca. 23–79): Römischer Gelehrter, der vor allem durch seine umfangreiche naturwissenschaftliche Enzyklopädie *Naturalis historia* (*Naturgeschichte*) berühmt geworden ist. Das 37 Bände umfassende Werk ist vollständig erhalten und ermöglicht uns so einen nachhaltigen Einblick in antike Wissensgrundlagen und Glaubensvorstellungen. Sein Neffe Plinius der Jüngere beschreibt in einem Brief, wie der unermüdlich vom Forschergeist getriebene Onkel beim Vesuvausbruch im Jahre 79 ums Leben kommt.

Plinius der Jüngere (ca. 61–115): Römischer Politiker und Autor, der durch seine Briefliteratur *Epistulae* berühmt geworden ist: In zehn Bänden veröffentlicht er 369 kunstvoll ausgestaltete Briefe, in denen er der Nachwelt wertvolle Informationen über den römischen Alltag vermittelt und durch die er dem heutigen Leser als so plastische und lebensnahe Persönlichkeit vor das geistige Auge tritt wie kein anderer römischer Autor.

Plutarch (ca. 45–125): Griechischer Autor, der zahlreiche philosophische und biographische Schriften verfasst hat. Besonders bedeutsam sind seine Biographien römischer Kaiser.

Quintilian (ca. 35–96): Römischer Rhetoriklehrer.

Seneca (ca. 1–65): Römischer Dramatiker und Philosoph, der als Erzieher des Kaisers Nero und als Hauptvertreter der römischen Stoa berühmt geworden ist. Er ist auch Autor verschiedener Dramen.

Servius (4./5. Jh.): Spätantiker römischer Grammatiker und Kommentator Vergils.

Silius Italicus (ca. 25–100): Römischer Politiker und Dichter, der mit den *Punica* ein Epos über den Zweiten Punischen Krieg verfasst hat.

Sueton (70–122): Römischer Beamter und Autor, der vor allem für seine Kaiserbiographien bekannt ist. Er bezieht seine Inhalte größtenteils von älteren Autoren und bedient in seinem Werk das römische Verlangen nach interessanten Anekdoten aus dem Leben einzelner Kaiser, kurz, nach dem Klatsch und Tratsch aus der High Society.

Tacitus (ca. 58–120): Römischer Geschichtsschreiber der frühen Kaiserzeit, der vor allem für seinen Dialog über den Verfall der Beredsamkeit, sein Geschichtswerk *Annales*, in dem er die Kaiserzeit von Tiberius bis Nero schildert, und sein ethnologisch interessiertes Buch *Germania* bekannt ist, in dem er die Sitten der aus römischer Sicht eher unzivilisierten, wilden Germanen thematisiert.

Tertullian (ca. 150–220): Jurist, erster kirchlicher Schriftsteller und damit Erfinder des Kirchenlateins. Seine Theologie betont die Dreifaltigkeit Gottes und die Hölle als Ort der ewigen Strafen. Als erster großer Verteidiger des Christentums hat er zahlreiche Polemiken gegen andere Glaubensformen verfasst.

Valerius Maximus (1. Jh.): Römischer Autor, der in seinen *Facta et dicta memorabilia* (*Erwähnenswerte Taten und Worte*) allerlei unterhaltsame Anekdoten aus der römischen Geschichte sammelt.

Vergil (70–19 v. C.): Römischer Dichter unter Augustus, der sich mit seiner *Aeneis*, die von den Irrfahrten des römischen Stammvaters Aeneas und seiner Ankunft in Italien erzählt, als Erschaffer des römischen Nationalepos verewigt.

IV.4. Ausgewählte Literaturhinweise

IV.4.1. Übersetzungsausgaben lateinischer Autoren

Marcus Tullius Cicero: *Über die Wahrsagung*, hrsg. von Christoph Schäublin. München/Zürich 1991.

Marcus Tullius Cicero: *De Natura Deorum. Über das Wesen der Götter.* Lateinisch/Deutsch, hrsg. von Ursula Blank-Sangmeister. Stuttgart 1995.

Titus Livius: *Römische Geschichte.* Lateinisch/Deutsch, hrsg. von Hans Jürgen Hillen und Josef Feix. Darmstadt 1974–2000.

Lucanus: *Bellum civile. Der Bürgerkrieg*, hrsg. und übersetzt von Wilhelm Ehlers. München 1973.

Manilius: *Astronomica. Astrologie.* Lateinisch/Deutsch, hrsg. von Wolfgang Fels. Leipzig 2008.

C. Plinius Secundus: *Naturkunde.* Lateinisch/Deutsch, hrsg. von Roderich König und Joachim Hopp, Gerhard Winkler und Wolfgang Glöckler, 37 Bücher in 32 Bänden. München/Zürich/Heimeran 1973–2004.

Sueton: *De vita caesarum/Die Kaiserviten.* Lateinisch/Deutsch, hrsg. von Hans Martinet. Düsseldorf 1997.

IV.4.2. Ergänzende Literatur

Burkert, W.: Cicero als Platoniker und Skeptiker. Erlangen 1964.

Christ, K.: Krise und Untergang der römischen Republik. Darmstadt 1984.

Eck, Werner: Augustus und seine Zeit. München 2003.

Engels, D.: Das römische Vorzeichenwesen (753–27 v. Chr.): Quellen, Terminologie, Kommentar, historische Entwicklung. Stuttgart 2008.

Ferguson, J.: The religions of the Roman Empire. London 1970.

Friese, W.: Die Kunst vom Wahn- und Wahrsagen. Orakelheiligtümer in der antiken Welt. Darmstadt/Mainz 2012.

Galinsky, K.: Continuity and Change: Religion in the Augustan Semi-Century. In: J. Rüpke (Hg): A companion to Roman Religion. Malden 2007.

Gauger, J.-D. (Hrsg): Sibyllinische Weissagungen. Düsseldorf/Zürich 1979.

Giebel, M.: Das Orakel von Delphi. Leipzig 2001.

Giebel, M.: Träume in der Antike. Leipzig 2006.

Hahn, I.: Traumdeutung und gesellschaftliche Wirklichkeit. Xenia – Konstanzer Althistorische Vorträge und Forschungen, Heft 27 (1992).

Hermes, L.: Traum und Traumdeutung in der Antike. Düsseldorf 1996.

Hermes, L.: Träumen wie die alten Römer. Kiel 2002.

Knappich, W.: Geschichte der Astrologie. Frankfurt 1998.

Köves-Zulauf, T.: Plinius der Ältere und die römische Religion. ANRW II.16,1 (1978). 187–288.

Korenjak, M.: Die Ericthoszene in Lukans *Pharsalia*. Einleitung, Text, Übersetzung, Kommentar. Studien zur klassischen Philologie 101, hrsg. von P. Lang. Frankfurt a. M. 1996.

Latte, K.: Römische Religionsgeschichte. München 1960.

Linderski, J.: The Augural Law. ANRW II.16,3 (1986). 2146–2312.

Luterbacher, F.: Der Prodigienglaube und Prodigienstil der Römer. Darmstadt 1967.

Näf, B.: Traum und Traumdeutung im Altertum. Darmstadt 2004.

Parke, H. W.: Sibyls and Sibylline Prophecy in Classical Antiquity. Routledge 1992.

Rosenberger, V.: Gezähmte Götter: Das Prodigienwesen der römischen Republik. HABES 27 (1998).

Rüpke, J.: Die Religion der Römer. München 2006.

Steger, J. A. F.: Die Prodigien, oder Wunderzeichen der alten Welt: Beytrag zur Erklärung des Livius, und zur Tilgung des Aberglaubens. Braunschweig 1800.